Experimentando a terapia de aceitação e compromisso de dentro para fora

A Artmed é a editora oficial da FBTC

E96　Experimentando a terapia de aceitação e compromisso de dentro para fora : um manual de autoprática/autorreflexão para terapeutas / Dennis Tirch... [et al.]; tradução: Daniel Bueno; revisão técnica: Cibele Pacheco Gomide. – Porto Alegre : Artmed, 2025.
xiv, 282 p. ; 25 cm.

ISBN 978-65-5882-282-0

1. Terapia cognitivo-comportamental – Psicoterapia. 2. Psicologia. I. Tirch, Dennis.

CDU 159.9:616.89

Catalogação na publicação: Karin Lorien Menoncin – CRB 10/2147

Dennis **Tirch**
Laura R. **Silberstein-Tirch**
R. Trent **Codd III**
Martin J. **Brock**
M. Joann **Wright**

Experimentando a terapia de aceitação e compromisso de dentro para fora

um manual de autoprática/autorreflexão para terapeutas

Tradução
Daniel Bueno

Revisão técnica
Cibele Pacheco Gomide
Terapeuta comportamental, professora e supervisora clínica com ênfase em
terapia de aceitação e compromisso e terapias contextuais. Mestra em Análise do Comportamento
Aplicada e especialista em Clínica Analítico-comportamental pelo Instituto Par.

Porto Alegre
2025

Obra originalmente publicada sob o título *Experiencing ACT from the Inside Out: A Self-Practice/Self-Reflection Workbook for Therapists*, 1st Edition
ISBN 9781462540648

Copyright © 2019 The Guilford Press
A Division of Guilford Publications, Inc.

Gerente editorial
Alberto Schwanke

Coordenadora editorial
Cláudia Bittencourt

Editora
Paola Araújo de Oliveira

Capa
Paola Manica | Brand&Book

Preparação de originais
Mirela Favaretto

Leitura final
Netuno

Editoração
AGE – Assessoria Gráfica Editorial Ltda.

Reservados todos os direitos de publicação, em língua portuguesa, ao
GA EDUCAÇÃO LTDA.
(Artmed é um selo editorial do GA EDUCAÇÃO LTDA.)
Rua Ernesto Alves, 150 – Bairro Floresta
90220-190 – Porto Alegre – RS
Fone: (51) 3027-7000

SAC 0800 703 3444 – www.grupoa.com.br

É proibida a duplicação ou reprodução deste volume, no todo ou em parte, sob quaisquer formas ou por quaisquer meios (eletrônico, mecânico, gravação, fotocópia, distribuição na Web e outros), sem permissão expressa da Editora.

IMPRESSO NO BRASIL
PRINTED IN BRAZIL

Ao amor de nossas vidas, nossa filha, Cassidy Dharma Rain Tirch
D. T. e L. R. S.-T.

A Ginger, Isabella e Caroline pelo amor e pelo apoio
R. T. C.

A Margo, Hanneke e Becky,
que caminham comigo e iluminam o caminho
M. J. B.

A Larry — a vida é muito mais doce com o seu amoroso apoio
M. J. W.

E a James Bennett-Levy, que trouxe o modelo de
autoprática/autorreflexão para o mundo, e Kelly Wilson,
que nos levou mais profundamente ao coração da aceitação,
do compromisso e da autocompaixão

Autores

Dennis Tirch, PhD, é fundador do Center for Compassion Focused Therapy, em Nova York, e professor clínico associado da Icahn School of Medicine do Mount Sinai Medical Center. Escreveu vários livros, capítulos de livros e artigos sobre terapia de aceitação e compromisso (ACT), terapia focada na compaixão (TFC), terapia cognitivo-comportamental (TCC) e psicologia budista, incluindo *Buddhist Psychology and Cognitive-Behavioral Therapy* e *Emotion Regulation in Psychotherapy*. É presidente da Association for Contextual Behavioral Science (ACBS) e da Compassionate Mind Foundation USA. Ministra *workshops* e conduz treinamentos *on-line* e presenciais sobre intervenções baseadas em *mindfulness*, compaixão e aceitação. É membro da ACBS e membro e instrutor/consultor certificado da Academy of Cognitive Therapy. Também é um Dharma Holder e professor da linhagem Zen Garland.

Laura R. Silberstein-Tirch, PsyD, é diretora do Center for Compassion Focused Therapy e professora assistente adjunta do Albert Einstein College of Medicine da Yeshiva University. É supervisora clínica e treinadora de TFC, com apresentações internacionais sobre *mindfulness* e compaixão. É coautora de livros, como *Buddhist Psychology and Cognitive-Behavioral Therapy,* presidente da ACBS em Nova York e diretora executiva da Compassionate Mind Foundation USA. Seus interesses de pesquisa incluem flexibilidade psicológica e emoções, bem como TFC para ansiedade e depressão.

R. Trent Codd III, EdS, BCBA, é diretor executivo do Cognitive-Behavioral Therapy Center, em Asheville, Carolina do Norte, onde trata uma ampla gama de problemas clínicos. É membro fundador da ACBS e membro e instrutor/consultor da Academy of Cognitive Therapy. É coautor de *Teaching and Supervising Cognitive Behavioral Therapy* e organizador de *Practice-Based Research: A Guide for Clinicians*. Seus interesses de pesquisa incluem depressão refratária e transtornos do espectro obsessivo-compulsivo.

Martin J. Brock, MSc, MA, RMN, é professor sênior do Departamento de Aconselhamento e Psicoterapia e líder do Programa de Pós-graduação em Terapia Focada na Compaixão da University of Derby. Desenvolveu uma longa carreira no National Health Service do Reino Unido, praticando e supervisionando psicoterapias baseadas em evidências. Realizou treinamento avançado e tem experiência em TCC, TCC baseada em *mindfulness*, TFC e ACT. Foi presidente da ACBS no Reino Unido e na República da Irlanda, e é membro fundador do grupo de interesse especial ACT da British Association for Behavioural and Cognitive Psychotherapies. Como instrutor e supervisor de ACT, ministra *workshops* em diversos países.

M. Joann Wright, PhD, é psicóloga clínica do Linden Oaks Medical Group, em Naperville, Illinois. É instrutora de ACT e membro da ACBS. Oferece treinamento em ACT para doutorandos e terapeutas nacional e internacionalmente. Dedica-se a ensinar e a ministrar ACT para ajudar as pessoas a reduzirem o sofrimento. É coautora de *Learning ACT for Group Treatment: An Acceptance and Commitment Therapy Skills Training Manual for Therapists*.

Agradecimentos

Dennis Tirch e Laura R. Silberstein-Tirch: Estamos honrados e emocionados por ter trabalhado com nossos queridos amigos Trent, Martin e Joann em um projeto que moldou nossa vida juntos. James Bennett-Levy é nosso irmão espiritual, e seu brilhante trabalho de autoprática/autorreflexão (AP/AR) é apenas uma emanação externa do brilhantismo de sua mente e seu coração. Nossa editora, Kitty Moore, é uma heroína para nós, por sua compaixão, inteligência e sagacidade, e somos profundamente gratos a ela. Recebemos muito apoio de toda a equipe da Guilford. Gostaríamos de reconhecer e homenagear nossos muitos amigos, colegas, professores e mentores – todos influenciaram quem somos e o trabalho que fazemos –, especialmente Steven C. Hayes, Kelly Wilson, Robert L. Leahy, Paul Gilbert, Erica Silberstein, Robert Fripp, Lata McGinn, Sara Reichenbach Manor, Philp Inwood, Aisling Curtin, Louise McHugh, Roshi Paul Genki Kahn, Roshi Monika Genmitsu Kahn, Sensei Cathleen Kanno Dowd, Kristin Neff, Chris Germer, Racheli Miller, Geoffrey Gold, Noel Taylor, Frank Bond, Emanuele Rossi, Chris Irons, Korina Ioannou, Lisa Coyne, Evelyn Gould, Nanni Presti, Russell Kolts, Robyn Walser, Louise Hayes, Jonathan Bricker, Amy Murrell, D. J. Moran, Nic Hooper, Mark Sisti, James Kirby, Stan Steindl, Haley Quinn, Joseph LeDoux, Stefan Hofman, Arthur Freeman, Nicola Petrocchi, Marcela Matos, Yotam Heineberg, Russ Harris, Sonja Batten, Miranda Morris, Amy House, Emily Sandoz, Kate Kellum, Priscilla Almada, Jessica Dore, Jim Campilongo, Ross White, David Gillanders, Timothy Gordon, Troy DuFrene, Heather Garnos, Rikke Kjelgaard, Mie Tastesen, Francis Gheysen, Kimberly Sogge, Tom Szabo, Nancy Ring, Chris Fraser, Linda Hamilton, ChiaYing Chou, Mary Sawyer, Maria Karekla, Andreas B. Larsson, Barry Sanders, Tina Siragusa, Sandra Georgescu, Owen Rachel, Jennifer Villatte, Matthieu Villatte, Carrie Diamond, Emily Rodrigues, Stephen K. Hayes, Richard Sears, Lauren Whitelaw, Theresa Robertson e Tom Borkovec. Agradecemos também à nossa extensa família: Auferio, Barnwell, Ewig, Flax, Fritz, Kondo, Lonegan, Parany, Samuels, Simpson e Young; o padrasto de Dennis, Neal Tanis, que partiu enquanto este livro estava sendo escrito; nossas queridas famílias Silberstein e Tirch; e, o mais importante, nossa filha, Cassidy Dharma Rain Tirch, que chegou enquanto esta obra estava em desenvolvimento!

R. Trent Codd III: Dennis e Laura me visitaram em Asheville, Carolina do Norte, minha cidade natal, e me perguntaram se eu tinha interesse em ser coautor de um livro sobre AP/AR na ACT. Dizer sim para trabalhar com dois amigos próximos em um empreendimento significativo foi fácil. Mal sabia eu o quanto este livro seria importante para mim pessoalmente. Dennis e Laura, obrigado por me convidarem para participar dessa jornada com vocês. Martin e Joann, dois seres humanos lindos e emocionalmente corajosos, obrigado por sua profunda amizade. Embora haja muitos para citar, gostaria de expressar gratidão a todos que contribuíram para o meu desenvolvimento como terapeuta ACT. Agradeço especialmente a Steven C. Hayes, Kirk Strosahl e Kelly Wilson, que sempre foram acessíveis quando eu tinha dúvidas e compartilharam seus conhecimentos sem ressalvas. Também sou grato, sem nenhuma ordem específica, a Scott Temple, Cliff Notarius, Rob Zettle, Hank Robb, Jason Luoma, Mike Twohig, Doug Woods, Pat Friman, Jodi Polaha, Martin Ivancic, Allen Cooley (que, infelizmente, não está mais conosco), Amy Murrell, Chad Drake, Christeine Terry, Mike Femenella, Rainer Sonntag, Tom Szabo e D. J. Moran. Obrigado por participarem da construção do meu repertório de ACT e, mais importante, por serem bons amigos.

Martin J. Brock: Gostaria de expressar minha profunda gratidão aos meus maravilhosos coautores, Dennis, Laura, Trent e Joann. Essa foi uma jornada e tanto juntos, e sou muito mais rico pela bondade, sabedoria e inspiração que recebi de seres humanos tão brilhantes e talentosos. Dennis, você inspira todos ao seu redor e tocou diversas pessoas de muitas maneiras. Aprendi muito com você e tenho a honra de considerá-lo um irmão. Laura, você é tão destemida e apaixonada em tudo o que faz e tem feito muito para melhorar nossa compreensão sobre a vida das mulheres. Trent, tão modesto e despretensioso, mas tão bem-informado e tão generoso com seu tempo e energia. Estou ansioso para passar mais tempo sob sua luz suave. Joann, você enriqueceu muito nossa jornada com seu entusiasmo e paixão, mas ainda mais com a coragem de continuar nosso trabalho, apesar de enfrentarmos enormes desafios. Agradeço aos muitos professores que me guiaram ao longo da jornada e me abençoaram com seus *insights*, incluindo Robert Leahy, Mark Williams, Melanie Fennell, Steven C. Hayes, Kirk Strosahl, Sonja Batten, Robyn Walser e Paul Gilbert – sua visão e dedicação iluminaram muitos caminhos para mim. Acima de tudo, reconheço os ensinamentos de Kelly Wilson e, mais ainda, sua disposição de me ajudar nos momentos mais sombrios, um professor verdadeiramente compassivo e talentoso. Também sou grato ao apoio de queridos amigos que tive a honra de conhecer, especialmente Mary Sawyer e Sandra Georgescu – vocês me deram muito mais do que imaginam. Por fim, reconheço a dádiva da família que me tornou o homem que sou. Linda, An-Marie e Susan, que compartilharam meus primeiros passos neste planeta, as conexões que temos nunca vão desaparecer. Margo, você é minha rocha e minha alma gêmea, e me presenteou com duas das joias mais raras, nossas queridas filhas, Hanneke e Becky. Estou para sempre em dívida com você e caminharemos sempre juntos. Hanneke, você se tornou uma de minhas maiores professoras e estou maravilhado com tudo o que você conquistou. Para alguém tão jovem, você tem uma sabedoria e uma coragem que são verdadeiramente inspiradoras. Becky, você continua a me inspirar a ser um homem melhor e a fazer o melhor que puder a serviço dos outros, e minha contribuição para este livro é uma prova disso.

M. Joann Wright: Sou profundamente grata aos meus coautores por me convidarem para essa notável jornada de autodescoberta que ocorreu no contexto de uma profunda irmandade. Além de suas amizades inabaláveis, todos vocês criaram um espaço muito seguro para compartilhar vulnerabilidade e amor, e essa foi uma viagem que moldará para sempre minha vida para melhor. Namastê. As bases da minha compreensão da ACT surgiram com meu mentor na pós-graduação, Joseph R. Scardapane. Joe, essa viagem iniciou com você, obrigado. Meu irmão de outra mãe, D. J. Moran, serviu como mentor e querido amigo por décadas. Eu não seria uma praticante da ACT ou a pessoa que sou sem sua influência. Recebi um treinamento muito profundo e acadêmico de vários profissionais, que serviram para aprofundar minha compreensão da ACT a partir de perspectivas sábias que às vezes me escapavam: Darrah Westrup, Steven C. Hayes, Kelly Wilson, Robyn Walser, Sonja Batten, Frank Bond, Kirk Strosahl, Louise Hayes e Louise McHugh, agradeço sua sabedoria e orientação. Agradeço à Association for Contextual and Behavioral Science por criar uma comunidade científica e clínica muito vibrante que reúne os melhores especialistas mundiais da ACT para compartilhar nossas descobertas de pesquisa e novas modalidades de tratamento. Vocês são meu lar intelectual e minha família, pelo que sou profundamente grata. Meus orientandos, alunos e clientes que me ensinam todos os dias como melhor fazer a ACT – vocês não têm ideia de como moldaram minha maneira de trabalhar. Que Deus os abençoe. Finalmente, me curvo com gratidão à minha família e aos meus amigos – que puseram vento em minhas velas e me lançaram no mundo com apoio ilimitado. Meu irmão, J., e minha irmã, Jan, e nossos queridos pais, que já partiram e que me deram confiança para sonhar alto – sou muito grata a vocês. Meus enteados, Andrew e Marcus, acrescentam alegria e me lembram de ser curiosa todos os dias. Muito obrigada. Vocês dois me surpreendem. Meu marido, Larry, que serve como uma rocha em minha trajetória e me permite percorrer o terreno da vida sem restrições, sabendo que sempre pousarei na segurança de seu amor – a vida não seria tão rica sem você, eu te amo.

Sumário

PARTE I **A autoprática/autorreflexão na terapia de aceitação e compromisso**

1 Apresentando *Experimentando a terapia de aceitação e compromisso de dentro para fora* 3

2 O arcabouço conceitual 11

3 Orientação aos participantes 33

4 Orientação aos facilitadores 45

PARTE II **O programa de autoprática/autorreflexão na terapia de aceitação e compromisso**

Seção A *Enfrentando o desafio*

Módulo 1 Identificando e formulando uma questão desafiadora 63

Módulo 2 Formulação do desafio da autoprática/autorreflexão na terapia de aceitação e compromisso 75

Módulo 3 O modelo de flexibilidade psicológica 85

Módulo 4 A Matrix da terapia de aceitação e compromisso 105

Seção B *Centrado*

Módulo 5 Entrando em contato com o momento presente 125

Módulo 6 *Self*-como-contexto 137

Módulo 7 Tomada de perspectiva flexível 145

Seção C *Aberto*

Módulo 8	Desfusão	157
Módulo 9	Aceitação	169

Seção D *Engajado*

Módulo 10	Definição de valores	193
Módulo 11	Compromisso, parte I: determinando objetivos e barreiras ao compromisso	205
Módulo 12	Compromisso, parte II: cultivando nossa capacidade de engajamento	219

Seção E *Compassivo*

Módulo 13	Terapia de aceitação e compromisso e compaixão	235
Módulo 14	Fadiga por compaixão e sofrimento empático	243
Módulo 15	Mantendo e aprimorando o cultivo da flexibilidade psicológica	251
	Referências	263
	Índice	273

PARTE I

A autoprática/ autorreflexão na terapia de aceitação e compromisso

1

Apresentando
Experimentando a terapia de aceitação e compromisso de dentro para fora

A terapia de aceitação e compromisso (ACT; Hayes, Strosahl, & Wilson, 1999, 2012) foi desenhada desde o início com a intenção de trazer nosso melhor entendimento da ciência comportamental para o problema do sofrimento humano. Por meio de uma série de técnicas baseadas em evidências, a ACT enfatiza a mudança consciente de comportamento e o movimento em direção a objetivos valorizados como princípios fundamentais (Hayes, Luoma, Bond, Masuda, & Lillis, 2006). Nos últimos 20 anos, um conjunto substancial de pesquisas demonstrou a eficácia das intervenções da ACT em uma série de problemas humanos, psicológicos e médicos (Hooper & Larsson, 2015).

Durante esse período, pesquisas demonstraram que o treinamento de autoprática e autorreflexão (AP/AR) dos psicoterapeutas pode ter um impacto positivo no desenvolvimento profissional em todos os níveis de experiência (Bennett-Levy & Lee, 2014; Bennett-Levy, Thwaites, Haarhoff e Perry, 2015). Por consequência, este livro foi elaborado *para aplicar métodos de AP/AR ao treinamento de terapeutas ACT*. Essencialmente, você pode usar este manual como uma imersão experiencial nos elementos fundamentais da ACT. Isso significa que terapeutas experientes em ACT podem trabalhar com esses exercícios e conceitos, sozinhos ou em grupo, para aprimorarem e aprofundarem sua prática. Além disso, o livro pode servir como um texto introdutório "de dentro para fora" aos terapeutas iniciantes em ACT.

Não muito tempo atrás, nós cinco iniciamos nossa própria jornada de AP/AR na ACT, encontrando os métodos e processos com os quais você trabalhará. Foi uma experiência transformadora para cada um de nós. Embora todos fôssemos terapeutas experientes em ACT, enfrentar nossos próprios problemas por meio da AP/AR envolvia vulnerabilidade e honestidade radical. Durante o tempo que levou para trabalhar com a AP/AR em ACT e para escrever este livro, passamos por alguns dos acontecimentos mais desafiadores de nossa vida. Juntos, enfrentamos uma série de experiências – perdas traumáticas e recomeços, doenças graves e recuperações dramáticas, estressores profissionais e avanços pessoais –, o espectro de desafios humanos a que Jon Kabat-Zinn (2013) se refere em *Full Catastrophe Living*. Durante esse período, nosso trabalho de AP/AR na ACT e nossos relacionamentos uns com os outros nos proporcionaram força, perspectiva aprimorada e apoio.

Como resultado de nossas experiências significativas na prática de ACT de dentro para fora, decidimos que usaríamos neste livro nossas próprias formulações de problemas e observações, em vez de usar personagens compostos ou exemplos fictícios. Nosso objetivo é agir de acordo com o que falamos aqui, apresentando a realidade de nossas próprias dificuldades e aspirações. Esperamos que isso crie um contexto de abertura, compaixão e conexão à medida que você se propõe a enfrentar desafios e oportunidades semelhantes aos que abordamos.

Ao se envolver nessas práticas de autotreinamento, esperamos que você desenvolva maior capacidade reflexiva, habilidades de psicoterapia e uma compreensão mais profunda da ACT. Em vez de apresentar apenas um livro sobre aquisição de conhecimento, trabalhamos para fornecer uma série sistemática de exercícios e reflexões que podem facilitar o crescimento nas áreas pessoal e profissional. Esperamos que isso contribua para o seu bem-estar e para o crescimento e o bem-estar de seus clientes.

Iniciamos com uma introdução à fundamentação essencial da ACT e da AP/AR. Depois, descrevemos algumas diretrizes básicas sobre como abordar este livro. Os Capítulos 2 a 4 fornecem mais material de base para você em sua jornada ao experimentar a ACT de dentro para fora.

O OBJETIVO DA AUTOPRÁTICA/AUTORREFLEXÃO NA TERAPIA DE ACEITAÇÃO E COMPROMISSO: ESTAR ABERTO, CENTRADO E ENGAJADO

A ACT está fundamentada na compreensão de como nós, humanos, estamos predispostos ao sofrimento e à insatisfação pela própria natureza da existência humana e pelos processos dinâmicos incorporados à linguagem e à cognição. Por exemplo, mesmo nas melhores circunstâncias, grande parte do nosso comportamento diário pode parecer guiada por um modo de ação em "piloto automático". À medida que realizamos nossas atividades diárias, talvez riscando itens da nossa lista de tarefas, repetindo nossos padrões habituais de comportamento, as coisas podem não parecer muito motivadas por um propósito. Se quisermos perder peso, ainda podemos ceder aos nossos impulsos e comer aquele segundo (terceiro?) pedaço de *pizza*. Embora ansiemos desesperadamente por conexões mais profundas com nossos amigos e familiares, ainda evitamos enviar aquela mensagem ou planejar um fim de semana juntos. Às vezes, nossa rigidez comportamental envolve dimensões muito mais sombrias e dolorosas. Não conseguimos nos impedir de cair na dependência de opiáceos, nem encontrar outras rotas de fuga para afastar nossos sentimentos.

Podemos ficar de cama por dias devido ao peso da nossa depressão, vivendo uma vida menor. O ímpeto do nosso comportamento parece nos levar, inconscientes, para as ações do dia seguinte, como uma onda que inexoravelmente se dirige para a praia. A ACT nos fornece intervenções baseadas em *mindfulness* que podem nos ajudar a "despertar" desse modo de operação em piloto automático. A prática de *mindfulness* pode nos fornecer espaço para escolher novas direções, possivelmente rompendo cadeias de rigidez comportamental. A AP/AR na ACT pode nos ajudar a aprender como nos sentirmos "centrados" na consciência plena, ancorados nesse exato momento, e prontos para agir.

Além dos padrões rotineiros e inflexíveis de nossas ações, nossos próprios pensamentos também podem nos causar muitos problemas. Grande parte do nosso tempo pode ser despendida lutando contra dores emocionais e pensamentos negativos. Ouvimos nosso crítico interior recitar a ladainha de nossos fracassos enquanto seguimos distraidamente com nossos afazeres. Preocupamo-nos com todas as coisas que podem dar errado, imaginando possíveis desastres financeiros, rompimentos de relacionamentos ou problemas familiares. Quando esses problemas imaginários e essas vozes internas repreensivas aparecem, nós os sentimos como se fossem muito reais. Imagens de fracasso e tragédia podem acelerar nosso coração. Ironicamente, quanto mais tentamos suprimir esse tipo de pensamento, pior ele tende a ficar, e os nossos esforços para evitá-lo apenas nos levam a espirais mais intensas de sentimentos de ameaça e inadequação (Hooper, Saunders, & McHugh, 2010). Mas não precisa ser assim. Não precisamos viver roboticamente, e nossa mente não precisa parecer um campo minado. A ACT envolve métodos para enxergar os pensamentos e eventos mentais com clareza, como o que são e *não como o que eles dizem que são* (Hayes et al., 1999). Ao nos treinarmos para saber a diferença entre as situações do mundo real e as demandas de nossa mente, podemos nos tornar mais capazes de enfrentar os desafios e as oportunidades reais da vida (Deacon, 2011). A AP/AR na ACT envolve o treinamento de como permanecer "aberto" aos eventos mentais e como, assim, nos libertarmos de sua influência excessiva.

A partir de uma base de consciência plena, notando e aceitando o fluxo de eventos mentais que constantemente chamam nossa atenção, a ACT nos convida a nos tornarmos autores de direções valorizadas em nossa vida (Dahl, Plumb, Stewart, & Lundgren, 2009). Quando despertarmos para o momento, sacudirmos as teias de aranha das projeções mentais e definirmos um rumo para uma vida valorizada, poderemos ser capazes de nos dedicar a viver com maior propósito e significado. Como é quando sentimos que nossa vida está focada no que mais importa? Como nos sentimos quando sabemos que nossas lutas fazem parte do caminho em direção a uma vida pela qual vale a pena se empenhar, pela qual vale a pena sofrer?

Por trás dos nossos padrões de resposta automática e batalhas particulares, podemos visualizar algumas qualidades de "fazer" ou "ser" que desejamos trazer ao mundo de forma mais completa. Queremos saber o significado. Queremos defender alguma coisa. Se nos permitirmos acalmar a mente e desacelerar o corpo, voltando-nos com bondade para o que é mais importante nesta vida, podemos imaginar uma vida com propósito e vitalidade. Por exemplo, podemos querer ser pais mais atenciosos. Às vezes, podemos esperar nos tornarmos parceiros melhores ou amigos mais receptivos. Alguns de nós podem se sentir motivados a criar grandes obras de arte. Estabelecer segurança financeira pode servir como uma bússola de "norte verdadeiro" para muitos de nós. Para aqueles que seguem um caminho mais contemplativo ou espiritual, as ações diárias podem ser guiadas pela busca do despertar pessoal. Alguns de nós podem se esforçar para encarar nossos relacionamentos como a Bíblia nos diz que Jesus Cristo faria, com o objetivo de estender o amor até mesmo àqueles que procuram nos prejudicar. Talvez esperemos sinceramente desenvolver mais disciplina na nossa forma de encarar os exercícios físicos. A gama de valores que podemos carregar conosco e aspirar a realizar é tão diversa quanto nós mesmos. Sejam quais forem os seus valores livremente escolhidos, a AP/AR na ACT envolve métodos para nos treinar a estarmos "engajados" em nossa vida, com o compromisso de nos tornarmos a versão de nós mesmos que mais desejamos ser.

As qualidades de estar aberto, centrado e engajado não são apenas ideias inteligentes na AP/AR na ACT. Esses três "pilares" do nosso treinamento de AP/AR em ACT refletem processos e procedimentos baseados em evidências que podemos usar com nossos clientes em psicoterapia experiencial (Hayes et al., 2012). Eles representam também processos centrais que podemos ativar no nosso desenvolvimento pessoal e profissional, que é um dos objetivos do programa que partilhamos com você neste livro. Em conjunto, o fato de estar aberto, centrado e engajado é descrito como "flexibilidade psicológica". Pesquisas mostram que cultivar a flexibilidade psicológica é fundamental para superar uma série de problemas psicológicos e estabelecer maior bem-estar (Powers, Zum Vorde Sive Vörding, & Emmelkamp, 2009; Ruiz, 2010). Desenvolver maior flexibilidade psicológica por meio da AP/AR na ACT está no coração de nossa jornada juntos.

O QUE É AUTOPRÁTICA/AUTORREFLEXÃO NA TERAPIA DE ACEITAÇÃO E COMPROMISSO?

Em consonância com o modelo da ACT, este livro se concentra em como os terapeutas podem dar vida à busca por seus objetivos valorizados com maior flexibilidade, compaixão e coragem por meio de uma abordagem de AP/AR sistemática e baseada em evidências. A AP/AR na ACT é um método de treinamento experiencial estruturado que envolve o uso das técnicas de ACT em nós mesmos por meio da autoprática (AP) e da reflexão sobre essa experiência por meio da autorreflexão (AR) escrita. Com o uso da AP/AR na ACT, aplicamos nossa abordagem psicoterapêutica a nossos próprios desafios em nossa vida pessoal e profissional. Naturalmente, qualquer treinamento em ACT envolverá tempo focado em nós mesmos. Na verdade, grande parte do treinamento básico baseado em *workshops* de ACT envolve experimentar os processos da ACT em nós mesmos. A AP/AR na ACT nos convida a dedicar algum tempo e atenção para aprofundar específica e metodicamente nossa prática de ACT, utilizando as técnicas de ACT em nossas experiências.

Por meio da AP/AR na ACT, nos tornamos nossos próprios terapeutas, às vezes na companhia de colegas por quem temos carinho e confiança e que compartilham essa jornada. A fim de estruturar e organizar o trabalho interno realizado com este manual, *pedimos que você escolha um problema específico ou um domínio de ação para focar durante seu exercício nesse programa de AP/AR em ACT*. Pode ser um problema na sua vida profissional ou pessoal, ou talvez uma questão que abrange esses dois aspectos do seu universo. Depois de participar de cada período de AP na ACT, você reservará um tempo para se envolver na AR sobre seu trabalho e a experiência vivida. Essas reflexões parecem ser mais significativas e impactantes se forem escritas, em vez de apenas articuladas em voz alta ou mesmo faladas "em nossa cabeça" (Bennett-Levy & Lee, 2014; Bennett-Levy, Lee, Travers, Pohlman, & Hamernik, 2003), e envolvem muitos níveis de aplicação, atuação e existência. Por exemplo, depois de praticar técnicas radicais de aceitação em torno de uma emoção angustiante, podemos refletir sobre o significado de nossa experiência para nós mesmos e para o nosso trabalho com os clientes ou até sobre quais implicações os nossos *insights* podem ter para a teoria e a prática da ACT.

O exercício de AP/AR na ACT pode ser realizado como uma prática individual. Na verdade, os leitores provavelmente praticarão por conta própria com mais frequência, utilizando essas técnicas como parte de sua educação contínua e de seu trabalho interno. Mas é importante ressaltar que a aplicação de AP/AR também pode ocorrer em grupo; grande parte da pesquisa ocorreu em contexto de grupo (Bennett-Levy, McManus, Westling, & Fennell, 2009) – formamos um time desse tipo enquanto desenvolvíamos essa abordagem. Nesse contexto, não estávamos atuando como um grupo de apoio ou de terapia, nem oferecendo terapia uns aos outros – em vez disso, estávamos trabalhando em nós mesmos no contexto de uma comunidade de amigos solidários e de confiança. A pesquisa nos diz que os participantes de AP/AR com frequência têm relatado uma "sensação mais profunda de conhecer a terapia" (Bennett-Levy et al., 2015; Thwaites et al., 2015). Também compartilhamos essa observação durante um período significativo de trabalho. Sinceramente, este livro nos ergueu em alguns momentos difíceis e nos ajudou a conhecer melhor nosso trabalho e a nós mesmos, enquanto aprendíamos ACT de dentro para fora.

POR QUE AUTOPRÁTICA/AUTORREFLEXÃO NA TERAPIA DE ACEITAÇÃO E COMPROMISSO?

Em certo sentido, o método de AP/AR e o desenvolvimento da ACT são ambos extensões de uma mudança sísmica no *zeitgeist* da tradição cognitivo-comportamental, às vezes descrita como uma "terceira onda" (Hayes, 2004). Essa mudança de ênfase dos modelos mecanicistas para métodos que abraçam a prática experiencial e reflexiva começou perto do final do século XX e continuou nas primeiras décadas do século XXI (Tirch, Silberstein, & Kolts, 2015). Embora o treinamento inicial em terapia cognitivo-comportamental (TCC) não envolvesse muita ênfase explícita na exploração do processo do próprio terapeuta, o desenvolvedor do método de AP/AR, James

Bennett-Levy (comunicação pessoal, 13 de agosto de 2018), observou que uma tendência significativa para a valorização do processo interpessoal e da autoexploração surgiu na TCC em meados da década de 1990, contribuindo para o desenvolvimento da abordagem de AP/AR. Ela foi elaborada como uma estratégia de formação para aprimorar o desenvolvimento das habilidades dos terapeutas por meio da prática de técnicas terapêuticas em si próprios e do envolvimento em AR, tanto de uma perspectiva pessoal como profissional (Bennett-Levy et al., 2001).

A abordagem tornou-se parte de um corpo crescente de pesquisas dentro da TCC tradicional que enfatizava e examinava a experiência pessoal e a AR. Durante esse período, a ACT e o movimento contextual nas ciências comportamentais também floresceram e se difundiram rapidamente. Com ênfase em *mindfulness*, aceitação e compaixão, a ACT naturalmente enfatizava a autoexploração, embora utilizasse uma série diferente de técnicas. Como consequência, é provável que você descubra que integrar uma abordagem de AP/AR à ACT pode ser uma transição muito mais suave do que se poderia esperar.

O crescente corpo de pesquisas de AP/AR demonstra que essa modalidade de treinamento nos permite desenvolver maior sintonia na dimensão interpessoal da relação psicoterapêutica (Gale & Schröder, 2014; Thwaites et al., 2015). Os terapeutas que concluíram o treinamento em AP/AR relataram crescimento em dimensões importantes do relacionamento terapêutico, incluindo compreensão empática, presença terapêutica e compaixão (Gale & Schröder, 2014; Spendelow & Butler, 2016; Thwaites et al., 2015). Esses resultados da pesquisa em AP/AR foram constatados em vários países, grupos e níveis de experiência (Bennett-Levy, 2019). Além disso, os psicoterapeutas descreveram maior autoconfiança e confiança na sua abordagem terapêutica após o treinamento em AP/AR (Gale & Schröder, 2014). Isso envolveu profissionais que relataram um aprimoramento de suas habilidades conceituais e técnicas após participarem do treinamento de AP/AR.

Pakenham (2015) explorou repetidamente o valor do autocuidado e da AP na ACT, com particular ênfase em lidar com o impacto do estresse durante a pós-graduação. Embora essa pesquisa não siga um protocolo de AP/AR manualizado, ela foi pioneira no uso do modelo da ACT para a prática pessoal. Com base em uma revisão da literatura, Pakenham e Stafford-Brown (2012) observaram que os elevados níveis de estresse e o potencial de esgotamento entre os profissionais da área clínica não foram adequadamente abordados pelos atuais modelos de formação. O grupo deles lançou um chamado para a área, sugerindo a implementação de métodos baseados em *mindfulness* e aceitação, consistentes com nossa abordagem de AP/AR na ACT (Stafford--Brown & Pakenham, 2012). Utilizando uma abordagem de "*self*-como-laboratório", Pakenham e seus colegas examinaram o impacto do treinamento em ACT e AP em vários estudos envolvendo estagiários de psicologia clínica. A pesquisa deles relatou que os participantes tiveram melhorias significativas em *mindfulness*, habilidades específicas de terapeuta, aumento da flexibilidade psicológica e diminuição do sofrimento pessoal. Até o momento, a pesquisa no trabalho da ACT espelhou os resultados da pesquisa que utiliza a AP/AR entre profissionais de TCC e sugere o valor de aprender ACT de dentro para fora, da maneira como desenvolvemos aqui.

ORIENTAÇÃO PARA *EXPERIMENTANDO A TERAPIA DE ACEITAÇÃO E COMPROMISSO DE DENTRO PARA FORA*

Este livro é dividido em duas partes. A Parte I inclui os capítulos fundamentais que explicam nossa abordagem e ajudam você a se preparar para o trabalho prático que se segue em nosso método de AP/AR na ACT. Sugerimos que todos que estiverem usando este livro leiam os Capítulos 1 a 3. Os Capítulos 1 e 2 fornecem a orientação teórica e a base conceitual da AP/AR na ACT. Aqueles mais familiarizados com a filosofia da ciência subjacente, a teoria da cognição e o método terapêutico envolvidos na ACT podem considerar esses dois capítulos iniciais uma revisão. *Não obstante, nós o convidamos a retornar a esse material com novos olhos e uma "mente de principiante" o máximo que puder ao iniciar sua jornada de AP/AR na ACT.* Se puder, coloque-se no lugar do seu cliente ou de um terapeuta em início de carreira e comece a se envolver com esse conteúdo a partir de uma nova perspectiva.

Uma das preocupações centrais da comunidade da ACT envolve abordar essa teoria como um modelo de ciência comportamental contextual aplicada, e não como uma caixa de ferramentas de técnicas de psicoterapia. A ACT nunca foi concebida para ser adotada apenas como um protocolo terapêutico, mas foi projetada e desenvolvida como um modelo escalonável para cultivar o bem-estar com base em processos e princípios baseados em evidências. Compreender a filosofia subjacente e o modelo conceitual que sustenta a ACT é *a chave* para utilizar suas técnicas de forma eficaz. Por esse motivo, sugerimos fortemente que você trabalhe com o conteúdo dos capítulos introdutórios e responda às questões reflexivas. Os melhores terapeutas ACT que conhecemos usam seu domínio dos princípios comportamentais básicos para improvisar e desenvolver novas intervenções que sejam sensíveis às contingências em tempo real que encontram com seus clientes. Esperamos que sua análise e seu envolvimento com este livro o ajude a aprimorar essas habilidades em sua jornada de AP/AR.

O Capítulo 3 apresenta diretrizes e sugestões para qualquer pessoa que participe de um grupo de AP/AR em ACT. Ele o ajudará a considerar aspectos práticos, como, por exemplo, se será melhor praticar sozinho ou em grupo. O capítulo oferece sugestões sobre como você pode identificar e compreender o problema no qual está optando por trabalhar ao usar este manual de AP/AR em ACT. Além disso, fornece mais informações sobre a melhor forma de abordar a AR e como estabelecer uma ponte entre a nossa prática pessoal, a reflexão e a aplicação.

O Capítulo 3 também o prepara para usar os componentes práticos do livro, organizados como "módulos". Cada módulo reflete os processos que interagem para gerar e realçar a flexibilidade psicológica. Além disso, os módulos baseiam-se no modelo de flexibilidade psicológica a fim de nos ajudar a levar mais *mindfulness* e autocompaixão ao nosso trabalho como instrumentos psicoterapêuticos. Embora possa parecer fácil e até tentador percorrer rapidamente os módulos, fazendo uma leitura rápida e talvez um *test drive* de uma ou duas técnicas, é evidente que você obterá o máximo desse programa de AP/AR em ACT caso se envolva profundamente com o material e as práticas fornecidas. Sugerimos dedicar pelo menos 2 a 3 horas para cada módulo e possivelmente mais tempo se alguns dos exercícios experienciais se expandirem e se tornarem parte de uma prática pessoal diária. Além disso, vários módulos pedem diretamente que você dedique tempo à prática diária ao longo de uma semana ou mais e que reflita sobre a soma desse trabalho em suas perguntas de AR ou discussões em grupo.

O Capítulo 4 foi elaborado para ajudar aqueles que desejam facilitar grupos de AP/AR em ACT. Portanto, grande parte desse capítulo pode ser menos relevante para o praticante individual ou para o membro do grupo. Considere esse um capítulo "opcional", a menos que você esteja pensando em reunir um grupo como facilitador. Se esse for o caso, o capítulo o orienta nas etapas necessárias para organizar um grupo e o ajuda a antecipar alguns dos altos e baixos que você poderá enfrentar à medida que o grupo avança.

A Parte II o guia por uma série de módulos que fornecem exercícios experimentais de AP e uma série de perguntas de AR. Essas práticas estão organizadas em torno do modelo de flexibilidade psicológica e oferecem uma oportunidade para desenvolver habilidades específicas. Treinar a mente em flexibilidade psicológica tem amplo suporte empírico em vários níveis escalonáveis de intervenção (Hooper & Larsson, 2015; Powers et al., 2009; Ruiz, 2010). Nosso objetivo é fornecer uma oportunidade de usar a AP/AR em ACT para trabalhar processos apoiados por evidências que levem à transformação pessoal. Como resultado, a maior parte deste livro não segue o formato de um manual técnico ou de uma jornada narrativa. A segunda parte é um guia prático para sua própria jornada de AP/AR na ACT.

Desejamos-lhe felicidades nesse caminho compartilhado de crescimento pessoal e profissional. À medida que nos tornamos disponíveis para as nossas próprias práticas de *mindfulness*, compaixão e sabedoria, somos mais capazes de compartilhar esses recursos com aqueles que sofrem. Um caminho como esse exige autodireção, disciplina e dedicação. Desejamos tudo isso a você, bem como uma abertura à ajuda disponível por meio das nossas comunidades de médicos e companheiros de jornada. Estamos todos juntos nisso, e a prevenção e o alívio do sofrimento humano são causas às quais vale a pena nos dedicarmos com o coração aberto e um compromisso firme.

2
O arcabouço conceitual

OS ELEMENTOS CENTRAIS DA AUTOPRÁTICA/ AUTORREFLEXÃO NA TERAPIA DE ACEITAÇÃO E COMPROMISSO

O modelo da terapia de aceitação e compromisso (ACT) é inerentemente experiencial e, como terapeutas ACT, não desejamos apenas "transmitir" informações aos clientes ou ajudá-los a "reestruturar" seus pensamentos por meio de tarefas de casa terapêuticas. Como exploraremos juntos, o terapeuta ACT procura criar o contexto para a aprendizagem experiencial e o treinamento de processos específicos no momento presente e no consultório. Aprenderemos sobre todos esses processos trabalhando com nós mesmos. Por meio da autoprática/autorreflexão (AP/AR) na ACT, cultivamos a nossa própria flexibilidade psicológica e uma compreensão e incorporação mais profunda e holística do modelo de mudança psicológica que praticamos e compartilhamos.

Existem muitos motivos possíveis para escolhermos nos tornar profissionais da área clínica, e cada um de nós tem uma história pessoal única de envolvimento com problemas psicológicos que contribuiu para nossa motivação de ajudar outras pessoas a lidarem com os desafios da vida. Embora as variações sobre o tema sejam infinitas, todos nós, em certo sentido, ingressamos na profissão atraídos pela consciência pessoal do sofrimento humano e pela intenção de estar a serviço de nossos semelhantes. A AP/AR na ACT requer o envolvimento deliberado com seu próprio sofrimento, usando os mesmos processos e técnicas que você direcionaria aos seus clientes. Dessa forma, podemos encontrar nossa habilidade de *mindfulness*, aceitação e compaixão e aprender a direcionar o fluxo desses elementos essenciais para dentro de nós. Isso potencialmente nos permite levar nossa experiência da terapia a um nível mais profundo do que o típico percurso de nossa educação. Entretanto, o compromisso envolvido na busca de um programa de AP/AR pode parecer exigente, e talvez não vejamos o valor dessa abordagem para nosso desenvolvimento em um primeiro momento. Podemos simplesmente ler alguns dos principais textos e participar de alguns *workshops* ministrados por instrutores identificados para compreender os princípios, não é mesmo? Será que se seguirmos com fidelidade os protocolos da ACT publicados não seremos eficazes como terapeutas ACT? Às vezes, nos sentimos tão ocupados e sobrecarregados pelos sistemas em que trabalhamos – então por que deveríamos investir tempo e concentração em AP/AR?

Para apreciar as recompensas de uma abordagem de AP/AR na ACT, vamos explorar os princípios envolvidos na aprendizagem e na aplicação da ACT e definir algumas das qualidades que procuramos desenvolver como terapeutas dessa abordagem. Ao iniciarmos nosso programa de AP/AR na ACT, é importante compreender o valor específico da prática pessoal para os terapeutas e apreciar a ciência que respalda esse programa de estudo. Embora muitas abordagens da ACT possam convidar o terapeuta a olhar para dentro de si como parte do aprendizado da terapia, a AP/AR na ACT oferece uma contribuição única para seu desenvolvimento pessoal e profissional, levando-o a estar mais bem equipado para fazer uma diferença real em nossos esforços clínicos.

Embora todas as abordagens terapêuticas exijam que um terapeuta competente se baseie nos pressupostos teóricos subjacentes ao modelo, a ACT é única na amplitude e no escopo de sua base conceitual. Por ser oriunda da tradição analítico--comportamental, a ACT usa o termo *comportamento* para se referir a toda e qualquer ação que um organismo possa realizar. Sonhar acordado, pular, projetar uma bomba atômica, recordar ou fazer um bolo são todos definidos como "comportamento" na literatura da ACT e também neste livro. Isso é muito importante porque a ACT se baseia na ideia de que podemos aplicar à nossa compreensão dos comportamentos mentais as mesmas regras e princípios científicos que aplicamos à aprendizagem de comportamentos observáveis (Hayes et al., 1999).

Como discutiremos, a ACT se baseia em uma determinada filosofia da ciência, que sugere uma abordagem específica para a análise do comportamento humano. A partir dessa base filosófica, os fundamentos da ACT se expandem para incluir uma teoria específica da linguagem e da cognição que orienta a forma e a função da própria terapia (Hayes et al., 1999). Em vez de ser um conjunto abstrato de ideias, essa abordagem teórica do pensamento e do comportamento verbal é apoiada por uma iniciativa de pesquisa global e contínua. Esse estudo básico, por sua vez, é apoiado por uma pesquisa aplicada que procura testar quais processos se encontram ativos na ACT e como podemos alcançar os nossos melhores resultados psicoterapêuticos.

Felizmente, não precisamos ser especialistas em todos os níveis da teoria que apoia uma intervenção de ACT para fazer uma boa terapia. Contudo, uma compreensão mais profunda dos elementos constitutivos da terapia pode ajudar-nos a aplicar nossas técnicas e estratégias relacionais de forma mais flexível e eficaz. A abordagem de AP/AR na ACT procura ajudar-nos a desenvolver uma apreciação desses conceitos por meio da aprendizagem experiencial, familiarizando-nos com esses processos em ação à medida que os percebemos dentro de nós. Por sua vez, os terapeutas ACT podem desenvolver a capacidade de aplicar essa compreensão em ambientes clínicos de uma forma que que seja responsiva ao cliente. Para além dos elementos técnicos e científicos, nossa abordagem de AP/AR procura ajudar-nos a desenvolver competências interpessoais fundamentais, como a construção de relacionamentos, a colaboração e a escuta ativa, que também são essenciais. Juntos, exploramos e destacamos componentes específicos de uma postura terapêutica ACT, incluindo compaixão, empatia ativa e a experiência compartilhada da nossa humanidade comum.

CIÊNCIA COMPORTAMENTAL CONTEXTUAL

Ao examinar mais de perto os elementos centrais da ACT, encontramos a terapia situada em um ramo da psicologia conhecido como ciência comportamental contextual (CBS, do inglês *contextual behavioral science*). A CBS é um movimento desenvolvido recentemente, mas em crescimento exponencial dentro da psicologia, que foi descrito como um "grande guarda-chuva" que abrange três áreas básicas de desenvolvimento do conhecimento (Foody et al., 2014): uma filosofia da ciência, uma teoria científica básica da cognição e da linguagem e um conjunto de intervenções psicológicas e psicoterapias aplicadas.

A base filosófica: contextualismo funcional

A filosofia da ciência é enfatizada na ACT porque os nossos pressupostos filosóficos têm consequências importantes. Por exemplo, eles podem afetar a forma como abordamos questões clínicas significativas, como o valor relativo de questionar a verdade *versus* a falsidade das crenças negativas dos nossos clientes a respeito de si mesmos. Todos os médicos e cientistas têm pressupostos filosóficos, mas muitos nunca os articularam conscientemente. A ausência de clareza em relação à nossa abordagem filosófica pode nos impedir de fazer um exame direto das consequências da nossa filosofia. Além disso, a maioria de nós não chegou aos nossos pressupostos por meio de uma análise filosófica deliberada sobre o ato da psicoterapia. Podemos simplesmente ter prosseguido abordando a ciência psicológica com os conceitos implícitos que derivamos de nossas histórias de aprendizagem. Nesses casos, começamos sem realmente pensar sobre onde estamos. Nossa perspectiva pode ser pouco deliberada, então *algo se perde*.

É provável que muitos profissionais comecem a "fazer ACT" simplesmente adicionando técnicas derivadas da ACT ou práticas de *mindfulness* à sua abordagem atual. Embora isso possa acrescentar algo de valor ao trabalho, há muito mais a ser obtido por meio de um estudo abrangente de toda a abordagem. Ao conhecermos e internalizarmos uma postura filosófica contextualista funcional, podemos mudar todo o enquadramento da relação psicoterapêutica de maneiras poderosas. Com esse objetivo, fornecemos uma breve introdução à nossa filosofia da ciência, com um exame dos elementos *funcionais* e *contextuais* separadamente. Após essa introdução ao contextualismo funcional, apresentamos algumas questões reflexivas que ligam essa perspectiva ao seu trabalho clínico com seus clientes e consigo mesmo.

A melhor maneira de transmitirmos o significado de *funcional* na abordagem é por meio de um exemplo. Imagine um rato que esteja envolvido em pesquisa comportamental. Esse rato encontra-se em uma "câmara operante", uma ferramenta comum em pesquisa comportamental básica que em geral contém alavancas, luzes e um recipiente de comida ou água. Para esse exemplo, basta imaginar uma câmara com uma única alavanca. Há muitas maneiras pelas quais um rato em uma câmara pode apertar a alavanca: com o nariz, com a pata esquerda, com a pata direita ou com o traseiro. Um de nós (Trent) trabalhava em um laboratório de farmacologia comportamental e uma vez testemunhou um rato subir até o topo da câmara e depois deixar seu corpo cair em cima da alavanca. Existem muitas outras possibilidades. A maioria dos profissionais da saúde mental pensa estruturalmente e, como tal, consideraria todos esses diferentes comportamentos de pressão como fundamentalmente diferentes porque a forma ou estrutura de cada um deles é diferente. Contudo, o contextualista funcional *veria essas respostas em termos de função e não de estrutura* – isto é, veria essas respostas como idênticas porque a função (ou seja, o objetivo) é a mesma: apertar a alavanca. A forma ou "topografia" (isto é, a estrutura) do comportamento não é tão útil para fazer ciência comportamental, sendo, portanto, uma distração desnecessária.

Em contraste, o sistema do *Manual diagnóstico e estatístico de transtornos mentais* (DSM) é derivado de uma forma estrutural de pensar sobre os problemas clínicos. Os transtornos de ansiedade fornecem um exemplo útil. Os critérios estabelecidos para cada transtorno nessa categoria definem o transtorno com base em sua forma. Por exemplo, o transtorno de pânico envolve medo das sensações físicas; as fobias simples envolvem o medo de um objeto, atividade ou situação específica; o transtorno de ansiedade generalizada é definido com base na preocupação crônica com muitas coisas diferentes. Mas cada um deles é funcionalmente o mesmo: eles servem para evitar ou fugir de estímulos que provocam ansiedade. Na verdade, podemos estender o exemplo ainda mais para incluir a maioria das formas de psicopatologia e ainda observar uma classe funcional de comportamento compartilhada: a esquiva experiencial. Além disso, mesmo nos casos em que uma etiologia biológica é primordial, é provável que existam funções de esquiva experiencial que exacerbam a dificuldade. A esquizofrenia é um exemplo desse tipo. Os sintomas psicóticos têm etiologia biológica presumida, mas não é incomum que uma pessoa com esquizofrenia tente "fugir" das suas vozes, por exemplo. Isso frequentemente tem como consequência o aumento de sua experiência desses sintomas, ao mesmo tempo que estreita o seu repertório na presença deles. "Esquiva experiencial" refere-se a qualquer comportamento que funcione para evitar ou fugir de experiências privadas aversivas, incluindo pensamentos e sentimentos.

O *contextualismo*, a primeira parte do termo *contextualismo funcional*, lembra-nos de que essa é uma filosofia pragmática da ciência que se centra no "ato em contexto". Nessa abordagem, a "unidade de análise" é o comportamento de todo um organismo no contexto. Isso significa que todo o contexto que envolve tal comportamento, e não seus elementos individuais, é o que interessa. O contextualismo funcional opta por focar na previsão e na influência do ato em contexto, com precisão, profundidade e escopo necessários e suficientes. A amplitude do contexto definido para uma avaliação depende inteiramente da utilidade das condições de contorno, com base em nossos objetivos analíticos.

Em vez de procurar "verdades absolutas", vendo até que ponto nossas previsões estão de acordo com os componentes de uma "realidade externa" conceitualizada, o contextualismo funcional envolve uma referência específica para determinar a verdade de qualquer análise científica. Esse critério de referência é conhecido como "trabalho bem-sucedido". Colocar isso coloquialmente significa fazer a pergunta: "Funcionou para atingir os objetivos que especifiquei?". Deve-se sempre declarar verbalmente qual é o fim desejado e então avaliar os itens com base em sua capacidade de alcançá-lo. Dessa forma, o critério de verdade para uma análise consistente em ACT, especificamente, não é se uma descrição está mapeando ou descrevendo um evento em um mundo externo objetivo, mas sim se a previsão ou influência do comportamento na análise "funciona".

Assim, na base conceitual da ACT, encontramos a decisão de que todos os aspectos dessa abordagem científica serão fundamentados nessa perspectiva contextualista funcional, com um conjunto específico de pressupostos resultantes. Em termos práticos e aplicados durante a psicoterapia, os princípios do contextualismo funcional incluem uma ênfase à *função* de um comportamento no contexto mais do que à *forma* do comportamento em questão.

Um terapeuta fundamentado nesta filosofia provavelmente estará mais interessado em influenciar como os pensamentos negativos afetam as ações de um cliente do que em *mudar a forma ou o conteúdo dos pensamentos automáticos relatados por um indivíduo*. Por exemplo, um terapeuta ACT operando a partir desses pressupostos contextuais funcionais ficaria relutante em envolver-se num debate com uma cliente à procura de "evidências a favor" e "evidências contra" sua crença de que era uma "mãe ruim". Em vez disso, o terapeuta ACT estaria mais interessado em criar as condições para que essa mãe pudesse aprender a notar a si mesma pensando "Eu sou uma mãe ruim", enquanto ela agiria de maneira consistente com o desejo mais profundo do seu coração sobre como gostaria de criar seus filhos. O terapeuta procuraria criar um contexto no qual essa cliente pudesse vivenciar um pensamento, mas sem basear seu comportamento no que esse pensamento diz. O terapeuta não tentaria mudar ou suprimir diretamente o pensamento "Eu sou uma mãe ruim", mas, sim, criar contingências em que a cliente pudesse mudar seus comportamentos e agir de maneiras que fossem pessoalmente significativas, mesmo quando tal pensamento surgisse. Assim, nossa relação com nossos eventos mentais e nosso envolvimento direto com ações valorizadas tornam-se mais importantes do que os próprios eventos mentais. Como seria de esperar, existem parâmetros adicionais e mais detalhados que compõem toda essa abordagem filosófica. Entretanto, manter esses princípios contextualistas funcionais fundamentais em mente pode influenciar profundamente a maneira como você aprende e pratica a AP/AR na ACT.

Reflita sobre as perguntas a seguir e escreva uma resposta no espaço fornecido. Esperamos que uma pausa para refletir sobre o valor de aprofundar a sua apreciação de uma abordagem contextualista funcional fortaleça o seu envolvimento com uma abordagem de AP/AR na ACT.

PERGUNTAS PARA AUTORREFLEXÃO

Você consegue imaginar ou recordar uma experiência com um cliente quando vocês, juntos, enfatizaram a importância de compreender a função do pensamento em vez de mudar a sua forma? Em caso afirmativo, descreva como foi sua experiência quando você enfatizou a função em detrimento da forma.

_____
_____
_____
_____
_____
_____
_____
_____

Lembre-se de uma ocasião em seu trabalho em que você e seu cliente colocaram em primeiro lugar a busca por objetivos comportamentais valorizados, em vez de passarem muito tempo questionando a validade de seus pensamentos negativos. O que significou para você, como terapeuta, enfatizar a mudança de comportamento e o movimento em direção ao significado, ao propósito e à vitalidade?

_____
_____
_____
_____
_____
_____
_____
_____
_____
_____

O contextualismo funcional sugere que vejamos cada comportamento em seu contexto e tentemos compreender como a história de aprendizagem e a situação atual de um indivíduo estão exercendo influências poderosas sobre a forma como ele pensa, sente e age. Além disso, nossa responsabilidade como terapeutas envolve ajudar nossos clientes a mudar seus comportamentos de forma significativa por meio do estabelecimento de uma nova relação com seus eventos mentais. Caso você aceite essa visão e essa responsabilidade, o que isso significaria para você como psicoterapeuta? O que isso significaria para você como pessoa?

_____
_____
_____
_____
_____
_____
_____
_____
_____
_____

Caso você aplique os princípios do contextualismo funcional à sua própria vida e aborde seus problemas de forma pragmática que enfatize a viabilidade,* o que poderia ser diferente?

_____
_____
_____
_____
_____
_____
_____
_____
_____

---

* N. de R. T. No original, *workability*, palavra comumente traduzida como utilidade ou viabilidade, a depender do contexto. Optamos por traduzir *workability* como viabilidade, neste trecho, por entendermos que os autores se referem a estratégias pragmáticas que possam viabilizar uma vida valorizada.

A teoria da cognição e da linguagem: teoria das molduras relacionais

A *teoria das molduras relacionais* (RFT, do inglês *relational frame theory*) é uma teoria científica da linguagem e da cognição que se baseia em pressupostos contextualistas funcionais e emerge da tradição analítico-comportamental (Hayes, Barnes-Holmes, & Roche, 2001). A RFT busca delinear e estudar o pensamento humano e o comportamento verbal nos termos da ciência experimental da aprendizagem. Como tal, serve como um arcabouço conceitual, abrangendo novos modelos e conceitos que fornecem formas úteis de abordar as complexidades do comportamento verbal humano.

Os terapeutas poderão ser mais capazes de apreender e aplicar as técnicas da ACT quando compreenderem o que a RFT tem a nos dizer sobre o pensamento, assim como os músicos de *jazz* serão mais capazes de improvisar e tocar em harmonia quando compreenderem a teoria musical subjacente, as mudanças de acordes e as escalas envolvidas. A RFT postula que a nossa habilidade evoluída de derivar relações entre os estímulos que percebemos levou à nossa capacidade de cognição e linguagem. Assim como o contextualismo funcional constitui a base para a RFT, por sua vez, a RFT está ligada às intervenções cognitivas envolvidas na ACT.

Em termos simples, a RFT sugere que, em sua essência, a linguagem envolve o processo de relacionar mentalmente os eventos uns com os outros. Além disso, esse processo de relacionar eventos também pode transformar funções somáticas, sensoriais e comportamentais. A nossa capacidade de derivar relações entre estímulos provavelmente proporcionou uma tremenda vantagem para a espécie humana. Ela é útil porque possibilita uma economia substancial de aprendizagem, o que nos permite relacionar eventos sem treinamento explícito. Além disso, podemos responder a regras verbais ou cognitivas sobre contingências sem precisarmos ser expostos às próprias contingências. Por exemplo, posso ouvir: "Não toque no fogão quente, você queimará os dedos e precisará ir ao hospital". Quando ouço isso, posso imaginar a dor dos dedos queimados e basear meu comportamento subsequente nessa regra cognitiva. Eu não preciso queimar os dedos para aprender. Imagine a vantagem que esse tipo de aprendizagem representa para uma espécie inteira. A linguagem obviamente também permite que os humanos cooperem em um nível fenomenal. Nós, humanos, somos uma espécie supercooperativa, e a RFT aplicada à ciência evolutiva sugere que essa cooperação pode ser a nossa principal vantagem evolutiva (Hayes & Long, 2013).

Da perspectiva da RFT, a cognição e a linguagem são descritas como "resposta relacional derivada" ou "enquadramento relacional". O enquadramento relacional envolve três características específicas: implicação mútua, implicação combinatória e transformação de função de estímulo.

A *implicação mútua* diz respeito a um processo de aprendizagem "bidirecional". Por exemplo, aprendendo que a palavra *bola* representa uma bola física real, derivamos prontamente a relação na outra direção. Isso significa que deduzimos, sem qualquer treinamento explícito, que uma bola real é "igual" à palavra *bola*. Depois de aprender essas relações, uma criança pode ver uma nova bola e ainda nomeá-la com a palavra *bola*, mesmo que esse comportamento específico de nomeação não tenha sido treinado. A *implicação combinatória* ocorre quando relações mutuamente implicadas se combinam. Por exemplo, se uma pessoa aprender que *bola* é o mesmo que uma bola real, e que a palavra polonesa *piłka* é o mesmo que uma bola real, derivará, sem qualquer treinamento específico, que *piłka* e *bola* são a mesma coisa. *Transformação de funções de estímulo* refere-se às funções de um estímulo que transformam as de outro. Continuando com o exemplo de uma bola real e das palavras *piłka* e *bola*, consideremos uma situação em que um indivíduo teve uma experiência aversiva com uma bola. Talvez a pessoa tenha jogado beisebol quando era mais jovem e durante um jogo tenha sido atingida na cabeça por uma bola lançada ou rebatida. Por causa dessa experiência, as bolas de beisebol passaram a provocar medo. Antes do treino desse medo, a palavra *bola* não tinha uma função, mas agora provoca uma resposta de medo semelhante à de ver uma bola física. Se essa pessoa for uma falante nativa de português que aprende a falar polonês, ao aprender a palavra *piłka*, essa palavra também passaria a ter a função de desencadear uma resposta aversiva. Uma palavra que antes era neutra passa a provocar uma resposta de medo, refletindo uma transformação da função da palavra.

Várias implicações clínicas podem ser derivadas da descrição da RFT sobre a linguagem e a cognição humanas. Em primeiro lugar, a aprendizagem, incluindo a aprendizagem relacional, é aditiva e não subtrativa – isto é, novas relações são constantemente aprendidas e antigas relações não podem ser apagadas. Isso sugere que as intervenções clínicas que tentam "eliminar" a aprendizagem antiga não podem funcionar e, na verdade, apenas acrescentam novo aprendizado ao repertório relacional de uma pessoa. Por exemplo, se eu tentar usar a "interrupção do pensamento" para ajudar uma pessoa com transtorno obsessivo-compulsivo (TOC) a parar de ter pensamentos intrusivos, é provável que eu aumente a frequência e a intensidade de seus sintomas de TOC. Podemos ajudar os clientes a desenvolver e adaptar suas redes relacionais e a aprender novas formas de pensar e de ser. Contudo, não podemos realmente ensiná-los a "desaprender" antigas relações. Embora ocasionalmente o novo aprendizado possa se sobrepor às respostas mais antigas de tal forma que parece suprimir a aprendizagem prévia, não podemos apagar nossas histórias anteriores, e os repertórios mais antigos podem ressurgir em determinadas condições. As tentativas de evitar e suprimir eventos mentais estão fadadas ao fracasso, na melhor das hipóteses, e a terem o resultado oposto, na pior.

Em segundo lugar, o enquadramento relacional evoluiu porque ajudou os humanos a sobreviverem, e o fez, em parte, porque uma de suas características centrais é o fato de que ele nos leva a interagir com as palavras como se fossem literalmente reais. Isso pode ser útil quando estamos ocupados resolvendo problemas no ambiente externo, mas também pode acarretar uma série de lutas emocionais desnecessárias. A RFT nos ajuda a compreender esses processos e implica intervenções úteis. A aprendizagem relacional pode vir a dominar outros fatores que regulam o comportamento, como a experiência direta de contingências ambientais.

Observa-se isso quando os clientes continuam a se envolver em atividades inviabilizantes,* apesar de receberem *feedback* do ambiente inúmeras vezes.

Imagine que sua cliente de psicoterapia é uma estudante de pós-graduação. Em sua história pessoal, ela aprendeu a regra verbal "Se eu falar em público, posso paralisar de medo e me envergonhar. Vou falhar como oradora". Esse medo pode fazê-la evitar falar em público, mesmo que isso prejudique sua carreira acadêmica ou profissional. Quanto mais essa cliente tenta parar de ter esses pensamentos, ou impedir que surjam, mais provável é que esses pensamentos surjam com maiores frequência e intensidade. Toda a questão de falar em público pode tornar-se intensamente aversiva. Mesmo que essa pessoa esteja presa em situações em que tenha de falar em público – e mesmo que faça um ótimo trabalho, com muitas pessoas elogiando seu desempenho –, os comportamentos verbais de autocondenação e de previsão de fracasso podem persistir e ela pode continuar tendo medo e pavor de falar em público. Uma intervenção consistente com a ACT, baseada na RFT, teria como objetivo ajudar a estabelecer um contexto no qual essa cliente pudesse experimentar o evento mental de pensar "Vou falhar como oradora" de forma a facilitar uma transformação da função do estímulo. Por exemplo, a cliente pode usar uma prática de *mindfulness*, repetindo a frase "Vou falhar como oradora" como um mantra, até que as suas funções de estímulo comecem a mudar. A cliente e o terapeuta podem treinar a repetição da frase por alguns minutos e depois gravar um vídeo em que ela faz um breve discurso público. Juntos, ambos testemunhariam como a cliente poderia, de fato, envolver-se em sua ação valorizada, mesmo na presença de uma série de pensamentos intrusivos e ameaçadores. Embora esse exemplo de intervenção consistente com ACT possa parecer semelhante em forma à exposição ou aos experimentos comportamentais da TCC – "refutando" o pensamento negativo por meio da ação e "dessensibilizando" a cliente ao medo por meio da exposição –, a função proposta da intervenção é muito diferente. O terapeuta ACT não tem como objetivo alterar diretamente nenhuma cognição ou reduzir a intensidade ou forma de qualquer resposta emocional. O objetivo é criar um contexto no qual as verbalizações internas do cliente exerçam uma função diferente, permitindo a ele persistir em uma ação valorizada, mesmo na presença de eventos internos difíceis. A intervenção ocorre supostamente "fora" do cliente, na manipulação do contexto, em vez de "dentro" do cliente, na hipotética mudança direta de pensamentos e sentimentos.

Reflita sobre as perguntas a seguir e escreva uma resposta no espaço fornecido. Vamos considerar as maneiras pelas quais a compreensão da RFT pode melhorar sua capacidade de trabalhar ações consistentes com ACT com seus clientes e consigo mesmo.

---

* N. de R. T. O termo *unworkable* usado no original é comumente traduzido para o português como disfuncional, mas também como inviável ou impraticável, a depender do contexto. Optamos por uma palavra menos comum, inviabilizante, por entendermos que os autores se referem a comportamentos que inviabilizam a aproximação de uma vida valorizada. O uso do termo funcional/disfuncional ou os demais adjetivos mais essencialistas é evitado, porque, segundo as premissas da ACT, todo comportamento funciona, é útil ou está sendo praticado de alguma maneira, mesmo que seja indesejado ou promova sofrimento.

PERGUNTAS PARA AUTORREFLEXÃO

A RFT sugere que um dos processos centrais que alimentam o progresso da psicoterapia envolve a transformação de função de estímulo dos eventos mentais, ou seja, gradualmente poderemos experimentar o mesmo evento mental, mas ele exercerá uma influência muito diferente sobre os nossos pensamentos, sentimentos e comportamentos. Você consegue se lembrar de uma ocasião em que sua relação com um evento mental, uma memória ou um pensamento angustiante mudou drasticamente? Você consegue se lembrar de uma época em que a maneira como você foi afetado por uma experiência interior perturbadora se transformou, de modo que algumas de suas lutas e sofrimentos mudaram? Em caso afirmativo, descreva isso.

_____
_____
_____
_____
_____
_____
_____
_____

Quando você sentiu uma transformação na forma como certos eventos mentais o afetaram, o que isso significou para o seu estado de espírito, seus possíveis comportamentos e sua liberdade de ação em sua vida?

_____
_____
_____
_____
_____
_____
_____
_____

Quando você sentiu uma "transformação de função do estímulo", isso aconteceu por meio de maior aceitação, consciência plena e envolvimento mais profundo para tomar medidas significativas em sua vida? Em caso negativo, o que mais estava acontecendo com você?

_____
_____
_____
_____
_____
_____
_____
_____
_____
_____

Como você imagina que uma compreensão dos princípios da RFT e uma experiência vivida das dinâmicas do responder relacional podem fortalecer ainda mais a sua psicoterapia?

_____
_____
_____
_____
_____
_____
_____
_____
_____
_____

Psicoterapias e aplicações da ciência comportamental contextual: "ACT & Cia."

A ACT é uma abordagem clínica testada empiricamente, projetada para melhorar a saúde mental e o bem-estar (Hayes et al., 2012), baseada na CBS, contextualismo funcional e RFT. A ACT evoluiu a partir da tradição analítico-comportamental, da TCC, das terapias humanísticas, das abordagens existenciais da psicologia, da ciência da evolução e da filosofia oriental. Até o momento, mais de 200 ensaios clínicos randomizados e milhares de estudos revisados por pares comprovam a utilidade e a eficácia dos processos e procedimentos da ACT (*https://contextualscience.org/state_of_the_act_evidence*). Embora a ACT seja a intervenção de CBS mais popular e mais bem estudada, existem várias outras aplicações e intervenções que estão crescendo na comunidade da CBS. A psicoterapia analítica funcional (Tsai, Kohlenberg, Kanter, Holman, & Loudon, 2012), a terapia focada na compaixão (TFC; Gilbert, 2010; Tirch, Schoendorff, & Silberstein, 2014), o modelo DNA-V (Hayes & Ciarrochi, 2015), a RFT clínica (Villatte, Villatte, & Hayes, 2015), o desenvolvimento de grupo PROSOCIAL (*www.prosocial.world*) e uma série de outras tecnologias em rápido desenvolvimento têm uma relação com a CBS e são, em graus variados, frutos da missão dessa comunidade. Neste livro, focamos na ACT a partir de uma abordagem de AP/AR. Entretanto, a AP/AR tem sido aplicada a outras psicoterapias relacionadas à ciência contextual, como a TFC (Kolts, Bell, Bennett-Levy, & Irons, 2018) e outras abordagens cognitivas e comportamentais, como a terapia do esquema (Farrell & Shaw, 2018) e a TCC (Bennett-Levy et al., 2015). Manuais sobre algumas dessas abordagens estão disponíveis na série de livros sobre autoprática/autorreflexão para psicoterapeutas.

A ACT se desenvolveu ao longo dos últimos 35 anos por meio de um processo distintamente sistemático e gradual. Anos antes de a ACT surgir como psicoterapia, seus desenvolvedores originais construíram pela primeira vez sua base filosófica (Hayes, 1993). Essa filosofia da ciência, por sua vez, levou à RFT, que formou a base da ACT como modalidade de tratamento. Os três níveis da CBS (filosofia da ciência, teoria básica da cognição e aplicação terapêutica) representam uma abordagem intencional para desenvolver uma ciência centrada no alívio do sofrimento humano e fundamentada em processos baseados em evidências desde a sua base. Um profissional de ACT competente em geral desejará ter algum grau de compreensão desses três domínios da CBS, cada um dos quais apresenta desafios e oportunidades conceituais singulares. É importante ressaltar que se espera que os instrutores de ACT reconhecidos e avaliados por pares estejam familiarizados com todas essas áreas, e o processo de revisão por pares reflete isso. Para os nossos objetivos, a AP/AR nos permite explorar a ligação que a ACT estabelece com os seus fundamentos teóricos desde o início. Cada elemento da ACT representa formas de conhecer e abordar o comportamento humano, que podem ser desenvolvidas por meio da prática e da experiência pessoal.

ALICERÇANDO-SE NOS FUNDAMENTOS DA TERAPIA DE ACEITAÇÃO E COMPROMISSO: UMA ANÁLISE MAIS DETALHADA DA TEORIA DAS MOLDURAS RELACIONAIS

Ao focarmos na aplicação do modelo clínico da ACT do ponto de vista da AP/AR, procuramos evitar o uso de termos técnicos. De fato, *feedbacks* desfavoráveis de clientes da ACT são frequentemente associados à terapia ser excessivamente focada em técnicas ou envolvida em complexidade conceitual (Brock, Batten, Walser, & Robb, 2015). Como você provavelmente já percebeu ou já sabe, a RFT está tão impregnada de linguagem técnica e de pressupostos analíticos-comportamentais que corremos o risco de pendermos demais para os processos técnicos em oposição aos processos vividos se ficarmos muito envolvidos com o conceitual. Entretanto, à medida que prosseguirmos, desejamos que você possa *absorver e incorporar* alguns dos principais movimentos e realizações terapêuticas que emergem dessa forma de compreender a cognição humana.

Na verdade, há um debate sobre se é necessário aprender RFT para se tornar um praticante eficaz de ACT, e pode ser improvável que você converse com o cliente usando termos da RFT. Contudo, *compreender essa base pode aprofundar sua abordagem*. Por exemplo, se você estivesse escolhendo roupas adequadas para viajar para um clima mais quente, não precisaria ser um especialista nas leis da física, como a matemática envolvida na troca de calor, para fazer compras. Entretanto, seria útil saber que tendemos a sentir menos calor com roupas feitas de tecido de linho do que com roupas feitas de lã grossa, pois o linho promove mais "respirabilidade" quando colocado sobre o corpo humano. Você precisa saber o suficiente para dar conta do serviço, e, às vezes, aprofundar seu conhecimento pode até mesmo aprofundar sua compreensão e prática.

"Derivando-me à loucura":* conceitos da teoria das molduras relacionais como componentes clínicos

Esperamos que nossos leitores tenham certa familiaridade com os termos da análise do comportamento. Onde quer que você se situe nesse *continuum*, pode ser útil voltar a uma orientação sobre o que alguns dos nossos termos mais básicos realmente significam. Por exemplo, um "estímulo" na verdade se refere a um evento ou qualidade que envolve um comportamento, em vez de uma "coisa" específica. Em essência, um *estímulo* é um termo que representa uma mudança no nosso ambiente, e isso significa qualquer mudança. Na prática, isso se traduz em nossa experiência de perceber praticamente tudo o que acontece ao nosso redor. Se as luzes do seu apartamento se acen-

---

* N. de T. No original, "*Deriving me crazy*". O autor faz um trocadilho com "*Driving me crazy*", uma expressão coloquial que pode ser traduzida como "levando-me à loucura" ou "me enlouquecendo".

dem, podemos chamar isso de estímulo. Se você acabou de ouvir seu cachorro latindo no quintal, podemos chamar isso de estímulo. Segurar uma moeda na mão e observar seu tamanho e desenho também pode ser um estímulo. Quando aprendemos algo sobre um estímulo e depois algo sobre outro, e experimentamos esses estímulos em relação um ao outro, nossa mente deriva automaticamente uma relação entre os dois. Acontece que essas relações levam a mais do que a soma das suas partes e criam a faísca de que necessitamos para que a nossa consciência se desenvolva.

Vamos usar o exemplo das moedas como um estímulo, em um exemplo clássico da ACT de como derivamos relações entre estímulos. Imagine que você fosse totalmente inexperiente com a moeda do Reino Unido e nós a estivéssemos lhe apresentando. Se eu lhe mostrasse que a moeda de 20 *pence* (20p) era menor do que a moeda de uma libra (£1), e que a moeda de £1 era, por sua vez, menor do que a moeda de 50 *pence* (50p), o que você poderia me dizer sobre a relação entre a moeda de 20p e a moeda de 50p? Você pode dizer que a moeda de 20p é menor do que a moeda de 50p ou que a moeda de 50p é maior do que a moeda de 20p. Ambas as afirmações seriam inteiramente corretas. Entretanto, eu não lhe disse isso – você simplesmente "calculou por si mesmo". Na linguagem da RFT, diríamos que você *derivou* essa relação, uma relação baseada no tamanho relativo das moedas.

E se eu perguntasse qual moeda era melhor ou qual moeda tinha mais valor? Se eu lhe mostrasse as três moedas, mas apenas o treinasse *diretamente* para saber que a moeda de £1 tinha mais valor do que a moeda de 50p e que a moeda de 20p tinha menos valor do que a moeda de 50p, você poderia, aparentemente de forma automática, *derivar* o conhecimento de que a moeda de 20p valia menos do que a moeda de £1.

Esse processo de derivação de relações pode ser tão óbvio para nós – e tão arraigado – que pode parecer quase absurdo quando encontramos esse exemplo pela primeira vez no treinamento de ACT ou de RFT. Derivar relações é algo que nós, humanos, fazemos o tempo todo; é fundamental para o processo de pensamento e uma atividade que nos distingue de outros seres. A resposta relacional derivada desenvolve-se cedo em nossa vida e é aprimorada ao longo de anos de treino em nossas interações sociais humanas. Por exemplo, se na infância um de seus pais lhe oferecesse várias moedas e pedisse que escolhesse uma, é provável que você escolheria a maior. À medida que seu aprendizado se desenvolve e você se familiariza com o valor das moedas e percebe que uma moeda de um real pode comprar quatro vezes mais doces que uma de 25 centavos, você pode escolher uma moeda diferente.

Em vez de pensar na *resposta relacional derivada* como um processo separado do pensamento, nós o convidamos a considerar esse termo como uma descrição do próprio tecido de toda atividade mental. Ao descrever o ato de cognição em termos de suas unidades funcionais básicas, os pesquisadores da RFT e os profissionais da CBS são mais capazes de formular questões e experimentos científicos que podem prever e influenciar nossa atividade mental com precisão, profundidade e escopo. Dessa forma, temos uma apreciação da refinada dinâmica do pensamento humano que está embutida na concepção do método de AP/AR na ACT, bem como em todas as intervenções da ACT. Se pudermos compreender melhor as maneiras pelas quais respondemos aos eventos mentais e a maneira como esses eventos mentais podem contribuir para o nosso sofrimento, teremos a oportunidade de agir para alterar a influência excessiva de pensamentos inúteis ou daquelas experiências internas que nos levam a responder de forma restrita e inflexível.

Dessa forma, poderemos conceber métodos para mudar, ou transformar, a função que um estímulo terá ao influenciar nossas ações e experiências. Como discutimos, a *transformação de funções de estímulo* é essencial para os objetivos dos terapeutas ACT quando estão trabalhando com seus clientes, ou mesmo quando estão voltando o foco da sua abordagem de ACT para dentro por meio do treino de AP/AR. Vejamos outro exemplo simples desse processo em ação. Para começar, vamos relembrar a experiência de comer um omelete leve e fofo, perfeitamente preparado. Talvez você tenha comido um omelete com vegetais frescos ou com queijo suíço muito cremoso e picante. A função do estímulo de lembrar desse omelete para muitos seria uma lembrança agradável da sensação, ou um sinal para o estômago liberar suco gástrico em preparação para uma boa refeição. Para muitos, a simples ideia de um saboroso omelete provocará um pouco de fome ou eventos mentais agradáveis, e esses eventos mentais exercerão influência em nosso corpo e em nossos ímpetos comportamentais.

Agora, imagine que você quebrou um ovo para fazer esse omelete delicioso e, quando o ovo caiu na frigideira, você percebeu que ele está estragado. O que lhe vem à cabeça quando você pensa nisso? Você está percebendo qual seria a aparência desse ovo podre, ou está percebendo o cheiro repugnante de enxofre que ele teria exalado? Você consegue se imaginar cozinhando esse ovo e colocando-o em um omelete para comer? Talvez só a ideia disso provoque alguma náusea ou uma sensação geral de repulsa. À medida que nossa história didática mudou, a função de estímulo das palavras *ovo* ou *omelete* passou de algo que provoca fome para algo que pode até provocar náusea. Da maneira mais simples, *a função do estímulo se transformou* com apenas algumas palavras comunicadas de uma pessoa para outra por meio da linguagem escrita. Compreender a resposta relacional derivada pode ajudar-nos a entender como *a mudança do contexto em que experimentamos um estímulo pode resultar na transformação da função do estímulo*.

Além disso, pensar em termos de como nós, humanos, derivamos persistentemente novas relações entre estímulos pode nos ajudar a compreender como as funções de um estímulo podem ser *transferidas* para outros estímulos. Isso nos ajuda a elucidar como a nossa experiência de um contexto ou lembrança pode afetar o nosso comportamento em outras situações no futuro. É claro que podemos esperar que um jovem que tenha sofrido *bullying* por parte de um grupo de estudantes na escola possa sentir ansiedade ao ver quaisquer jovens juntos. Essa criança pode evitar ir à escola ou a clubes juvenis e pode até sentir ansiedade mais tarde na vida em situações sociais que envolvam reuniões de grupo. Poderíamos imaginar como um sobrevivente de um acidente de trânsito poderia ficar mal ao sentir cheiro de gasolina e evitar dirigir. Esses exemplos de *transferência de função de estímulo* e, especificamente, da esquiva comportamental que pode se desenvolver ao longo do tempo e das situações são todos mais bem compreendidos quando entendemos os componentes básicos de como pensamos e desenvolvemos redes relacionais na mente.

Assim, a RFT pode nos ajudar a entender como são derivadas as relações entre eventos internos ou externos e o subsequente impacto nas escolhas comportamentais.

Da teoria das molduras relacionais em conceito à terapia de aceitação e compromisso em ação

A derivação de relações de estímulo, a transferência de funções de estímulo e a transformação de funções de estímulo representam alguns dos componentes fundamentais do funcionamento mental ao longo da vida. As intervenções da ACT criam contextos poderosos e experiências de aprendizagem relevantes que podem facilitar intencionalmente a transformação de funções de estímulo, levando à melhoria na resposta flexível e eficaz a situações desafiadoras e a maior movimento em direção a uma vida com significado, propósito e vitalidade. Em um contexto de psicoterapia, esses processos são facilitados por meio da aliança terapêutica. Em nosso trabalho de AP/AR na ACT, procuramos criar um contexto poderoso de *mindfulness*, aceitação e autocompaixão que possa facilitar um aprimoramento da flexibilidade psicológica e da capacidade de responder de forma mais eficaz como psicoterapeuta e como ser humano totalmente engajado.

O PROBLEMA DA ESQUIVA EXPERIENCIAL

A ACT foi desenvolvida a partir de pesquisas iniciais sobre o impacto da esquiva experiencial nos transtornos comportamentais (Hayes et al., 1996). Como várias décadas de pesquisa demonstraram, tentativas persistentes de evitar nossas experiências internas acarretam uma intensificação do sofrimento psicológico e são a base de muitos transtornos psicológicos evidentes (Chawla & Ostafin, 2007; Hayes, Wilson, Gifford, Follette, & Strosahl, 1996). Por conseguinte, as intervenções de ACT muitas vezes têm como alvo os padrões de esquiva do cliente. Contudo, devemos estar cientes de que nem todas as tentativas de evitar a experiência ou controlar abertamente nossas cognições são inerentemente erradas. Por exemplo, se fôssemos acometidos por uma raiva intensa durante uma reunião importante no trabalho, com nosso emprego em risco, poderíamos optar por nos distrair e prosseguir com a maior calma possível, em vez de arriscar uma discussão explosiva com nosso supervisor. Bonanno, Papa, Lalande, Westphal e Coifman (2004) demonstraram em sua pesquisa que a supressão da expressão emocional em determinados contextos pode ser benéfica, sugerindo que a mudança em direção à flexibilidade expressiva com sensibilidade às contingências é amiúde vantajosa.

É claro que evitar ameaças reais e experiências dolorosas no mundo exterior pode ser necessário e útil. Por exemplo, quando caminhamos pela Trilha dos Apalaches, "evitar" um urso é provavelmente uma boa ideia. Um dos motivos pelos quais tentamos aplicar uma estratégia de esquiva às nossas experiências mentais com tanta frequência é que a esquiva é essencial para a nossa sobrevivência em termos de nossas interações com o ambiente. Predadores, contaminantes, desastres naturais, alturas e uma série de outras ameaças devem ser evitados se quisermos sobreviver. Infelizmente para nós, quando aplicamos a mesma estratégia às nossas experiências mentais, as coisas tendem a correr mal. Quanto mais tentamos evitar certos pensamentos, emoções e lembranças, mais eles aparecem. Assim, na AP/AR em ACT, nosso objetivo é explorar e compreender nossos padrões de esquiva interna e cultivar nossa capacidade de aplicar uma aceitação gentil e autocompassiva à nossa experiência do momento presente e de tudo o que ele contém.

Para compreender o significado e o subsequente foco na esquiva experiencial a partir da perspectiva da ACT, vejamos o exemplo de uma jovem mãe que foi diagnosticada com TOC pós-parto e que não está disposta a dar banho no seu bebê. Diante de terríveis pensamentos obsessivos, a mãe sente grande ansiedade ao imaginar-se dando banho em seu primeiro filho. Sua mente gera imagens espontâneas de afogamento de seu bebê. Esses pensamentos a horrorizam e ela automaticamente tenta suprimi-los e evitá-los. Como seria de esperar, isso apenas faz os pensamentos aparecerem com cada vez mais frequência e, muitas vezes, com maior intensidade. Graças à nossa capacidade de responder a acontecimentos imaginários como se fossem reais, essas imagens fazem a mãe ter uma resposta acelerada à ameaça, com grande vergonha e ansiedade. Ela pode ter cognições associadas, como "Só uma mãe ruim teria esses pensamentos" e, portanto, "Eu sou uma mãe ruim", e sentiria esses eventos mentais como muito reais e terrivelmente angustiantes. Seus padrões de esquiva experiencial interna resultam em uma amplificação de seu sofrimento. Com o tempo, a esquiva de eventos internos por parte da mãe se expande e ela começa a evitar totalmente dar banho no bebê, dependendo da ajuda de seus próprios familiares e do cônjuge. Nesse caso, a esquiva experiencial passou do domínio interno para comportamentos externos. Dessa forma, não só o sofrimento dessa mulher foi exacerbado pela amplificação de pensamentos e emoções dolorosas, mas a qualidade da sua vida e as suas possibilidades de viver os seus valores foram diminuídas pela restrição de suas ações devido à esquiva e do excesso de controle.

De uma perspectiva consistente com a ACT, vemos todo o exemplo em termos da análise funcional das contingências envolvidas na formação e manutenção dos comportamentos dessa cliente. Não é simplesmente a *forma* de seus pensamentos negativos e de sua ansiedade que mais nos interessa e que buscamos atingir, mas a *função* desses eventos privados. Em algumas escolas de TCC, buscaríamos suscitar os pensamentos automáticos negativos que essa mulher estava tendo e a treinaríamos a desafiá-los e contestá-los diretamente. A ACT busca um rumo diferente, no qual não começamos com o objetivo de mudar diretamente a forma de seu pensamento; procuraríamos, primeiro, extrair e esclarecer os padrões de esquiva que caracterizam o padrão de relacionamento da mulher com tais pensamentos. Então ajudaríamos essa nova mãe a desenvolver uma nova relação com esses pensamentos, na qual ela pudesse reconhecê-los como eventos mentais, em vez de eventos reais no mundo. Ela praticaria uma nova maneira de lidar com esse material mental perturbador, aprendendo a encarar essas experiências com leveza e bondade consigo mesma. Seu objetivo seria esclarecer as ações valorizadas que ela poderia escolher realizar, apesar de sua mente tecer imagens terríveis e vergonhosas. O contexto de uma aliança terapêutica solidária e compassiva serviria como base para a construção de uma nova experiência de seus pensamentos e sentimentos perturbadores. Da perspectiva da ACT, "uma fonte primária de psicopatologia (bem como um processo que exacerba o impacto de outras fontes de psicopatologia) é a maneira como a linguagem e a cognição interagem com contingências diretas para produzir uma incapacidade de persistir ou mudar o comportamento em prol de fins valorizados a longo prazo" (Hayes et al., 2006, p. 6). Como tal, o resultado desejado da ACT não é a redução da frequência ou da intensidade de eventos privados desconcertantes, mas o aumento da disponibilidade* para sentir desconforto, estar mais presente nas contingências diretas e escolher comportamentos alinhados com direções valorizadas (Hayes et al., 2012).

A POSTURA TERAPÊUTICA DA TERAPIA DE ACEITAÇÃO E COMPROMISSO

Empatia e receptividade (Rogers, 1951) são fundamentais para a postura terapêutica adotada na ACT, e a genuinidade é fundamental para que o cliente se envolva na relação terapêutica. Esses elementos têm pontos em comum com as orientações psicoterapêuticas mais eficazes (Norcross & Lambert, 2011). Entretanto, da perspectiva da ACT, a autenticidade é uma construção muito específica e profundamente arraigada, sustentada pela RFT. A terapia e o treinamento da ACT começam com uma apreciação de nossa humanidade comum e da universalidade do sofrimento humano. Em um contexto altamente colaborativo e até vulnerável, o terapeuta ACT adota e transmite sinceramente aos clientes a noção de que estamos todos no mesmo barco (Bach & Moran, 2008). Isso diz respeito às recompensas e aos desafios enfrentados pelos futuros terapeutas ACT e às oportunidades oferecidas pela AP/AR. Por meio da AP/AR na ACT, pretendemos desenvolver a capacidade de compreender e utilizar tecnologias e técnicas terapêuticas de maneira genuína e compassiva, para nós mesmos e para os clientes que atendemos (Bennett-Levy et al., 2015).

A postura do terapeuta na ACT é de aceitação radical e respeito pelo cliente (Hayes et al., 1999); assim, ele modela e incorpora aceitação, flexibilidade psicológi-

---

* N. de R. T. *Willingness*, no original, foi traduzida como disponibilidade, pois a sutil diferença entre esse termo e a alternativa mais próxima, disposição, é importante quando o assunto é ACT. Disposição refere-se à vontade ou a um estado mental de alguém em relação a algo, enquanto disponibilidade refere-se a acessibilidade, espaço e prontidão. No caso da ACT, o que se propõe é uma abertura, um acesso, uma prontidão para sentir desconforto e não um incentivo à vontade de sentir. Inclusive, poderia-se dizer que é possível estar disponível a sentir desconforto mesmo indisposto (ou seja, mesmo sem vontade de fazer isso).

ca e compaixão, inclusive compaixão por si mesmo como terapeuta. "Aceitação", nesse contexto, significa aceitar a própria experiência e humanidade, bem como a experiência do cliente (Bach & Moran, 2008). Isso pode ser transmitido do terapeuta para o cliente de várias maneiras. Por exemplo, o terapeuta pode modelar a tolerância à incerteza e transmitir profundo respeito e consideração sem julgamento ao vivenciar o silêncio e talvez a dúvida em uma sessão clínica. Ao praticar *mindfulness*, diminuir a frequência respiratória e permanecer intencionalmente aberto emocionalmente, o terapeuta ACT pode dizer algo como:

Estou ciente de que parece que chegamos a uma pausa. Percebo minha mente correndo à frente, sugerindo muitas coisas que eu deveria fazer, mas, acima de tudo, estou ciente de que desejo prestar um serviço genuíno a você no aqui e agora. Então, gostaria de saber o que está aparecendo para você enquanto estamos sentados juntos nesse momento?

Assim, o respeito, a compaixão e a intenção de colaboração são claramente comunicados.

Como veremos, processos baseados em evidências envolvidos na flexibilidade psicológica – como entrar em contato com o momento presente, praticar a boa vontade e abandonar o apego ao significado literal dos pensamentos – estão todos envolvidos nessa resposta. Essa resposta requer paciência e coragem. Em razão da empatia do próprio cliente e da ativação dos neurônios-espelho, o nível implicacional dessa interação humana é vivenciado e internalizado por meio da relação terapêutica, momento a momento. Isso contrasta com o que pode acontecer quando um terapeuta é menos aberto e menos receptivo à sua própria experiência. Saindo da postura da ACT, dominados pela necessidade de resolver problemas com urgência e ansiedade, às vezes podemos nos apressar em preencher o silêncio durante os "momentos de bloqueio", mergulhando em psicoeducação, produzindo novas "folhas de trabalho" ou preenchendo o espaço intersubjetivo com muita palestra. Não é muito provável que isso mobilize os processos psicoterapêuticos ativos que almejamos – em nos nossos clientes ou em nós mesmos. Por outro lado, modelar o compromisso e mostrar-se ao desconforto (disponibilidade) facilita, tanto para o terapeuta quanto para o cliente, a manutenção de um foco no momento presente, proporcionando uma valiosa oportunidade de aprendizagem que pode ter sido perdida.

Da mesma forma, se um cliente retornar a uma sessão afirmando que "Esta terapia realmente não está funcionando, acho que você não entende o quanto isso é ruim para mim", o terapeuta ACT pode dizer algo como:

Parece que você se sente incompreendido. Quero me aproximar da sua frustração e entendê-la de fato. Agora mesmo, percebo que minha mente sugere que talvez eu seja um péssimo terapeuta ou esteja fazendo um péssimo trabalho. Mas não estou interessado em ficar preso nisso. Nesse momento, estou guardando isso e focando em você e no que você precisa. Significaria muito para mim compreender sua frustração mais plenamente. Você pode me ajudar a entender o quanto isso é ruim para você nesse momento? O que está aparecendo para você, aqui e agora?

Dessa forma, novamente, o foco no momento presente é mantido, permitindo assim um novo aprendizado – mas, além disso, o terapeuta está dando um exemplo de mostrar-se à experiência, mesmo que seja angustiante, a serviço do que é importante para o terapeuta, com o cliente e o terapeuta indo em direção a uma ação valorizada diante de experiências internas angustiantes.

Além de a genuinidade estar associada ao resultado positivo do cliente (Rogers, 1957), sugeriu-se que os comportamentos de esquiva experiencial e de segurança do terapeuta interferem na adesão aos modelos de tratamento (Waller, 2009; Waller, Stringer, & Meyer, 2012). Por consequência, a consciência do terapeuta sobre o potencial de sua própria esquiva é significativa na adoção de uma postura ACT. Além disso, foi sugerido que a coragem pode ser um componente significativo da transição para uma vida mais valorizada (Wetterneck, Lee, Smith, & Hart, 2013) e, em vez de agir defensivamente diante de críticas, pode ser benéfico que o terapeuta dê o exemplo de coragem. Ao adotar uma postura terapêutica consistente com a ACT, o terapeuta também demonstra sintonia com as oscilações de afeto e cognição que ocorrem a cada momento, tanto para si mesmo quanto para o cliente. A abordagem da AP/AR na ACT procura ajudar os terapeutas ACT a aprimorarem o *mindfulness*, a autocompaixão e a resposta flexível de que necessitarão para serem capazes de personificar e concretizar essa postura. Isso é particularmente importante para o terapeuta ACT e requer a utilização de "reflexão em ação" (Schön, 1983) ou, como descrito na tradição comportamental, "rastreamento" de comportamentos e modificação de nossas respostas com base em mudanças de contingências em tempo real. A "reflexão-em--ação" (Schön, 1983) pode ocorrer durante e após a sessão, durante a prática pessoal e na supervisão clínica.

Autoprática/autorreflexão na terapia de aceitação e compromisso e a postura da abordagem

A formação clínica da ACT em sala de aula tem consistido, frequentemente, em uma abordagem didática (Georgescu & Brock, 2016), com treinamento adicional disponível por meio de *workshops* e conferências para profissionais graduados e pós-graduados. Em geral, os centros acadêmicos utilizam *role-play* em sala de aula, conferências de casos e supervisão clínica em uma abordagem de métodos mistos. Contudo, muitos profissionais clínicos que estão agora adotando a prática da ACT já passaram por pós-graduação em outras abordagens, por vezes há vários anos. Muitos dos terapeutas que buscam praticá-la, ou mesmo que já praticam a ACT, nunca terão tido a oportunidade de aprender a terapia em um ambiente didático ou de supervisão estruturado, muito menos na pós-graduação. Esses clínicos provavelmente buscarão treinamento por meio de autoinstrução com livros, recursos *on-line* e artigos de periódicos. Essa formação pode, e deve, ser ampliada por meio de supervisão individual particular, supervisão de pares, *workshops* experienciais e participação em conferências. Descobriu-se que adicionar componentes experienciais ao treinamento em ACT é benéfico (Hayes, 2004; Luoma & Vilardaga, 2013), particularmente em termos de desenvolvimento de proficiência na prática dos componentes ativos da ACT, estabelecimento de conexões entre a teoria e a prática profissional e melhora do uso de supervisão psicoterapêutica (Batten & Santanello, 2009). É importante ressaltar que apenas participar de *workshops* não é necessariamente suficiente para se tornar de forma efetiva um terapeuta ACT.

A pesquisa demonstra que a aquisição de competências de um profissional clínico pode permanecer baixa após o *workshop* e que o desenvolvimento de competências requer consolidação por meio de supervisão e consultoria (Walser, Karlin, Trockel, Mazina, & Taylor, 2013). Para implementar plenamente essa poderosa abordagem, é necessário criar um caminho abrangente para o domínio. Com frequência, somos obrigados a trilhar o nosso próprio caminho nesse processo. Esse pode ser um percurso complicado para profissionais e estudantes ocupados, e encontrar um processo tranquilo de educação profissional e crescimento na ACT requer muito esforço e empenho para a maioria de nós. Talvez a chave para manter uma postura terapêutica ACT possa ser encontrada no equilíbrio: fidelidade ao modelo de tratamento da ACT; implementação da filosofia e teoria da CBS na prática; e uma personificação de *mindfulness*, aceitação e compaixão.

Em tudo isso, modelar a sabedoria da aceitação radical de si mesmo e dos outros é fundamental para a ACT. A pesquisa mostra que uma abordagem de AP/AR pode nos ajudar a desenvolver essas competências específicas. Dessa forma, a ACT e a AP/AR são perfeitamente complementares entre si e representam uma grande promessa quando combinadas. Dadas a desigualdade e a complexidade do acesso a experiências consistentes de treinamento em ACT em todo o mundo, sugerimos que a prática pessoal na forma de AP/AR pode contribuir de forma significativa para o desenvolvimento do profissional de ACT. Bennett-Levy e colegas (2009) sugeriram que, embora a leitura pessoal e o acesso a palestras possam ser úteis na aquisição de conhecimento teórico declarativo, esses métodos por si só levam a ganhos limitados no que diz respeito ao uso processual de competências específicas em ação. Descobriu-se que o *role-play* e as demonstrações clínicas são benéficas na aquisição de compreensão conceitual e conhecimento técnico (Bennett-Levy et al., 2009; Georgescu & Brock, 2016). Contudo, em termos de desenvolvimento de competências interpessoais e reflexivas, Bennett-Levy e colegas demonstraram que a prática reflexiva e a aprendizagem experiencial oferecem aos clínicos uma forma mais profunda de transitar entre a teoria e a prática.

A AP/AR na ACT oferece a oportunidade de combinar prática reflexiva e aprendizagem experiencial, o que proporciona a chance de alcançar o equilíbrio entre conceitualização/técnica e flexibilidade interpessoal de forma mais eficaz. A utilização de AP/AR, conforme sugerido neste manual, facilita possibilidades para ter uma compreensão mais profunda da filosofia e da teoria que sustentam a ACT; tornar-se mais familiarizado com os componentes da abordagem e com as técnicas compatíveis com ela; desenvolver qualidades pessoais de coragem, compaixão, tomada de perspectiva e flexibilidade psicológica; e, assim, envolver-se clinicamente no nível do processo de uma forma genuína e autêntica que, então, permite que um espaço terapêutico seguro seja desenvolvido de maneira colaborativa com os clientes que atendemos.

3
Orientação aos participantes

Este capítulo é uma leitura necessária e importante para qualquer pessoa envolvida com autoprática/autorreflexão (AP/AR) na terapia de aceitação e compromisso (ACT). Facilitadores, participantes, supervisores ou qualquer pessoa envolvida no fornecimento de um programa de AP/AR na ACT considerarão as informações aqui fornecidas essenciais para um programa de AP/AR eficaz. Juntos, revisamos o que considerar antes de iniciar o programa e como se preparar para aproveitar ao máximo a experiência.

Os desenvolvedores da AP/AR observaram diferenças no quanto os indivíduos se beneficiam de sua experiência em AP/AR. Então analisaram quais fatores e comportamentos diferenciavam os participantes que obtiveram mais proveito do que outros e descobriram que o nível de envolvimento no programa é fundamental para os ganhos obtidos (Bennett-Levy & Lee, 2014). Assim, exploramos como se preparar para o seu programa de AP/AR na ACT a fim de maximizar o envolvimento, atingir seus objetivos individuais valorizados e, por sua vez, obter o máximo benefício possível do seu trabalho. São muitos os benefícios e resultados desejáveis de experimentar a ACT de dentro para fora. Como mencionado, eles incluem uma compreensão mais precisa e aprofundada da ACT, maior autoconsciência e habilidades de reflexão, expansão da tomada de perspectiva e uma abordagem psicologicamente mais flexível da terapia ou em outras áreas da vida.

Este capítulo está dividido em três seções. Primeiro, analisamos a AP/AR na ACT em diferentes contextos – em grupo, sozinho, com um colega ou com um supervisor – e fornecemos orientação para trabalhar de forma eficaz nessas várias configurações. Em segundo lugar, exploramos os aspectos práticos da AP/AR e como lidar com eles para aumentar o envolvimento e obter o máximo de benefícios. Isso inclui como escolher seus objetivos e áreas de foco para o trabalho, requisitos e gerenciamento de tempo, quando iniciar seu programa e como cuidar bem de si mesmo durante todo o processo. Terceiro, focamos nos principais processos e capacidades envolvidos na autorreflexão. Na AP/AR, pressupõe-se que todos têm diferentes habilidades e competências disponíveis para reflexão que variam ao longo do tempo e do contexto. Portanto, incluímos orientações para desenvolver sua capacidade de autorreflexão.

AUTOPRÁTICA/AUTORREFLEXÃO NA TERAPIA DE ACEITAÇÃO E COMPROMISSO EM DIFERENTES CONTEXTOS

A AP/AR na ACT pode ser conduzida em vários contextos e configurações. As seções a seguir revisam considerações importantes para escolher qual contexto seguir. Eles incluem AP/AR autoguiada ou com outras pessoas, como AP/AR com um colega, em grupos ou com um supervisor.

Autoprática/autorreflexão autoguiada

Para muitos de nós, pode haver vários motivos para escolher AP/AR autoguiada. Seja por localização, falta de contato com outras pessoas na profissão, falta de acesso à tecnologia necessária, preferência pessoal ou outras atividades valorizadas, você é o capitão do seu programa. Você é quem saberá o que é melhor para você. Contudo, é aconselhável estar ciente dos potenciais desafios que podem surgir ao assumir um programa de AP/AR autoguiada, os quais variam de pessoa para pessoa e são baseados em diferenças individuais. Portanto, se você optar por um programa autoguiado, é importante considerar os possíveis obstáculos nessa abordagem. Você deve se perguntar:

- "Eu posso reservar um horário regularmente programado para praticar os exercícios?"
- "Eu posso desenvolver objetivos claros para o meu programa e acompanhar o meu progresso de forma independente?"
- "Como posso me manter motivado e engajado durante todo o processo?"
- "Como vou desenvolver e manter meu compromisso?"

Também é importante lembrar que a AP/AR na ACT pode evocar inesperadamente experiências emocionais difíceis ou desafiadoras e que é altamente recomendável desenvolver uma estratégia de apoio pessoal antes de iniciar o programa. Por fim, gostaríamos de lembrá-lo de que, mesmo que opte pela AP/AR autoguiada, você não está sozinho. Existem pessoas, tanto semelhantes como diferentes de você, trabalhando nesses módulos, e outras na comunidade da Association for Contextual Behavioral Science (ACBS) que estão aprendendo e vivenciando a ACT. Se você estiver interessado em se conectar com mais pessoas da comunidade, pode ingressar em nosso grupo de mídia social de AP/AR no Facebook em *https://www.facebook.com/groups/actspsr*. Se você ainda não está conectado a outros profissionais de ACT, também pode ingressar na comunidade ACT mais ampla filiando-se à ACBS, conectando-se por meio de seus recursos *on-line*, participando de grupos de discussão por *e-mail* ou participando de treinamentos e conferências locais e internacionais (*www.contextualscience.org*). Além disso, lembre-se simplesmente de que, de certa forma, você não está sozinho. Nenhum programa de AP/AR seria possível sem aqueles que desenvolveram esse modelo, aqueles que o aplicaram e aqueles que participaram e o experimentaram. Portanto, se você está autoguiando seu programa de AP/AR na ACT, o convidamos a lembrar que estamos nisso juntos e que outras pessoas anônimas estão nisso com você. Haverá suporte ou conexão adicional a sua disposição, se você se comunicar com a comunidade.

Trabalhando na autoprática/autorreflexão com outras pessoas

Os criadores e facilitadores de programas de AP/AR receberam *feedback* consistente de ex-participantes de que sua experiência foi aprimorada quando partilhada com outras pessoas (Bennett-Levy & Lee, 2014; Farrand, Perry, & Linsley, 2010). Trabalhar nos módulos de AP/AR com uma ou mais pessoas e compartilhar as reflexões pode ser uma experiência poderosa e gratificante. Esse estudo partilhado proporciona oportunidades para aprofundar e expandir a aprendizagem da AP/AR na ACT e cria um contexto seguro de apoio e validação para o trabalho interno e o crescimento. Tudo isso ajuda a manter o envolvimento, permanecer no caminho certo e responsabilizar-se pelos compromissos pessoais com o trabalho. Esteja você trabalhando com uma ou mais pessoas, é útil considerar o contexto em que você se encontra – *on-line*, pessoalmente ou uma combinação de ambos. As seções a seguir revisam as considerações a serem feitas para determinadas configurações de trabalho por meio da AP/AR na ACT com outras pessoas.

Autoprática/autorreflexão com um par ou colega

Ao optar por trabalhar individualmente com um par ou colega, há várias considerações sugeridas. Primeiro, a confiança e a confidencialidade são de extrema importância no desenvolvimento de AP/AR com outras pessoas. Existe um alto nível de confiança disponível nesse relacionamento? Os acordos de confidencialidade serão honrados? A seguir, é aconselhável considerar os níveis relativos de experiência, conhecimento teórico de ACT e CBS e estágios de desenvolvimento clínico e profissional. Fazer parceria com alguém que tenha experiência de aprendizagem e objetivos semelhantes para o programa ajuda a maximizar a experiência para todos os envolvidos. Uma consideração final para o trabalho de AP/AR em duplas é como garantir que o tempo seja partilhado igualmente entre os dois participantes – ambos os envolvidos podem assumir essa responsabilidade. Você pode monitorar a si mesmo para equilibrar o tempo que passa ouvindo e apoiando o outro e o tempo que usa compartilhando e recebendo apoio e incentivo da pessoa com quem está trabalhando.

Autoprática/autorreflexão em grupo

Os grupos de AP/AR na ACT podem assumir muitas formas e ser realizados em vários contextos. Por exemplo, podem ser organizados como parte de reuniões regulares de uma equipe em uma clínica ou consultório. Esse tipo de trabalho é especialmente adequado como parte da supervisão por pares ou em uma universidade ou outro programa de treinamento. A ênfase no trabalho consigo mesmo com o apoio dos pares é diferente do trabalho em "supervisão de grupo" ou "terapia de grupo". Na AP/AR na ACT, podemos dar e receber apoio como iguais, compartilhando a humanidade comum da luta humana. Nenhuma pessoa servirá como "terapeuta" ou "solucionador de problemas" para outra. Isso pode ser uma lição de humildade e pode fundamentar um grupo em uma postura igualitária e colaborativa. Esse benefício, por si só, poderia recomendar a AP/AR na ACT para contextos de treinamento entre pares.

Dados a tecnologia de comunicação atual e os valores abertos e cooperativos da comunidade global da CBS, existe um mundo de oportunidades para você encontrar colegas com quem possa compartilhar uma experiência de AP/AR na ACT. Conforme mencionado anteriormente, os grupos podem se reunir de forma presencial, *on-line* ou uma combinação híbrida. Eles são incentivados a usarem fóruns de discussão *on-line*, salas de bate-papo ou *blogs* interativos ou mídias sociais para criarem o "espaço" certo para o florescimento do seu trabalho de AP/AR na ACT.

Os grupos de AP/AR recém-formados devem considerar os fatores de confiança e confidencialidade mencionados. Certos contextos em que os participantes trabalham em estreita colaboração uns com os outros, ou nos quais existem relações hierárquicas ou avaliativas em jogo, podem inibir uma sensação de segurança ou disponibilidade para se envolver em um diálogo aberto e transparente. Para além da experiência subjetiva de segurança, certas revelações e discussões íntimas de lutas pessoais podem afetar as relações profissionais de forma prática, e tudo isso deve ser considerado como um processo de consentimento e acordo mútuo ao se envolver nesse tipo de trabalho. Como discutiremos, um grupo de AP/AR na ACT deve abordar esses fatores de forma colaborativa e chegar a acordos sobre como abordar questões de confiança, segurança e confidencialidade.

Autoprática/autorreflexão com um supervisor

A AP/AR na ACT pode ser um acréscimo benéfico ao processo de supervisão. Isso pode ser feito de várias formas e com ênfase em diversas áreas relacionadas ao treinamento ou à supervisão clínica de um indivíduo. Como o trabalho de AP/AR está relacionado com o desenvolvimento tanto do *self* pessoal como do *self* profissional, a orientação e o cuidado de um supervisor de confiança podem proporcionar um ambiente apropriado e capacitante ao se enfrentar materiais desafiadores. É claro que, dada a natureza pessoal do trabalho discutido, a consciência dos limites interpessoais é fundamental em tal contexto. É importante ressaltar que o supervisor não deve assumir o papel de terapeuta enquanto o supervisionando se envolve na AP/AR. Pelo contrário, a relação de supervisão pode proporcionar um contexto reflexivo e seguro para que os *trainees* trabalhem em si mesmos na presença de outra pessoa. Se você estiver trabalhando em seu programa de AP/AR com um supervisor clínico, isso pode ser feito formalmente ou de uma forma mais solidária. O programa e os módulos da AP/AR na ACT podem tornar-se parte regular das reuniões de supervisão. O supervisor e o supervisionando podem movimentar-se formalmente pelos módulos de maneira direcionada, semelhante aos grupos ou à AP/AR com um colega. Como alternativa, a supervisão pode fornecer o apoio necessário para aqueles que completaram uma abordagem mais autoguiada em conjunto com a supervisão. Nesta abordagem mais solidária, o supervisionando pode levantar questões evocadas pela AP/AR na supervisão, conforme necessário.

Se a AP/AR estiver sendo utilizada de forma mais formal na supervisão, existem muitas formas de adaptar esse programa para satisfazer às necessidades e aos objetivos do supervisionando. Por exemplo, com *trainees* menos experientes com ACT, os módulos podem ser utilizados para melhorar a compreensão e o envolvimento dos participantes na aprendizagem dos processos e técnicas da ACT. Para aqueles com mais experiência em ACT, o programa pode ser individualizado para focar nos desafios terapêuticos associados, como processos de relacionamento terapêutico e áreas de inflexibilidade psicológica dos próprios terapeutas, ou pode abordar outras lutas pessoais relacionadas ao trabalho clínico que está sendo supervisionado.

PRATICIDADES DA AUTOPRÁTICA/ AUTORREFLEXÃO: MAXIMIZANDO O ENVOLVIMENTO E COLHENDO OS BENEFÍCIOS

Como psicoterapeutas, nossa atenção está frequentemente focada nos objetivos de outras pessoas, como nossos clientes, estudantes ou estagiários. Na AP/AR na ACT, os *seus* objetivos e intenções são o foco principal. Essa direção interior da consciência como terapeuta pode ser uma experiência nova e assustadora no início. O processo de seleção dos nossos próprios objetivos também pode ser algo estimulante e motivador. O programa de AP/AR fornece diretrizes e apoio para esclarecer os objetivos da AP/AR na ACT que são mais importantes para você, bem como orientação e práticas para atingir esses objetivos.

O programa de AP/AR na ACT começa com um processo guiado e experiencial para ajudá-lo a identificar a direção do seu próprio programa. Existem algumas questões a serem consideradas ao fazer essa escolha. No início, você terá a oportunidade de considerar onde focar seus esforços: pode optar por trabalhar em áreas da vida pessoal ou profissional e concentrar-se nos valores livremente escolhidos em qualquer uma das áreas. Claro, é possível focar em mais de um problema, domínio da vida ou objetivo valorizado durante esse processo. Contudo, é importante que você se monitore e escolha objetivos adequados ao tempo de que dispõe, ao contexto do seu trabalho de AP/AR e à sua capacidade pessoal.

Em geral, sugere-se, se você é novo na ACT ou na terapia em geral, que concentre seus objetivos de AP/AR em valores relacionados ao seu lado profissional – por exemplo, seu desenvolvimento como terapeuta ACT, os desafios de ser estagiário ou estudante, ou demandas conflitantes em seu contexto de treinamento. Se já tiver experiência com ACT, poderá achar mais benéficos objetivos mais complexos ou pessoais. Isso pode incluir objetivos pessoais valorizados no trabalho ou em outras áreas da vida. Os objetivos do trabalho podem incluir clientes com problemas complexos, experiências desafiadoras de contratransferência que surgem na supervisão ou demandas conflitantes entre o trabalho e outros domínios valorizados.

Gerenciamento e planejamento de tempo

Dado que os exercícios deste manual se complementam sequencialmente, recomenda-se que os módulos do programa sejam concluídos na ordem em que são apresentados. Antes de iniciar, é importante que você planeje investir tempo suficiente para realizar os exercícios e participar da reflexão. Isso significa planejar quanto tempo você dedicará à AP/AR na ACT. Por exemplo, um grupo pode optar por trabalhar em conjunto durante um período de 12 a 14 semanas, organizando antecipadamente horários e datas para suas reuniões, bem como discutindo os seus próprios planos individuais de gestão de tempo para a conclusão de partes do manual. Também pode ser útil agendar horários regulares e específicos para fazer o trabalho individual, completar os módulos do manual e redigir reflexões. Planejar esse horário em períodos programados regularmente, sem deixar grandes intervalos de tempo entre os módulos, pode ajudar no aprendizado eficaz, no foco e na manutenção da motivação durante todo o processo.

Sugere-se que cada módulo seja concluído, incluindo reflexões, ao longo de uma semana, ou duas semanas em AP/AR em grupo. Cada módulo deve durar de 2 a 3 horas, dependendo do conteúdo e do indivíduo. Alguns dos exercícios dos módulos requerem práticas frequentes ou diárias; outros envolvem períodos mais longos de reflexão. Em geral, sugere-se que o programa leve pelo menos 16 a 18 semanas para ser concluído. Planejar com antecedência com uma expectativa realista de compromissos de tempo aumentará a probabilidade de conclusão bem-sucedida do programa de AP/AR na ACT.

Escolhendo quando fazer autoprática/autorreflexão

Dados o compromisso de tempo e a natureza autocentrada do programa de AP/AR na ACT, sugere-se não iniciar o seu programa durante um período muito estressante ou desafiador. A AP/AR na ACT consiste em *aprender* ACT de dentro para fora, e isso realmente não é "autoterapia". Esse tipo de aprendizagem pode ser mais eficaz quando um indivíduo não se encontra sob condições de ameaça ou muito sofrimento, e se houver estresse ou perturbações significativas, poderá ser melhor esperar para começar o seu trabalho de AP/AR em outro momento. Se isso não for possível, por exemplo, se a AP/AR for um requisito do programa, então recomenda-se a escolha de objetivos que sejam apenas ligeiramente desafiadores. Contudo, muitas vezes não escolhemos quando o estresse e os obstáculos podem surgir em nossa vida. Na verdade, tivemos de enfrentar alguns desafios muito significativos e imprevistos enquanto trabalhávamos em nossos próprios programas de AP/AR. Acabamos enfrentando perdas pessoais, problemas médicos e circunstâncias extremamente estressantes, todas inesperadas, bem no meio de nossa jornada de AP/AR cuidadosamente planejada. Além dos nossos próprios sistemas de apoio pessoal, supervisão e psicoterapia, descobrimos que o contexto de apoio de um grupo de AP/AR na ACT, juntamente ao poderoso potencial transformador das técnicas da ACT, foram recursos úteis à medida que trabalhávamos em alguns dos estressores mais difíceis que conhecemos. Afinal, estamos todos no mesmo barco e enfrentamos juntos a onipresença do sofrimento humano. Uma coisa é saber fazer uma fogueira, ter esse conhecimento na mente e ainda assim tremer na noite fria com lenha seca e uma lareira vazia. Outra bem diferente é acender esse fogo e cuidar de seu calor e luz quando precisamos dele. Os métodos de AP/AR podem nos levar de volta às ferramentas baseadas em evidências que aprendemos de uma forma mais estruturada e pessoal e nos convidar a direcionar nossa experiência e compaixão para dentro, apoiando os próprios terapeutas enquanto eles continuam a compartilhar sua força com os outros.

Incentivando a confidencialidade

Se você estiver participando da AP/AR na ACT em alguma modalidade de grupo, é importante lembrar que "como" e "o que" você escolhe compartilhar com os outros é *sua escolha e você está no controle do que e quando deseja compartilhar*. Às vezes podemos nos beneficiar do planejamento de pausas intencionais e "momentos de *mindfulness*", quando podemos nos dar tempo e espaço para fazer escolhas sobre o que discutimos e revelamos. Usar esses momentos para desacelerar e agir com propósito e intenção deliberada é particularmente relevante quando estamos presos em um fluxo de ação e processo de grupo emocionalmente carregado. Na AP/AR na ACT, em geral recomendamos fazer uma distinção entre o conteúdo das reflexões pessoais, que podem ser escritas apenas para você, e as reflexões públicas ou compartilhadas em grupo. Suas reflexões privadas são apenas para seus olhos e podem se aprofundar em suas experiências, pensamentos e sentimentos (os processos reflexivos são abordados na seção "Construindo sua capacidade reflexiva", neste capítulo). O material das reflexões que você compartilha em qualquer contexto, porém, depende de você. Em geral, sugere-se que a sua reflexão compartilhada se concentre no processo da sua experiência e não no conteúdo aprofundado das suas reflexões pessoais.

Desenvolvendo uma estratégia de apoio pessoal

A natureza e os processos envolvidos na AP/AR na ACT comumente suscitam algumas experiências desafiadoras ou difíceis para os participantes. Aprender ACT de dentro para fora pode envolver lidar com desafios, e isso muitas vezes inclui sentir desconforto e enfrentar situações complicadas. Isso faz parte do processo. Entretanto, alguns momentos podem ser mais desafiadores ou pessoalmente perturbadores para você, sendo importante ter acesso efetivo a qualquer ajuda ou apoio de que precisar. Em razão disso, é recomendado que todos completem uma série personalizada e graduada de etapas e recursos para apoio em caso de sofrimento ou dificuldade significativa antes de iniciar o programa. Eis um exemplo típico de uma estratégia de apoio pessoal:

- Busque apoio e discuta a dificuldade com um parceiro, psicoterapeuta, confidente competente da sua rede de apoio ou colega de AP/AR de confiança. É bom identificar essas pessoas como recursos de apoio antes de iniciar o seu trabalho e ter o consentimento e o compromisso delas de ajudar caso haja necessidade.
- Converse com o facilitador de AP/AR sobre a dificuldade que está surgindo.
- Se as dificuldades persistirem por mais de duas a três semanas e você ainda não estiver trabalhando com um psicoterapeuta, sugerimos que se reúna com um psicoterapeuta ou profissional da saúde mental local qualificado, licenciado e identificado para obter mais apoio.

RESUMO: ASPECTOS PRÁTICOS DA AUTOPRÁTICA/AUTORREFLEXÃO NA TERAPIA DE ACEITAÇÃO E COMPROMISSO — MAXIMIZANDO O ENVOLVIMENTO E COLHENDO OS BENEFÍCIOS

- Escolha objetivos apropriados para a AP/AR na ACT com base no tempo, no contexto e na capacidade. Em geral, isso inclui a identificação de um problema com o qual trabalhar para o foco da AP/AR.
- Escolha o foco dos objetivos da AP/AR: profissional ou pessoal.
- Não é recomendado trabalhar com traumas pessoais intensos e problemas clínicos profundamente desafiadores apenas por meio da AP/AR (Bennett-Levy et al., 2015). Exerça o autocuidado e procure ajuda profissional se estiver lidando com uso indevido de substâncias ativas, problemas intrusivos relacionados a traumas, sintomas psicóticos ou um transtorno do humor grave e estiver envolvido em AP/AR na ACT.
- Planeje tempo, espaço e cronograma para reuniões e trabalho individual.
- Escolha um momento eficaz para começar, sabendo que não é o ideal iniciar esse processo em períodos de intensa angústia ou crise pessoal.
- Estabeleça acordos de confidencialidade e diferencie o que incluir nas reflexões pessoais e compartilhadas.
- Antes de iniciar seu programa de AP/AR na ACT, desenvolva uma estratégia de apoio pessoal.

CONSTRUINDO SUA CAPACIDADE REFLEXIVA

O processo de AR pode ser uma experiência poderosa. O ato de reflexão a que nos referimos envolve observar e compreender nossas experiências de AP na ACT. Existe uma variabilidade significativa nas diferenças individuais quanto à capacidade e ao incentivo para AR (Sanders & Bennett-Levy, 2010). Alguns indivíduos têm motivação e habilidade inatas para AR, enquanto outros podem não estar tão empolgados ou não terem tido a oportunidade de desenvolver essas habilidades. Existem muitos fatores que podem influenciar essa capacidade, como exigências contraditórias de outros domínios valorizados da vida. As pressões de ativamente "viver a vida nos termos da vida" podem reduzir a probabilidade de nos comprometermos a uma AR eficaz e consistente – um processo que é fundamental na AP/AR em ACT. Portanto, fornecemos algumas diretrizes para desenvolver e engajar-se na AR, o que inclui a preparação para o processo de reflexão, o envolvimento na AR, a redação da reflexão e como cuidar de si mesmo durante o processo.

Preparando-se para a reflexão

As diretrizes e dicas a seguir servem para estabelecer uma estrutura segura, gerenciável e sustentável que facilite um processo de reflexão eficaz.

- Programe e comprometa-se com um horário regular para reflexão. Conforme mencionado na seção sobre gerenciamento de tempo, definir e comprometer-se com um período para AP/AR ajuda a garantir motivação contínua e conclusão bem-sucedida.
- Esteja ciente de que podem surgir fortes respostas emocionais. A AP/AR pode provocar uma série de emoções; às vezes, isso pode ser desconfortável ou angustiante e, outras vezes, empolgante, estimulante ou agradável. Os criadores de AP/AR enfatizam que não existe maneira certa ou errada de experimentar o processo (Bennet-Levy et al., 2015). Cada pessoa reage e responde de maneira diferente em momentos e módulos diferentes.
- Prepare-se para bloqueios. Bloqueios, resistência ou impulsos para evitar podem ser esperados. Exemplos disso incluem experiências de ambivalência ou vontade de desistir. Quando isso aparecer, veja se você consegue usar as práticas e exercícios dos módulos para focar na experiência de se sentir bloqueado. Sugere-se que você planeje com antecedência como poderá responder com eficácia a possíveis entraves. Por exemplo, praticar a desfusão dos pensamentos que cercam esses bloqueios e fazer uma escolha baseada em valores sobre o que fazer a seguir pode ajudar. Isso por si só é um exemplo do uso de métodos da ACT como parte de sua própria AP. Dessa forma, cada bloqueio ou elemento de "resistência" pode fazer parte do processo de autodesenvolvimento com o qual você se comprometeu. Você também pode buscar o apoio e a orientação daqueles que fazem parte do seu plano de apoio pessoal ou de outros membros do seu grupo de AP/AR.
- Prepare-se para possíveis interrupções no processo. Da melhor forma possível, tome cuidado para minimizar distrações e interrupções no processo e no programa de AP/AR. A vida acontece, e surgirão interrupções como férias, doenças ou outros acontecimentos inesperados. Contudo, se respondermos e planejarmos com flexibilidade, poderemos muitas vezes continuar a honrar nossos compromissos mesmo na presença de obstáculos práticos. Se as pausas forem inevitáveis, é essencial tomar medidas para garantir o reenga-

jamento, o compromisso e a continuidade. Se isso for feito em um contexto de grupo, a clareza das expectativas, a comunicação definitiva e o compromisso compartilhado sobre recomeçar serão úteis. Ao trabalhar por conta própria, é de grande ajuda especificar claramente os parâmetros de seu compromisso consigo mesmo.
- Escolha um local para guardar seu manual de AP/AR e reflexões que seja de fácil acesso e com o qual você se sinta seguro em termos de confidencialidade.

Envolvendo-se no processo de reflexão

Quando chegar a hora de fazer reflexões por escrito, considere as seguintes recomendações.

- Encontre um horário e um espaço confortável e com o mínimo de distrações e interrupções. Faça o seu melhor para minimizar a probabilidade de seu trabalho ser interrompido.
- Use uma prática de centramento ou transição. Antes de se envolver na AR ou durante a transição da AP para a AR, sugere-se a prática de um exercício de centramento, respiração concentrada ou *mindfulness*.

EXERCÍCIO. Centramento

Esse exercício de centramento pode ser praticado antes de abordar as questões de AR. Uma cópia em áudio desse exercício (em inglês) pode ser baixada na página do livro em loja.grupoa.com.br.

Ao começar, permita que seus olhos se fechem. Agora, direcione suavemente sua atenção para os sons na sala. Se o ambiente estiver quieto, ou mesmo silencioso, apenas observe a ausência de som, sentindo o espaço ao seu redor. Quando estiver pronto, volte sua atenção para os sons de fora da sala. Depois, dirija sua atenção para os sons ainda mais distantes. Na próxima inspiração natural, volte sua atenção para as sensações físicas que você está tendo aqui e agora, sentado nessa postura relaxada. Veja se você consegue permitir que sua atenção se concentre na respiração. Ao inspirar, observe todas as sensações que surgirem em sua consciência. Ao expirar, simplesmente deixe de lado essa consciência enquanto o ar sai do corpo. A cada respiração, observe as sensações que estiverem presentes. Deixe que a respiração encontre seu próprio ritmo e se realize sozinha, permitindo a consciência de qualquer mudança de sensação à medida que o ciclo de respiração continua. Ao fazer isso, permaneça consciente de que não há necessidade de mudar essa experiência de forma alguma. Se perceber que sua mente está divagando, lembre-se de que essa é a própria natureza da mente. Gentilmente, volte sua atenção para o fluxo de sua respiração. De vez em quando, pode ser útil ancorar-se no momento presente, sentindo as sensações físicas que você estiver experimentando. Ao fazer isso, você pode se conectar com as sensações dos pés ou joelhos no chão, do assento na cadeira ou na almofada, da coluna vertebral, que está reta e apoiada, e do fluxo da respiração que entra e sai do corpo. Continue essa prática dessa maneira por alguns instantes. Antes de encerrar essa prática, você pode voltar a prestar plena atenção aos sons ao seu redor na sala, aos sons de fora da sala e aos sons que estão ainda mais distantes. Na próxima inspiração natural, quando estiver pronto, abra os olhos e inicie a prática de AR.

- Utilize estratégias que o ajudem a melhorar a recordação de suas experiências e aumentar a consciência de suas experiências particulares, como seus pensamentos e sentimentos. Algumas ferramentas sugeridas para ajudar a relembrar eventos e experiências para a reflexão da AP/AR na ACT incluem as descritas a seguir.
    - **Fechar os olhos.** Ao relembrar uma experiência e entrar em sintonia com seus eventos e respostas privados, pode ser útil fechar os olhos.
    - **Usar imagens.** Ao relembrar uma experiência ou evento específico, veja se você consegue reconstruir a cena em sua mente, usando o máximo de detalhes possível, focando nos detalhes das experiências sensoriais disponíveis. Exemplos incluem as coisas que você pôde ver, como o que os outros estavam vestindo e suas expressões faciais, e aquelas que você pôde ouvir, como o tom de voz das pessoas, o tom de sua própria voz, outros sons ao seu redor e elementos do ambiente ou da atmosfera.
    - **Sintonizar-se em como você lembra de ter se sentido, física e emocionalmente.** Reserve um tempo para lembrar o que estava acontecendo naquele momento durante a prática e o que estava passando pela sua mente na situação que está sendo relembrada; além disso, observe como você está se sentindo agora no processo de recordação.
    - **Aproveitar oportunidades para** *mindfulness* **e aceitação.** Passe algum tempo com seus pensamentos e sentimentos. Aproveite a oportunidade de estar com essa experiência, tal como ela é, sem se apressar na resolução de problemas ou no modo "fazer". Lembre-se de que esse é um momento de reflexão e não necessariamente de ação.
    - **Utilizar seu eu observador, manter a curiosidade e perceber o inesperado.** A AR pretende ser abordada com uma perspectiva aberta e flexível. Aplique atenção pura e consciência sem julgamento para tudo o que surgir durante esse processo de reflexão.
    - **Monitorar a inflexibilidade psicológica**, como processos de *fusão* e *esquiva*. Observe como você está refletindo ou se, em vez disso, está revivendo, ruminando, preocupando-se ou criticando.
    - **Praticar a autocompaixão e ser seu próprio facilitador compassivo.** Se você perceber que está sendo excessivamente crítico ou rigoroso consigo mesmo, use isso como uma oportunidade para praticar a autocompaixão. A AP/AR pode envolver perceber nossa luta – responder a essa luta com sabedoria e comprometimento é o objetivo de aprender ACT de dentro para fora.
    - **Lembrar-se de que a AR é um processo e pode vir em ondas.** Pode haver momentos em que você se sentirá travado ou que surgirão obstáculos im-

pedindo o processo de AR. Você sempre pode deixar as reflexões de lado e voltar mais tarde, quando a inspiração surgir ou quando se sentir pronto para tentar novamente.
- **Procurar oportunidades para generalizar aprendizados e *insights* valorizados.** A AP/AR na ACT visa a ajudar os participantes a descobrirem ligações entre os domínios profissional e pessoal de sua vida. Pesquisas sobre AP/AR sugerem que os participantes que relataram maiores benefícios do programa refletiram sobre si mesmos tanto no contexto profissional quanto no pessoal (Bennett-Levy & Lee, 2014).
- **Usar as perguntas de reflexão como orientação.** No final de cada módulo há questões de AR. Elas estão lá para ajudar a orientar suas reflexões escritas. Sugerimos que você se faça essas perguntas e sinta-se à vontade para adicionar as suas próprias. A intenção é ajudar a enriquecer e aprofundar sua compreensão e ajudá-lo a fazer conexões, relacionando seus *insights* à sua experiência consigo mesmo, aos seus clientes e ao seu trabalho na ACT ou em outras áreas valorizadas da vida.

Redação da autorreflexão

- Escreva na primeira pessoa. A AP/AR na ACT é pessoal e autocentrada, assim como as reflexões escritas. Portanto, sugere-se escrever na primeira pessoa e do seu ponto de vista. A intenção aqui não é se distanciar de sua experiência, mas sim entrar, observar e refletir sobre ela.
- Sua escrita é para você, não para um público. Tente não se editar – escreva de forma aberta e honesta.
- Escrever oferece uma oportunidade para a tomada de perspectivas e novos *insights*. Na AR escrita, "escrever não é produto do pensamento; escrever é pensar" (Bennett-Levy et al., 2015, p. 23). Por meio desse processo, os participantes descobrem novas formas de perceber sua experiência e muitas vezes alcançam novos *insights* e entendimentos.

Cuidando de si

- Mantenha-se atento a si mesmo e a seus objetivos e necessidades. Você é o especialista em você e no que precisa em determinado momento. Cuide bem de si mesmo durante esse processo, usando seu tempo e energia com a AP/AR na ACT de uma maneira que atenda às suas necessidades e esteja a serviço de seus desejos pessoais.
- Lembre-se de que não existe uma maneira certa ou perfeita de fazer isso.

4

Orientação aos facilitadores

Assumir o compromisso de facilitar um grupo de autoprática/autorreflexão (AP/AR) na terapia de aceitação e compromisso (ACT) traz muitos benefícios e responsabilidades importantes. Compartilhar um processo de descoberta de conhecimento e permitir que colegas acessem novas perspectivas pode ser muito gratificante e significativo. O processo de facilitação de um grupo de AP/AR na ACT também pode proporcionar uma compreensão mais profunda e a aprendizagem pessoal por parte do facilitador. Embora esses benefícios e experiências sejam semelhantes aos de outras formas de liderança de grupo ou ensino, como veremos, existem algumas diferenças e distinções que tornam ser um facilitador de AP/AR na ACT uma vivência única e digna de nota. O objetivo deste capítulo é fornecer orientação para aqueles que pretendem servir como facilitadores de grupos de AP/AR na ACT; entretanto, mesmo que você não tenha essa intenção, ainda assim poderá considerar este capítulo um componente significativo, mas não essencial, para o seu programa de AP/AR na ACT. Este capítulo ajudará o facilitador a adaptar os grupos para maximizar o benefício a todos os envolvidos.

Os grupos de AP/AR na ACT podem variar em contexto e tamanho. Alguns exemplos de possíveis grupos de AP/AR na ACT são aqueles liderados por pares, os liderados por instrutores em ambientes de desenvolvimento profissional ou os grupos estabelecidos em outros programas de formação existentes baseados em ACT. Neste capítulo, revisamos as responsabilidades do facilitador e apresentamos um guia para adaptar o seu grupo a fim de trabalhar de forma eficaz, viável para o seu contexto específico e alinhada aos objetivos individuais dos participantes. O capítulo está dividido em quatro seções, que se relacionam com: 1) o papel e as tarefas do facilitador de AP/AR na ACT; 2) o alinhamento do programa com as experiências e necessidades dos participantes; 3) a preparação para a AP/AR na ACT; e 4) a manutenção da motivação do grupo e a maximização do benefício para cada um dos participantes.

O PAPEL DO FACILITADOR DE AUTOPRÁTICA/ AUTORREFLEXÃO NA TERAPIA DE ACEITAÇÃO E COMPROMISSO

Aqueles de nós que participaram de um *workshop* ou treinamento de ACT podem atestar o quanto essas aprendizagens podem ser pessoais, experienciais e muitas vezes poderosas. Assim, não é surpresa que facilitar um grupo de AP/AR na ACT ofereça algo semelhante e possa levar essas situações de aprendizagem significativas ainda mais longe. Por meio da AP/AR, nos envolvemos e habitamos os processos da ACT e permanecemos abertos à aplicação desse foco consistente com a ACT a qualquer ou a todos os domínios de vida possíveis. A escolha de onde aplicar esse foco cabe a cada participante. O modelo de AP/AR na ACT é aberto e flexível, não excessivamente rígido ou limitado por pontos didáticos ou currículo específicos. Em última análise, é o facilitador quem cria as condições e fornece orientação para que o trabalho se desenvolva e floresça.

No contexto da AP/AR, usamos o título descritivo "facilitador" em vez de treinador, líder de grupo ou terapeuta. O papel de um facilitador de AP/AR na ACT é semelhante ao de um treinador ou líder de grupo de ACT, com habilidades semelhantes, mas algumas diferenças significativas (Bennett-Levy et al., 2015). Tanto as visões tradicionais do treinamento de ACT quanto as da AP/AR na ACT são flexíveis e baseadas na ciência comportamental contextual (CBS, do inglês *contextual behavioral science*) e envolvem um grande componente de aprendizagem experiencial. Em geral, nos treinamentos de ACT, o foco está no desenvolvimento das capacidades clínicas dos indivíduos ou no aumento de suas habilidades para "fazer ACT". Em contraste, na AP/AR na ACT há um direcionamento mais forte nas lutas pessoais únicas dos participantes, com uma gama mais ampla de escolhas sobre onde focar o seu trabalho e como aplicar o que estão aprendendo em sua vida. Além disso, na AP/AR há um fórum de discussão em grupo contínuo entre as reuniões, e as reflexões escritas são altamente enfatizadas e incentivadas pelo facilitador.

A aprendizagem que ocorre na AP/AR na ACT é pessoal, experiencial e reflexiva por natureza. Isso requer um contexto seguro e um processo de grupo eficaz. Existem várias maneiras centrais pelas quais o facilitador cultiva esse tipo de contexto com o grupo – isso começa com a conscientização do facilitador sobre as necessidades de cada participante. Como sempre, as relações colaborativas são fundamentais entre o facilitador de AP/AR e o grupo e seus integrantes. O facilitador promove o apoio e a segurança, ajudando os participantes a compreenderem a lógica, o processo e os compromissos envolvidos no grupo de AP/AR e assegura o seu consentimento informado e compromissos individuais.

O facilitador cria as condições que aumentam a coesão, a interação e a aprendizagem eficazes do grupo. Isso inclui certas estruturas do grupo, como processos de agendamento, comunicação e colaboração. Os grupos de AP/AR na ACT devem se estender por várias semanas ou meses para proporcionar tempo e continuidade para que esse contexto e trabalho progridam e a prática se aprofunde com a reflexão. O facilitador é responsável por comunicar o cronograma e fornecer qualquer informação adicional ou apoio necessário para o funcionamento contínuo do grupo.

Os facilitadores também funcionam como observadores do grupo e do seu processo. Eles observam e monitoram atentamente os bloqueios no trabalho interpessoal, no progresso e na mudança intrapessoal do grupo e dos participantes individuais. Os facilitadores de grupo de AP/AR na ACT estão engajados, abertos e conscientes no processo de grupo. Eles estabelecem um contexto para discussão, analisando ativamente e fornecendo *feedback*. Eles acompanham os processos de flexibilidade e inflexibilidade psicológica do grupo e de seus participantes. Por exemplo, o facilitador utiliza oportunidades de pausa quando o grupo ou um dos seus membros está envolvido em comportamentos que interferem nos objetivos estabelecidos ou nos valores do grupo. Como alternativa, se houver uma mudança perceptível ou uma incorporação significativa de valores e cumprimento de objetivos, o facilitador aproveitará a chance para destacar isso. O papel do facilitador como observador é perceber e destacar obstáculos ou bloqueios individuais e grupais e o progresso, como o movimento positivo em direções valorizadas ou aproximações bem-sucedidas de objetivos individuais. Essencialmente, o facilitador serve como um reforçador social consciente, que escolhe com atenção plena as respostas que vão moldar comportamentos mais adaptativos e orientados para valores entre o grupo.

As seções a seguir apresentam detalhes e expandem os principais fatores envolvidos nas responsabilidades do facilitador e dão sugestões para criar com sucesso um contexto seguro para o seu grupo de AP/AR na ACT.

RESUMO: AS FUNÇÕES E RESPONSABILIDADES DO FACILITADOR DE AUTOPRÁTICA/AUTORREFLEXÃO NA TERAPIA DE ACEITAÇÃO E COMPROMISSO

- Estabelecer e manter um contexto seguro.
  - Cultivar relacionamentos colaborativos com os participantes.
- Ajudar os participantes a compreenderem a lógica e o processo envolvidos.
  - Garantir o consentimento informado e os compromissos individuais dos participantes.
- Promover um processo de grupo eficaz.
  - Criar estrutura, agendamento e comunicação.
  - Atuar como um reforçador social de comportamentos adaptativos e consistentes com valores.
- Funcionar como observador do grupo e do seu processo.
  - Acompanhar processos psicológicos flexíveis e inflexíveis.

ALINHANDO O PROGRAMA COM AS COMPETÊNCIAS E AS NECESSIDADES DOS PARTICIPANTES

Os grupos e processos de AP/AR na ACT visam a incorporar flexibilidade psicológica e podem ser facilmente modificados ou ajustados para atender às demandas de processos de grupo eficazes e às necessidades específicas de cada integrante. Esses ajustes podem ser feitos adaptando ou reorientando certos aspectos do programa ou mesmo acrescentando material adicional quando necessário. Os fatores a considerar ao adaptar um programa de AP/AR na ACT para satisfazer às necessidades dos participantes incluem aspectos ambientais e pessoais, como o contexto em que o programa está ocorrendo, o conhecimento do participante sobre a ACT, o escopo do foco do programa de AP/AR (como o foco no "*self* do terapeuta", "*self* pessoal" ou "*selves* múltiplos") e a capacidade do indivíduo de se envolver em processos de AR.

Os grupos de AP/AR na ACT podem assumir muitas formas diferentes, e seus membros terão variados níveis de experiência e, é claro, histórias pessoais únicas. Como facilitador, é sua função estabelecer um programa que esteja alinhado com as necessidades e competências dos integrantes do grupo. Você não precisará reinventar a roda e se afastar muito do material deste manual. Contudo, é uma boa ideia adaptar intencionalmente a abordagem e inclusive o tom intelectual ou emocional das reuniões do seu grupo ao estilo e ao nível de especialização dos integrantes. Em geral, os grupos de AP/AR buscam ser flexíveis e capazes de se adaptar adequadamente a diferentes contextos.

É claro que alguns grupos funcionam no contexto de um treinamento em ACT de nível introdutório, enquanto outros ocorrem em contextos de treinamento mais avançado ou de consulta de pares. A serviço da coerência do grupo, é um princípio geral da AP/AR que os grupos sejam homogêneos em termos de habilidades clínicas e experiências de competências relevantes, quando possível (Bennett-Levy et al., 2001). Exemplos de habilidades clínicas e competências relevantes que os facilitadores de AP/AR devem considerar para a coerência do grupo incluem o conhecimento da teoria e prática da ACT, experiência clínica, compreensão e fluência com conceitos da teoria das molduras relacionais (RFT, do inglês *relational frame theory*) e as capacidades e habilidades reflexivas dos participantes.

O estágio de desenvolvimento do terapeuta em termos de conhecimento da teoria e prática da ACT e de experiência clínica informará como o facilitador focaliza o programa de AP/AR. Para indivíduos em início de carreira clínica ou recém-chegados à ACT, haverá um foco em ajudar a estabelecer e transferir o conhecimento declarativo ou factual da ACT e sua teoria para o conhecimento processual ou experiencial, colocando a ACT em ação. Quando crescemos e aprendemos por meio de uma disciplina intelectual, artística ou espiritual, iniciamos com a inocência, prosseguimos pela aquisição de conhecimento, desenvolvemo-nos pela prática e avançamos em direção ao domínio dos procedimentos internalizados. Diz-se que o domínio representa a presença da inocência no contexto da experiência. Desta forma, parte do desafio e da responsabilidade do facilitador reside na criação de contextos que permitam a espontaneidade focada no momento presente, ao mesmo tempo que proporcionam oportunidades de repetição que conduzem à execução magistral da técnica. Os processos centrais da ACT são de natureza experiencial, e, portanto, essa forma de aprendizagem processual é fundamental em qualquer nível de treinamento (Hayes et al., 2012). Entretanto, para profissionais que são novos no trabalho clínico e na ACT, os facilitadores podem querer concentrar esse trabalho no "*self*-terapeuta". Para participantes com mais experiência com ACT, o âmbito do programa de AP/AR pode ser mais amplo, a fim de incluir outros aspectos de si próprios e da sua vida. Por exemplo, em outros programas de AP/AR, clínicos mais experientes concentraram os seus programas em aprimorar e expandir a autoconsciência e as habilidades interpessoais e no aumento da capacidade reflexiva (Davis, Thwaites, Freeston, & Bennett-Levy, 2015).

A série de perguntas que você encontrará ao final de cada módulo a seguir serve como orientação para o componente escrito da AR desse programa. Os facilitadores podem adaptar o currículo do manual às necessidades de um determinado grupo ou indivíduo ao modificarem essas questões para que elas correspondam ao foco ou escopo específico do seu trabalho. Aprender ACT de dentro para fora tem tudo a ver com permitir que os participantes incorporem os seus valores e se tornem mais quem eles querem ser. Assim, os facilitadores podem sentir-se à vontade para ajustar esses materiais de forma adequada ao seu foco, sem alterar os processos centrais envolvidos ou a estrutura do programa.

Outra forma de adequar o programa de AP/AR na ACT às competências e necessidades dos participantes é fornecer treinamento e apoio adicionais ou suplementares. Isso poderia ser na forma de conhecimento declarativo e teórico para aqueles que são mais novos no aprendizado da ACT. Outra aprendizagem suplementar pode incluir artigos e textos revisados por pares relacionados a um interesse ou foco específico do grupo de AP/AR. Por exemplo, se o programa de AP/AR se centrasse em indivíduos que trabalham com determinada população ou aspecto do sofrimento humano, os materiais suplementares poderiam incluir informações sobre abordagens de ACT pertinentes ou relacionadas. Muitos recursos podem ser encontrados pesquisando a área de interesse na página inicial da Association for Contextual Behavioral Science (ACBS; *www.contextualscience.org*).

Os facilitadores também podem optar por convidar os participantes a aprofundarem sua prática experiencial por meio da adição de meditações guiadas, práticas de imagens e técnicas de ACT não especificadas nesse programa. Embora cada um dos módulos do programa de AP/AR na ACT tenha práticas experienciais direcionadas a um processo de ACT específico, a ACT é muito mais do que uma abordagem de caixa de ferramentas. Seu foco deve estar nos processos subjacentes à flexibilidade psicológica, e não no domínio de uma série de estratégias, dicas ou truques. Qualquer uma das técnicas ilustrativas deste manual tem como objetivo colocar os participantes em estreito contato com esses processos centrais. Com o tempo, terapeutas ACT qualificados serão capazes de implantar uma gama de ferramentas diferentes para moldar os processos de flexibilidade psicológica e serão até capazes de improvisar novas estratégias adequadas às necessidades de determinados clientes. Por consequência, os facilitadores e participantes da AP/AR na ACT não precisam estar limitados às técnicas incluídas nos módulos.

Como vimos, as necessidades individuais dos participantes, o seu nível de conhecimento e experiência com ACT e o contexto do próprio grupo de AP/AR informam como o facilitador pode ajudar a alinhar as demandas dos participantes com o âmbito e as adaptações apropriados do trabalho de AP/AR. O facilitador, considerando o contexto e as necessidades do grupo e dos seus integrantes, pode ajustar o programa para que ele tenha um foco amplo ou restrito e combinar o programa com a experiência dos participantes e os objetivos valorizados para o seu trabalho.

> **RESUMO: ALINHANDO O PROGRAMA COM AS COMPETÊNCIAS E AS NECESSIDADES DOS PARTICIPANTES – CONSIDERAÇÕES PARA ADAPTAÇÕES**
>
> - O contexto em que o programa está ocorrendo.
> - O conhecimento e a experiência dos participantes em ACT.
> - Determinação do escopo do foco do programa de AP/AR ("*self*-terapeuta", "*self* pessoal" ou *selves* múltiplos/"híbrido").
> - Oferecimento de treinamento ou suporte suplementar (para aprendizagem teórica, específica ao contexto/foco, experiencial ou reflexiva).

PREPARAÇÃO PARA A AUTOPRÁTICA/ AUTORREFLEXÃO NA TERAPIA DE ACEITAÇÃO E COMPROMISSO

O processo de preparação é um elemento importante para garantir um programa de AP/AR na ACT bem-sucedido. O facilitador é responsável por conduzir esse processo e orientar os participantes ao longo do trabalho. Existem dois componentes ou estratégias principais nesse processo preparatório: 1) preparar um prospecto do programa; e 2) realizar uma reunião pré-programa (Bennett-Levy et al., 2015). Os criadores da abordagem de AP/AR observam que um processo preparatório com essas duas estratégias em uso aumenta a probabilidade de motivação e envolvimento dos participantes (Bennett-Levy et al., 2015).

Prospecto do programa e reunião pré-programa

O prospecto do programa e a reunião pré-programa destinam-se a fornecer consentimento informado, reforçar o compromisso e aumentar o envolvimento dos participantes. Embora as necessidades de cada grupo resultem em prospecto e reunião diferentes, existem alguns aspectos que são componentes essenciais no processo pré-programa. Semelhante à discussão sobre o consentimento informado para clientes em terapia, é importante fornecer aos participantes uma compreensão clara do que eles estão assumindo como compromisso, responder às eventuais perguntas que possam ter e corrigir as possíveis dúvidas ou equívocos sobre o que esperar. Como mencionamos anteriormente, isso faz parte da criação de um ambiente seguro. O prospecto do programa e a reunião pré-programa também têm como objetivo disponibilizar aos participantes informações assertivas e úteis sobre a natureza do trabalho de AP/AR na ACT.

O prospecto do programa é elaborado para responder antecipadamente a questões sobre a AP/AR na ACT, as quais envolverão, naturalmente, elementos como segurança, confidencialidade e suporte empírico. O prospecto deve ser distribuído aos participantes antes da reunião pré-programa, idealmente dando a eles algumas semanas para revisá-lo. Por exemplo, um participante que é completamente novo no trabalho de AP/AR pode ter perguntas tão básicas como "Por que alguém deveria considerar um programa de AP/AR na ACT e o que pode ser esperado?". Fornecer uma fundamentação clara e motivadora para a adesão a um programa de AP/AR na ACT é, de fato, importante para a clareza do consentimento e a motivação para o envolvimento. A justificativa do prospecto para a AP/AR na ACT deve ser extraída de uma combinação de resultados de pesquisas atualizadas sobre a ACT e sobre a AP/AR em geral, a defesa dos principais instrutores e clínicos da aprendizagem baseada na experiência e exemplos de reflexões e testemunhos de participantes anteriores. Esses elementos podem ser refletidos em um prospecto original criado pelo facilitador, resumindo parte do material deste livro com avanços recentes na literatura que surgirão ao longo do tempo. Como alternativa, o facilitador pode simplesmente optar por sugerir que os participantes leiam os Capítulos 1 a 3 deste manual, talvez acrescentando algumas reflexões compartilhadas por participantes anteriores de outros programas de AP/AR na ACT, se disponíveis.

A reunião pré-programa oferece uma oportunidade presencial para o facilitador desenvolver as informações contidas no prospecto, unindo o conhecimento didático à prática. Essa reunião possibilita ao grupo compartilhar perguntas, revisar e fazer ajustes no programa para atender às necessidades dos participantes. O papel do facilitador nessa reunião é ser o mais aberto e flexível possível na adaptação do programa de AP/AR ao contexto e aos participantes individuais. Por exemplo, a reunião pode fornecer mais informações sobre as experiências dos participantes anteriores e sobre como é experimentar a ACT de dentro para fora. Alguns facilitadores até pediram aos participantes anteriores que comparecessem a uma nova reunião pré-programa para responder a perguntas e compartilhar aspectos de sua experiência. O facilitador também pode discutir a função da AP/AR na aprendizagem e no desenvolvimento contínuo de competências e processos específicos da ACT, a eficácia e a importância da aprendizagem experiencial e reflexiva e a capacidade e a natureza integrativas dos programas de AP/AR.

Criando requisitos de programa claros e acordados

Os requisitos do programa de AP/AR vão variar dependendo do contexto e dos acordos de colaboração dos participantes – assim, como sugerimos, o facilitador deve ser tão flexível e aberto quanto possível, a fim de acomodar essas necessidades e diferenças nas restrições. O facilitador fornece uma compreensão clara e informada da estrutura central do programa de AP/AR e, em colaboração com o grupo, cria os acordos. A reunião pré-programa precisa de tempo suficiente para chegar a um acordo colaborativo em relação ao seguinte: expectativas em relação a compromissos, contribuições, confidencialidade e segurança (os dois últimos são discutidos na próxima seção).

Em termos de compromisso e contribuição dos participantes, o grupo deverá chegar a um acordo quanto aos requisitos para reflexões escritas. Elas devem ser concluídas após cada módulo? Quais são os prazos para postagem de reflexões? Os participantes são obrigados a participar de um fórum de discussão? Que forma ou estrutura está envolvida no processo de reflexão? O que acontece quando um participante não consegue concluir as reflexões?

O próximo tópico para discussão é quanto tempo é necessário em um programa de AP/AR. De quanto tempo cada participante precisa para concluir os módulos com sucesso? Os facilitadores devem ajudar o grupo a agendar um tempo suficiente para que os participantes se envolvam de forma realista em AP/AR e nas discussões relacionadas ao grupo envolvidas em um programa de AP/AR na ACT. Os criadores dessa abordagem sugerem um mínimo de 2 a 3 horas por módulo de tempo individual para o participante e, dependendo dos requisitos do módulo, de uma a três semanas para completar um módulo em grupo (Bennett-Levy et al., 2015). Pede-se aos facilitadores que considerem e sugiram prazos e um calendário apropriados para a implementação de cada módulo.

Os programas de AP/AR foram implementados anteriormente ao longo de 12 a 24 semanas ou um ou dois semestres em ambiente universitário ou de pós-graduação (Bennett-Levy & Lee, 2014; Bennett-Levy et al., 2015). Se o seu programa de AP/AR fizer parte de um programa de treinamento clínico mais amplo, é recomendável que você alinhe seu cronograma e a estrutura com o currículo básico. A forma de aprendizagem experiencial e reflexiva envolvida na AP/AR na ACT é maximizada quando essa prática ocorre logo após os *trainees* serem expostos às informações didáticas ou declarativas sobre uma determinada técnica ou habilidade por meio de leituras, palestras ou *workshops*. Assim, combinar o conteúdo com um currículo de formação mais amplo ajuda a fornecer estrutura e progressão eficazes de um programa de AP/AR.

Finalmente, em termos de compromisso e contribuição, os grupos devem discutir se serão utilizadas avaliações de qualquer tipo ou se elas são exigidas pelo contexto em que o programa de AP/AR está sendo oferecido. Atualmente, não existem abordagens baseadas em evidências para a avaliação de AP/AR – seus criadores sugerem a utilização de medidas de resultados associadas aos objetivos e metas de aprendizagem específicos. Os requisitos específicos do contexto ou institucionais também podem ter impacto na forma como a frequência de comparecimento será tratada. Os grupos devem chegar a um acordo colaborativo sobre as expectativas e exceções de comparecimento, na medida do possível. Os facilitadores devem garantir que o grupo esteja ciente de qualquer avaliação, frequência ou outros requisitos institucionais ou específicos do contexto.

Criando uma sensação de segurança com o processo

O terceiro componente essencial do prospecto do programa e da reunião pré-programa é criar uma sensação de segurança com o programa de AP/AR na ACT. Como mencionamos na seção anterior, isso envolve questões de confidencialidade e segurança. O prospecto do programa deve fornecer uma visão clara do processo de AP/AR e da reunião pré-programa. Durante a reunião, é importante que o facilitador identifique as preocupações e os medos dos participantes. Por exemplo, ele pode perguntar sobre as dúvidas dos participantes em relação ao programa ou ao seu envolvimento. Depois de dar espaço para que todos expressem suas angústias, o facilitador pode convidar o grupo a oferecer sugestões sobre como abordar essas preocupações. Se não surgirem, o facilitador pode levantar questões de confidencialidade e anonimato e discutir com os integrantes sobre como gostariam de lidar com elas. Mais uma vez, lembrando-se de permanecer aberto e flexível às necessidades e ao contexto do grupo, o facilitador ajuda os membros a chegarem a um acordo sobre o grau de rigidez ou de flexibilidade desses limites. Alguns exemplos de questões a abordar aqui incluem "As reflexões compartilhadas serão anônimas ou os participantes querem usar os seus nomes verdadeiros?" e "O que pode ser discutido fora do grupo?". Esses combinados devem ser documentados e disponibilizados a todos os envolvidos.

O facilitador aproveita a oportunidade do prospecto e da reunião pré-programa para enfatizar e discutir as distinções em forma e função entre o material em reflexões privadas e reflexões públicas. Quando se trata de reflexões públicas – compartilhadas no fórum e nas discussões em grupo –, os participantes são instruídos a focarem no conteúdo funcional ou do processo e nas suas experiências ou observações do processo que está sendo explorado, não necessariamente no conteúdo pessoal do material. Um exemplo de reflexão pública "focada na função" é: "Percebi como foi muito mais difícil praticar a desfusão dos meus julgamentos do que eu esperava. Eu me senti frustrado e crítico comigo mesmo". Já as reflexões privadas podem incluir conteúdo mais pessoal na forma de experiências ou observações. Por exemplo, segue-se uma reflexão privativa focada na forma: "Fisicamente, notei a tensão e o calor aumentando em meu corpo, e minha mente estava me dizendo 'Eu sou um impostor'. São experiências típicas quando penso que nunca serei tão bom quanto meus colegas e que nunca deveria ser terapeuta de ninguém. Tive vontade de desistir e não falei muito".

Essas distinções fornecem alguma orientação aos participantes e permitem que eles escolham em que medida e onde querem compartilhar suas experiências íntimas em reflexões escritas.

A natureza do trabalho envolvido na AP/AR na ACT comumente suscita algumas experiências desafiadoras ou difíceis para os participantes. Assim, faria sentido que muitos tivessem medos ou preocupações sobre o que aconteceria quando entrassem em contato com isso. Para alguns, o medo pode ser de "perder o controle" ou de não ter apoio suficiente. O facilitador pode dizer algo como o seguinte para iniciar a discussão:

> *A ACT de dentro para fora envolve encarar nossos desafios e expandir nossas habilidades para avançar em direção aos nossos objetivos valorizados. Isso geralmente inclui sentir desconforto e enfrentar coisas difíceis. Isso faz parte do processo de crescimento. Entretanto, pode haver momentos em que algo pode ser mais desafiador ou pessoalmente desgastante para você. Portanto, no caso raro de você estar passando por sofrimento ou dificuldade significativa, é importante que você tenha acesso efetivo à ajuda ou ao apoio de que necessite. É por isso que pedimos a cada indivíduo que elabore uma "estratégia de apoio pessoal", uma série personalizada e graduada de etapas e recursos de suporte em caso de sofrimento ou dificuldade significativa.*

Na reunião pré-programa, recomenda-se que o facilitador considere com os participantes qual seria a área ideal para focar o seu programa de AP/AR na ACT individual. Por exemplo, o grupo pode ser convidado a considerar a escolha do seu foco em uma área que seja moderadamente desafiadora, mas que eles não prevejam que será esmagadora, causará sofrimento significativo ou impedirá sua prática e reflexão.

Finalmente, o facilitador aborda o seu próprio papel no grupo. Antes do processo preparatório, ele deve considerar qual será sua função pretendida no grupo, perguntando: "Quais são os meus papéis e responsabilidades neste grupo?"; "Participarei de discussões em grupo ou fórum?"; "Em caso afirmativo, como?"; "Existe algum relacionamento duplo?"; e "Nesse caso, como isso será abordado?". Por fim, deve discutir essas questões abertamente com o grupo, responder às perguntas que os integrantes possam ter e, em conjunto, formar um acordo colaborativo em torno de seu papel e suas responsabilidades.

RESUMO: PREPARAÇÃO PARA A AUTOPRÁTICA/AUTORREFLEXÃO NA TERAPIA DE ACEITAÇÃO E COMPROMISSO

- O facilitador distribui o prospecto do programa e organiza uma reunião pré-programa.
- O prospecto do programa e a reunião pré-programa devem incluir:
  - Uma fundamentação específica, forte e clara para o programa de AP/AR.
  - Detalhes dos requisitos e compromissos do programa de AP/AR na ACT.
  - Criação de relacionamentos colaborativos e um contexto de grupo seguro e de apoio.
- Reforce com os membros do grupo o desenvolvimento de uma estratégia de apoio pessoal.
- Esclareça sua função no grupo e aborde qualquer potencial para relacionamentos duplos.

CRIANDO UM PROCESSO DE GRUPO ENRIQUECEDOR E VALIOSO

O programa de AP/AR na ACT pode ser uma experiência de aprendizagem significativa e valiosa que muitas vezes inclui uma conexão com uma comunidade de aprendizagem. O facilitador é responsável por desenvolver e cuidar do processo enriquecedor e solidário e da coesão do grupo. Essa comunidade oferece a oportunidade de diálogo enriquecedor, apoio compassivo e experiências interpessoais comoventes. A discussão em grupo da AP/AR permite múltiplas formas de tomada de perspectiva, expandindo a nossa compreensão de nós mesmos, dos outros e dos contextos em que trabalhamos e vivemos. Os grupos também oferecem oportunidades de aprendizagem social e modelagem por parte do facilitador e de outros integrantes. Aprender ACT de dentro para fora com outras pessoas permite desenvolver a conexão, a comunidade e o cuidado mútuo. Conforme observado, mesmo que você esteja realizando esse trabalho sem um grupo típico de AP/AR, você não está sozinho, e outras pessoas trabalhando nesses módulos, que estão aprendendo e vivendo a ACT, podem ser encontradas no Facebook em *https://www.facebook.com/groups/actspsr*. O grupo também pode procurar utilizar as suas próprias redes sociais ou recursos baseados na *web* para reuniões *on-line* e aprendizagem combinada. Se você é um facilitador de AP/AR na ACT, então é sua função ajudar o grupo a cultivar e manter esse processo de grupo solidário, enriquecedor e valioso em todas as comunicações de grupo presenciais e *on-line*.

O cultivo e o cuidado com os processos de grupo e a ajuda aos participantes para obterem o máximo de seu trabalho em grupo de AP/AR na ACT continua durante todo o programa. Os facilitadores oferecem incentivo, apoio e oportunidades para responder às perguntas dos participantes, tanto nas reuniões de grupo como nos intervalos entre as reuniões. Idealmente, os facilitadores são capazes de equilibrar sua função de observador e fornecer *feedback* sobre o processo do grupo. Eles devem ser encorajadores em sua abordagem, apoiando a participação, e ajudar o grupo a continuar avançando em direção a valores e objetivos compartilhados.

RESUMO: CRIANDO PROCESSOS DE GRUPO ENRIQUECEDORES E VALIOSOS

- O grupo determina como e quando se reunir (ou seja, *on-line*, presencialmente ou uma combinação).
- Os facilitadores determinam seu próprio compromisso com o grupo e juntos criam expectativas em torno do processo e da segurança do grupo.
- O fórum de discussão *on-line* e os espaços de reunião devem ser fáceis de usar e conduzir.
- Os facilitadores encorajam e apoiam a participação e ajudam o grupo a continuar avançando em direção a valores e objetivos compartilhados.

Cuidando individualmente dos participantes

Além de cuidar dos processos e valores do grupo, os facilitadores também são responsáveis por cuidarem individualmente dos participantes e de seu processo único. Como observadores, comprometem-se a cuidar do bem-estar de cada um dos integrantes. Eles os monitoram e analisam as discussões em grupo em busca de dificuldades. Os facilitadores asseguram que cada participante tenha e utilize a sua estratégia de apoio pessoal quando necessário. Eles também estão atentos às mudanças e aos sucessos individuais. Mais uma vez, equilibrando monitoramento, observação e fornecimento de *feedback* ou orientação, os facilitadores mantêm uma atitude solidária e flexível.

Tal como enfatizamos ao longo deste capítulo, os facilitadores devem ser flexíveis e pragmáticos na sua abordagem, tendo em conta cada integrante – necessidades individuais, objetivos e, acima de tudo, bem-estar. Para fazer isso, o facilitador estabelece logo no início, talvez na reunião pré-programa, a melhor forma de se comunicar e manter contato com cada membro entre as reuniões do grupo. Juntos, o participante e o facilitador também podem decidir se e como isso deve fazer parte da estratégia de apoio pessoal. O facilitador também pode ser flexível e realizar ajustes no programa para algumas pessoas. Por exemplo, quando um integrante do grupo não consegue comparecer plenamente em algum momento do processo, o facilitador pode oferecer material complementar de reposição ou fazer alterações na prática, na frequência ou nos requisitos de reflexão por escrito. Talvez haja momentos em que continuar com o grupo de AP/AR na ACT pode não ser o melhor para o participante ou pode haver necessidade de mudanças significativas; então, ambos podem conversar sobre quais opções estão disponíveis para adaptações ou se é apropriado fazer uma pausa ou encerrar a participação. Se a dificuldade persistir, o facilitador deve contatar o participante, conversar sobre as necessidades individuais e as opções disponíveis e decidir em conjunto quais são os próximos melhores passos. Em última análise, é importante lembrar que o consentimento e o compromisso de participar de um programa de AP/AR na ACT, independentemente do contexto, devem ser dados livremente e podem ser revogados ou alterados a qualquer momento. As pessoas devem tomar uma decisão informada sobre quando é melhor para si mesmas iniciar o programa. Se a AP/AR na ACT estiver inserida em um programa de treinamento, ambiente universitário ou currículo mais amplo, alternativas devem ser oferecidas ou adaptações feitas para indivíduos ou situações em que a participação em AP/AR é contraindicada.

> **RESUMO: CUIDANDO DOS PARTICIPANTES**
> - Os facilitadores monitoram os participantes e as discussões em grupo em busca de dificuldades e êxitos individuais.
> - Os facilitadores asseguram que cada participante tenha uma estratégia de apoio pessoal.
> - Os facilitadores são flexíveis, pragmáticos e individualizados em sua abordagem com cada participante e suas necessidades e valores particulares.
> - A participação no grupo de AP/AR e o calendário do programa devem ser uma decisão informada, escolhida livremente pelos participantes, ou devem ser oferecidos caminhos alternativos.

COMENTÁRIOS FINAIS

Todo o material anterior fornece a base necessária para que você organize, estruture e se envolva em um processo de AP/AR na ACT como um grupo ou como um indivíduo. Os módulos a seguir serão seu roteiro por um caminho gradual de autodescoberta com base na ACT e na CBS. Nós o incentivamos a se envolver com eles de forma experiencial e a se conceder o espaço e o tempo necessários para aplicar o poder de sua própria perspicácia e sabedoria como psicoterapeuta ao trabalho consigo mesmo.

PARTE II

O programa de autoprática/autorreflexão na terapia de aceitação e compromisso

Seção A

ENFRENTANDO O DESAFIO

Módulo 1

Identificando e formulando uma questão desafiadora

Agora é hora de você começar a trabalhar nos módulos do seu programa de autoprática/autorreflexão (AP/AR). Estamos com você em nossos coração e mente, bem como nestas palavras, e podemos nos conectar com o que você deve estar vivenciando. Como descrevemos anteriormente, trabalhamos com a abordagem, aplicando-a a grandes desafios em nossa vida. Também utilizamos a AP/AR na terapia de aceitação e compromisso (ACT) para desenhar novos rumos para nós mesmos e para aprimorar nossa capacidade de buscar o que é mais importante para nós. Mais adiante neste capítulo, compartilhamos alguns exemplos de nossas formulações de problemas, usando os mesmos formulários e métodos que você usará.

"PARTIMOS DE ONDE ESTAMOS": MINHAS MEDIDAS DE LINHA DE BASE

Da mesma forma que na maioria dos sistemas de psicoterapia da família da terapia cognitivo-comportamental (TCC), procedimentos de mensuração são usados na ACT. Assim, sugerimos que você comece estabelecendo alguns procedimentos básicos de mensuração para que possa avaliar seu progresso. Primeiro, preencha o Acceptance and Action Questionnaire – II (AAQ-II; Bond et al., 2011), uma medida de flexibilidade psicológica, o processo hipotético central de mudança na ACT (Hayes et al., 2012). Depois, preencha duas mensurações gerais de gravidade dos sintomas: o Patient Health Questionnaire – 9 (PHQ-9; Kroenke, Spitzer, & Williams, 2001) e a Generalized Anxiety Disorder 7-item Scale (GAD-7; Spitzer, Kroenke, Williams, & Lowe, 2006). Essas são medidas rápidas de estados emocionais, a primeira de depressão e a segunda de ansiedade. Embora o nosso programa de AP/AR na ACT não seja uma modalidade de psicoterapia, adotar uma nova perspectiva do nosso presente estado de espírito utilizando ferramentas psicométricas é um bom ponto de partida enquanto formulamos nosso trabalho.

Também é muito importante que você tenha em mente que *alterar os escores de depressão e/ou ansiedade nessas (ou em outras) escalas não é o objetivo da ACT*. Ressaltamos isso porque nossa inclusão dessas medidas de "sintomas" pode inadvertidamente transmitir a ideia de que a mudança direta das experiências mentais é o nosso objetivo na AP/AR na ACT.

Não é.

Então, por que as incluímos?

Porque esses instrumentos podem fornecer informações úteis ao longo de sua jornada, e o uso deles reproduz o que os clientes experimentam na terapia. Nosso objetivo na AP/AR na ACT é cultivar a flexibilidade psicológica *em prol de uma vida com significado, propósito e vitalidade*. Estar ciente de onde nossos coração e mente estão é útil e pode fornecer um fio de consciência para nos ajudar ao longo do caminho. Ainda assim, não pretendemos entrar em sua mente e eliminar os pensamentos "ruins", mas sim *capacitá-lo a assumir o controle de sua vida* e torná-la tão bela, ousada e grande quanto você desejar.

Depois de concluir o AAQ-II, o PHQ-9 e a GAD-7, você identificará uma questão desafiadora a ser abordada durante seu programa de AP/AR. Por fim, criará uma medida idiossincrática relacionada à área de dificuldade para que possa acompanhar seu progresso em relação a ela durante o programa.

EXERCÍCIO. AAQ-II

Faça uma pausa agora e complete, pontue e interprete o AAQ-II usando as instruções fornecidas.

AAQ-II: PRÉ-AP/AR

A seguir, você encontrará uma lista de afirmações. Por favor, avalie quanto cada afirmação é verdadeira para você e circule o número correspondente. Use a escala abaixo para fazer sua escolha.

1	2	3	4	5	6	7
Nunca	Muito raramente	Raramente	Algumas vezes	Frequentemente	Quase sempre	Sempre

1. Minhas experiências e lembranças dolorosas dificultam que eu viva a vida que eu gostaria.	1 2 3 4 5 6 7
2. Tenho medo dos meus sentimentos.	1 2 3 4 5 6 7
3. Eu me preocupo em não conseguir controlar minhas preocupações e sentimentos.	1 2 3 4 5 6 7

(Continua)

AAQ-II: PRÉ-AP/AR *(Continuação)*

4. Minhas lembranças dolorosas me impedem de ter uma vida plena.	1 2 3 4 5 6 7
5. Emoções causam problemas na minha vida.	1 2 3 4 5 6 7
6. Parece que a maioria das pessoas lida com sua vida melhor do que eu.	1 2 3 4 5 6 7
7. Preocupações atrapalham meu sucesso.	1 2 3 4 5 6 7

De Bond et al. (2011). Reproduzido, com permissão, de Frank W. Bond em *Experimentando a terapia de aceitação e compromisso de dentro para fora: um manual de autoprática/autorreflexão para terapeutas*, de Dennis Tirch, Laura R. Silberstein-Tirch, R. Trent Codd III, Martin J. Brock e M. Joann Wright (Artmed, 2025). Aqueles que adquirirem este livro podem fazer o *download* de cópias adicionais deste material na página do livro em loja.grupoa.com.br.

Essa é uma medida unifatorial de inflexibilidade psicológica, ou esquiva experiencial. Pontue a escala somando os sete itens. Pontuações mais altas equivalem a níveis maiores de inflexibilidade psicológica. A pontuação média em uma população clínica foi de 28,3 (DP = 9,9), enquanto em uma população não clínica foi de 18,51 (DP = 7,05). Pontuações > 24-28 sugerem provável sofrimento clínico atual e tornam mais provável o sofrimento futuro e o comprometimento funcional (Bond et al., 2011).

EXERCÍCIO. PHQ-9 e GAD-7

A seguir, preencha o PHQ-9 e a GAD-7, pontue-os e interprete-os usando as diretrizes fornecidas adiante.

PHQ-9: PRÉ-AP/AR

Durante as **últimas 2 semanas**, com que frequência você foi incomodado(a) por qualquer um dos problemas abaixo?	Nenhuma vez	Vários dias	Mais da metade dos dias	Quase todos os dias
1. Pouco interesse ou pouco prazer em fazer as coisas.	0	1	2	3
2. Sentir-se "para baixo", deprimido(a) ou sem perspectiva.	0	1	2	3
3. Dificuldade para pegar no sono ou permanecer dormindo, ou dormir mais do que de costume.	0	1	2	3

(Continua)

PHQ-9: PRÉ-AP/AR *(Continuação)*

Durante as **últimas 2 semanas**, com que frequência você foi incomodado(a) por qualquer um dos problemas abaixo?	Nenhuma vez	Vários dias	Mais da metade dos dias	Quase todos os dias
4. Sentir-se cansado(a) ou com pouca energia.	0	1	2	3
5. Falta de apetite ou comendo demais.	0	1	2	3
6. Sentir-se mal consigo mesmo(a) – ou achar que é um fracasso ou que decepcionou sua família ou você mesmo(a).	0	1	2	3
7. Dificuldade para se concentrar nas coisas, como ler o jornal ou ver televisão.	0	1	2	3
8. Lentidão para se movimentar ou falar, a ponto de as outras pessoas perceberem? Ou o oposto – estar tão agitado(a) ou irrequieto(a) que você fica andando de um lado para o outro muito mais do que de costume.	0	1	2	3
9. Pensar em se ferir de alguma maneira ou que seria melhor estar morto(a).	0	1	2	3

Copyright de Pfizer, Inc. Reproduzido em *Experimentando a terapia de aceitação e compromisso de dentro para fora: um manual de autoprática/autorreflexão para terapeutas*, de Dennis Tirch, Laura R. Silberstein-Tirch, R. Trent Codd III, Martin J. Brock e M. Joann Wright (Artmed, 2025). Aqueles que adquirirem este livro podem fazer o *download* de cópias adicionais deste material na página do livro em loja.grupoa.com.br.

Depois de concluir o preenchimento do questionário, basta somar sua pontuação. A tabela a seguir explica como sua pontuação se compara à de outras pessoas com diferentes níveis de depressão e sofrimento.

```
0–4:     Nenhuma indicação de depressão
5–9:     Indicativo de depressão leve
10–14:   Indicativo de depressão moderada
15–19:   Indicativo de depressão moderadamente grave
20–27:   Indicativo de depressão grave
         Minha pontuação: _____
```

GAD-7: PRÉ-AP/AR

Durante as **últimas 2 semanas**, com que frequência você foi incomodado(a) pelos problemas abaixo?	Nenhuma vez	Vários dias	Mais da metade dos dias	Quase todos os dias
1. Sentir-se nervoso(a), ansioso(a) ou muito tenso(a).	0	1	2	3
2. Não ser capaz de impedir ou de controlar as preocupações.	0	1	2	3
3. Preocupar-se muito com diversas coisas.	0	1	2	3
4. Dificuldade para relaxar.	0	1	2	3
5. Ficar tão agitado(a) que se torna difícil permanecer sentado(a).	0	1	2	3
6. Ficar facilmente aborrecido(a) ou irritado(a).	0	1	2	3
7. Sentir medo como se algo horrível fosse acontecer.	0	1	2	3

Copyright de Pfizer, Inc. Reproduzida em *Experimentando a terapia de aceitação e compromisso de dentro para fora: um manual de autoprática/autorreflexão para terapeutas*, de Dennis Tirch, Laura R. Silberstein-Tirch, R. Trent Codd III, Martin J. Brock e M. Joann Wright (Artmed, 2025). Aqueles que adquirirem este livro podem fazer o *download* de cópias adicionais deste material na página do livro em loja.grupoa.com.br.

Assim como você fez com a medida anterior, basta somar sua pontuação para os itens da GAD-7. A tabela a seguir mostra como sua pontuação se compara à de outras pessoas que responderam a essa mesma medida, com diferentes níveis de ansiedade presentes em sua vida.

Pontuações de:
0–4: Nenhuma indicação de ansiedade
5–9: Indicativo de ansiedade leve
10–14: Indicativo de ansiedade moderada
15–21: Indicativo de ansiedade grave
Minha pontuação: _____

Após concluir essas mensurações, sugerimos que você reflita sobre suas pontuações e o que elas podem significar para você. Se achar que está em uma faixa clinicamente relevante ou grave de depressão, ansiedade ou inflexibilidade psicológica, sugerimos que discuta isso com um profissional de confiança. Você pode optar por entrar em contato com um supervisor, terapeuta, mentor ou colega. Se estiver em terapia, compartilhe essas informações com seu terapeuta. Se não tiver suporte de saúde mental, sugerimos que exerça a autocompaixão e procure a ajuda de que necessita. Este manual e programa foi elaborado para ajudá-lo a aprofundar sua prática de psicoterapia e crescer como pessoa. Entretanto, nenhum livro pode substituir o cuidado e o apoio que um terapeuta qualificado, um supervisor ou uma comunidade de pares podem proporcionar ao enfrentarmos momentos difíceis.

Se você tiver uma preocupação específica não avaliada por essas medidas de gravidade (ou seja, o PHQ-9 e a GAD-7), considere trocá-las por outros instrumentos validados que avaliem diretamente seus problemas. Por exemplo, talvez você esteja mais preocupado com a raiva, a vergonha, a falta de autocompaixão, a inveja, e assim por diante, do que com a depressão ou a ansiedade. Nesse caso, ferramentas psicométricas específicas para essas questões lhe serão mais úteis. É possível encontrar escalas validadas *on-line* que são de domínio público. Outra fonte é o conjunto de dois volumes *Measures for Clinical Practice and Research* (Corcoran & Fischer, 2013).

À medida que você avança em seu programa de AP/AR na ACT e conclui cada módulo, seria útil usar repetidamente essas mensurações de avaliação para rastrear mudanças observáveis em seu grau de flexibilidade psicológica, depressão e ansiedade.

EXERCÍCIO. "Onde me sinto travado?": minha questão desafiadora para o programa de autoprática/autorreflexão

Nós, terapeutas, lutamos com muitas das mesmas preocupações que nossos clientes, e nossas dificuldades podem surgir tanto em contextos pessoais quanto profissionais. Nesse exercício, você identificará uma questão desafiadora para trabalhar durante o programa de AP/AR. Uma forma de categorizar os problemas é entre aqueles que dizem respeito ao seu "*self* pessoal" e aqueles que são do "*self* profissional" – isto é, os problemas que envolvem e influenciam principalmente o seu trabalho como terapeuta. Os programas de AP/AR muitas vezes separam os problemas nessas duas categorias.

Para nossos propósitos como praticantes de ACT, é importante considerarmos essas categorias com leveza. Afinal, uma parte importante da flexibilidade psicológica envolve transcender o apego às suas histórias pessoais. Há uma parte de você que é maior e diferente de suas narrativas sobre seu "*self* pessoal" e seu "*self* profissional". Ainda assim, essa divisão pode nos ajudar a enfocar uma área a ser abordada em nosso trabalho de AP/AR na ACT. Neste manual, você pode optar por identificar uma questão em qualquer um dos domínios. Sugerimos que você pense qual domínio a dificuldade que você está escolhendo envolve de maneira mais intensa, mas reconheça como todos os múltiplos domínios de nossa vida podem estar interconectados.

Para esse exercício, pode ser útil encontrar um local tranquilo e começar com um breve período praticando respiração consciente. Ao iniciar, permita-se respirar pelo menos três vezes com atenção, entrando em contato com o momento presente e conectando-se com a experiência da sensação física no corpo. Nesse momento, estamos descansando no presente e voltando nossa atenção para dentro, desacelerando a mente e desacelerando o corpo. Tendo reunido e centralizado sua atenção dessa forma, responda às etapas a seguir.

1. A questão que eu escolher envolverá principalmente o meu "*self* pessoal" ou o meu "*self* profissional"?

2. Se você selecionou uma questão enfrentada pelo seu "*self* pessoal", lembre-se de um momento (quanto mais recente, melhor) em que você estava passando por angústia ou comportamento ineficaz envolvendo esse problema. Depois de acessar e experimentar essa lembrança, responda às seguintes perguntas:
   – O que estava acontecendo nessa situação?

   – De que forma essa situação envolve uma dificuldade recorrente?

   – Sua vida parece maior ou menor durante essa experiência? De que maneiras?

   – Essa dificuldade às vezes interfere em seu trabalho com clientes de terapia?

   – Se você estivesse menos envolvido na luta contra essa questão, como sua vida e seu trabalho como terapeuta seriam impactados positivamente?

3. Se você acabou de responder a perguntas sobre uma questão mais pessoal, pode pular essa etapa e prosseguir para a etapa 4. Se decidiu identificar uma questão encontrada principalmente em sua vida profissional, conclua essa etapa. Lembre-se de um momento em que você se deparou com uma experiência e emoções particularmente angustiantes em sua vida profissional. Talvez você tenha notado essa experiência com uma determinada população clínica ou com um cliente específico. Ao se recordar dessa experiência, ative todos os seus sentidos. Veja o que, quem e quais sons estavam presentes. Veja se você consegue sentir o que estava sentindo na ocasião aqui e agora, no corpo. Depois pergunte a si mesmo:
– O que estava acontecendo nessa situação?

– De que forma essa situação envolve uma dificuldade recorrente?

– Minha vida pareceu maior ou menor durante a experiência? De que maneiras?

– Essa questão está realmente limitada à minha vida profissional ou também aparece na minha vida pessoal?

– Se eu estivesse menos envolvido na luta contra essa questão, como minha vida e meu trabalho como terapeuta seriam impactados positivamente?

4. A dificuldade que escolhi trabalhar em meu programa de ACT AP/AR pode ser definida e descrita da seguinte forma:

EXEMPLO: Respostas de Dennis a perguntas "pessoais" sobre formulação de problemas

- O que estava acontecendo nessa situação?

   Quando tenho tempo livre, muitas vezes nos finais de semana, sinto vontade de descansar e relaxar depois de trabalhar muito durante a semana. Às vezes, escolho apenas relaxar em vez de continuar com projetos profissionais. Isso pode desencadear um sentimento de grande ansiedade e posso sentir uma vergonha profunda nesses momentos. Minha mente às vezes me conta histórias sobre como eu deveria ter vergonha de estar atrasado em minhas tarefas de trabalho. Sinto-me um crítico implacável que me diz que não sou suficiente. Isso geralmente não me inspira a agir e me desencoraja. De qualquer forma, o tempo gasto ruminando sobre por que não estou trabalhando mais não me torna mais produtivo. Isso apenas absorve o tempo que poderia ser gasto em relaxamento, diversão ou trabalho e o transforma em tempo gasto focado na luta com minha experiência.

- De que forma essa situação envolve uma dificuldade recorrente?

   Esse é um problema que vem aparecendo em diversos contextos desde os meus 7 anos. Tem a ver com meu histórico de traumas e abusos desde a infância, em casa e na escola. Sinto-me muito motivado a ter experiências significativas e a realizar coisas com o tempo que tenho na Terra. Quando sinto que não estou cumprindo esses objetivos, um crítico interior cruel e desanimador pode aparecer. Minha terapia pessoal apontou muitas causas e condições em meu histórico de aprendizagem que também contribuíram para o problema.

- Minha vida pareceu maior ou menor durante a experiência? De que maneiras?

   Minha vida parece muito menor. Minhas experiências anteriores parecem desvalorizadas se eu aderir a essa linha de pensamento. É como se eu simplesmente não conseguisse acessar a satisfação e a alegria em nada do que realizei nesses momentos. Tudo o que sou é definido pela crença de que nunca progredirei significativamente em minhas responsabilidades, e há muita autodepreciação. As alegrias da minha vida atual não parecem tão significativas se eu estiver absorto por essa perspectiva baseada na vergonha. A possibilidade de concretizar a minha visão para o futuro parece diminuída quando essa é a minha forma de ser.

- Essa questão está limitada à minha vida profissional ou também aparece na minha vida pessoal?

   Esse problema específico não aparece no meu trabalho como terapeuta no consultório, pois é desencadeado pela minha liberdade de escolher minhas ações e está relacionado à possibilidade de apenas descansar ou de "não fazer nada" por um tempinho a cada semana. Durante uma sessão de terapia, eu tendo a ter um estado de mente e corpo mais focado, atento e compassivo, e qualquer um desses tipos de pensamentos, se fossem acionados, teria muito menos probabilidade de me "fisgar".

> – Se eu estivesse menos envolvido na luta contra essa questão, como minha vida e meu trabalho terapêutico seriam impactados positivamente?
>
> *Gosto muito de ter algum tempo tranquilo para descansar e relaxar, e às vezes esse período de descontração ou contemplação pode proporcionar espaço para aprofundar a minha experiência e apreciação. Sinto um desejo de me sentir seguro e em um espaço amoroso com minha família em casa. Se eu fosse menos fisgado por essa experiência, poderia ser capaz de me libertar mais plenamente da influência do estresse e da minha história pessoal de trauma e vergonha, envolvendo-me mais profundamente no momento. O que isso significa, em termos práticos, é que posso ter a liberdade de retomar a minha vida e aproveitar mais o meu tempo na Terra com as pessoas que amo.*

💭 PERGUNTAS PARA AUTORREFLEXÃO

Agora que você teve a oportunidade de medir a linha de base da sua flexibilidade e de alguns aspectos da sua luta, o que você percebeu?

_____
_____
_____
_____
_____
_____

Você notou algum padrão específico que contribui para o sofrimento e a inflexibilidade em sua vida? Em caso afirmativo, qual(is) seria(m)?

_____
_____
_____
_____
_____
_____

Como a formulação de uma área desafiadora em sua vida pode estar relacionada ao seu trabalho com seus clientes?

O que você aprendeu neste módulo em termos de sua experiência como psicoterapeuta?

Módulo 2

Formulação do desafio da autoprática/ autorreflexão na terapia de aceitação e compromisso

USANDO A FORMULAÇÃO DO DESAFIO

Agora que temos uma definição inicial da dificuldade que você escolheu, refinaremos sua abordagem examinando mais de perto os fatores que contribuem para esse desafio. Abordamos a situação desafiadora que você escolheu de diversas maneiras – na verdade, nossos módulos iniciais apresentam algumas perspectivas diferentes para o aqui e agora. Isso inclui trabalhar com a Matrix da terapia de aceitação e compromisso (ACT) e o modelo *hexaflex* de flexibilidade psicológica. Nosso próximo passo na compreensão e abordagem desse problema envolve a elaboração do desafio de autoprática/autorreflexão (AP/AR) na ACT.

De certa forma, o processo de formulação de um caso pode lhe parecer familiar. No entanto, dessa vez, é *você* o "caso" em questão. Em vez de nos voltarmos para fora e aplicarmos o nosso método a algum "outro", a distância, nos voltaremos para dentro e observaremos de forma sistemática como somos afetados por uma experiência difícil. À medida que nos aprofundarmos na dificuldade recorrente, você provavelmente encontrará novas maneiras de enfrentá-la. Por exemplo, examinaremos dimensões sutis do seu relacionamento com o problema, incluindo os objetivos que podem ter sido negligenciados em sua vida devido ao seu foco nele. Ao prosseguir, na medida do possível, aplique a sensibilidade e a sabedoria que você usaria para trabalhar com um cliente ou amigo valorizado ao seu trabalho consigo mesmo na AP/AR na ACT.

As partes dessa formulação do problema consistem nos cinco fatores a seguir:

- o contexto;
- suas experiências privadas;
- como você está sendo "puxado pelo futuro e/ou empurrado pelo passado";
- intenções valorizadas que são negligenciadas/não percebidas;
- comportamentos contraprodutivos de esquiva e controle.

A FORMULAÇÃO RESUMIDA DO DESAFIO

Na prática a seguir, pedimos que você examine a questão escolhida e a descreva em cinco dimensões. Por favor, revise o exercício anterior e concentre-se na dificuldade que você identificou e começou a formular. Pense em uma ocasião em que apareceu uma forte resposta emocional a uma situação relacionada a esse problema. Na medida do possível, pense detalhadamente sobre a situação, incluindo os fatores ambientais, os pensamentos imediatos que surgiram e os pensamentos que pareciam antigos e familiares. Considere como essa experiência pode estar ligada a histórias que você contou sobre seu eu passado ou àquelas que você teme que aconteçam no futuro. Além disso, considere quais intenções você pode ter negligenciado ao responder a essas histórias e quais comportamentos problemáticos resultaram dessa experiência emocional.

Os cinco fatores sobre os quais pensaremos e escreveremos estão detalhados a seguir.

O contexto

Essa é a situação em que ocorreram os pensamentos indesejados e a luta emocional. Isso inclui sua localização física, a(s) pessoa(s) com quem você estava e a circunstância que desencadeou os pensamentos, as emoções, imagens e sensações. Como a ACT tem suas raízes na clínica analítico-comportamental, podemos compreender o contexto como sendo o antecedente das subsequentes respostas comportamentais explícitas e implícitas que podem fazer parte do problema.

Minhas experiências privadas

Esses são os pensamentos, as imagens ou lembranças que se desdobram e prosseguem quando estamos em contato com essa circunstância. Esse contato pode ocorrer quando estamos diretamente no contexto que desencadeia as nossas respostas ou pode ser imaginário. Por exemplo, se eu (Laura) historicamente tenho um padrão de medo e esquiva de falar em público, posso sentir ansiedade e preocupação antecipada quando sei que um compromisso como palestrante está próximo. Também posso ter medos diretos e sensações físicas relacionadas à percepção de ameaça que surgem imediatamente antes de subir ao palco. Esses são os tipos de pensamentos que nos "fisgam" e exercem forte influência em nosso comportamento e nossas emoções quando surgem. Essencialmente, reagimos a esses acontecimentos imaginários como se fossem reais e como se nos ameaçassem de alguma forma. Por consequência, esses pensamentos afetam nosso potencial de flexibilidade psicológica por meio da nossa *fusão* com eles. Além disso, esses são frequentemente pensamentos que provocam esquiva experiencial e indisponibilidade, levando a respostas psicologicamente inflexíveis e restritas.

Como estou sendo "puxado pelo futuro e/ou empurrado pelo passado"

Esse fator representa as maneiras pelas quais nossos eventos mentais nos fazem perder contato com o momento presente e com as contingências do "aqui e agora" que se apresentam. Quando estamos fundidos com preocupações sobre o futuro, resolvendo obsessivamente problemas potenciais do tipo "e se" sobre nossa vida, perdemos nossa conexão com a presença. Quando ficamos imersos em ruminações e estímulos internos sobre nossos arrependimentos passados ou em críticas às nossas ações, estamos mais envolvidos com o passado imaginado do que com a resposta ao nosso momento presente. Além disso, nessas situações, estamos tão absortos em nossas narrativas pessoais e nossas histórias sobre quem somos que comumente ficamos distantes da perspectiva do "eu-observador" como referência. Dessa forma, os dois processos centrais de flexibilidade psicológica que envolvem *o contato com o momento presente* e *a tomada de perspectiva flexível* ficam comprometidos quando somos excessivamente puxados pelo futuro imaginado ou empurrados/arrastados pelo passado "lembrado".

Intenções valorizadas que são negligenciadas/não percebidas

Todos nós temos sonhos e ambições. Todo mundo deseja ter uma vida com significado e vitalidade. Na AP/AR na ACT, reconhecemos que certas qualidades de agir e ser são inerentemente reforçadoras e tornam-se as intenções valorizadas que trazem propósito à nossa vida. Perguntamo-nos: "O que eu quero ser?", "O que eu quero defender?" e "Pelo que quero trabalhar nessa vida?".

Às vezes, trabalhamos para realizar nossos objetivos valorizados. Outras vezes, a esquiva ou a fusão com padrões de pensamento podem nos impedir de nos manifestarmos plenamente. Por exemplo, você pode pretender ser um amigo confiável, mas evitar sentir ansiedade social o afasta de reuniões, como festas de aniversário ou cerimônias de batizado. Você perdeu a oportunidade de compartilhar a felicidade do seu amigo e a chance de viver como a versão de si mesmo que mais deseja ser. Em essência, sua fusão e esquiva o transformaram em um prisioneiro de sua própria vida. Além disso, a vergonha, a culpa e o remorso por não estar ao lado do seu amigo podem exacerbar a dor emocional nessa luta.

Esse fator pede que você observe quais objetivos você está negligenciando como resultado da fusão com seus pensamentos sobre você ou sua vida. De que forma você não consegue cumprir os compromissos consigo mesmo e com os outros enquanto luta com essa área desafiadora? Esse fator envolve a clareza com que podemos ser os *autores de objetivos valorizados* em nossa vida e nossa capacidade e disponibilidade para nos *comprometermos a agir* na realização desses valores. Esses dois componentes da flexibilidade psicológica são centrais para a dimensão de mudança de comportamento da ACT.

Comportamentos contraprodutivos de esquiva e controle

No cerne do modelo da ACT do sofrimento humano, encontramos os nossos esforços excessivos para evitar ou controlar demais certas experiências. Esse fator representa um inventário dos comportamentos que adotamos e que contribuem para a esquiva experiencial e a estratégia de controle. Esses esforços em geral saem pela culatra. Sentimos que não suportamos lembrar de um rompimento recente, por isso podemos beber demais e nossa capacidade de incorporar nossos valores diminui. Procuramos evitar conflitos ou rejeições em nossas relações interpessoais, por isso nos isolamos e temos menos experiências gratificantes.

A filosofia da ACT se baseia no sucesso do trabalho como fator determinante em qualquer análise. Ao completar esse fator na formulação, reserve algum tempo para analisar os comportamentos no mundo real que você adota em relação a essa dificuldade.

- Onde você nota ações contraproducentes ou inviabilizantes?
- De que maneiras você tenta afastar o problema ou suprimir suas emoções em torno dele?
- Essa estratégia leva a resultados bem-sucedidos?
- Como você pode estar se envolvendo em ações inúteis relacionadas à esquiva ou ao controle excessivo de sua experiência da dificuldade?

A seguir, fornecemos uma folha de atividade para que você complete uma formulação de AP/AR da área desafiadora que você escolheu para este manual em cinco partes. Começamos com um exemplo de como um de nós (Joann) fez esse tipo de formulação. Joann compartilha uma formulação de cinco partes que ela usou em sua jornada de AP/AR na ACT ao lidar com a recorrência do câncer de mama.

EXEMPLO: Formulação do desafio de Joann

O contexto
Descobrir que tive um diagnóstico de câncer de mama, novamente.

Minhas experiências privadas
Não acredito que tenho que passar por isso de novo.
Não tenho cuidado suficientemente do meu corpo.
Estou tão envergonhada.
Eu bebo e sei que isso aumenta o risco de câncer de mama.
Eu deveria ter malhado com mais frequência.
É minha culpa.
Eu fiz isso comigo mesma.
Eu decepcionei meus entes queridos.

Como estou sendo "puxado pelo futuro e/ou empurrado pelo passado"
Eu não teria câncer agora se cuidasse melhor de mim mesma.
Eu fiz isso comigo mesma.
E se eu continuar assim?
Mais câncer?
Se eu falar sobre isso com todos, acabarei deixando-os mal também.

Intenções valorizadas que são negligenciadas/não percebidas
Ser uma amiga disponível.
Ter autocuidado.
Ser uma terapeuta engajada.

Comportamentos contraprodutivos de esquiva e controle
Garantia aos amigos e entes queridos de que "estou bem".
Aumento do consumo de álcool.
Diminuição da produtividade.
Isolamento social.

EXERCÍCIO. Minha formulação do desafio

O contexto

Minhas experiências privadas

> **Como estou sendo "puxado pelo futuro e/ou empurrado pelo passado"**
>
>
>
> **Intenções valorizadas que são negligenciadas/não percebidas**
>
>
>
> **Comportamentos contraprodutivos de esquiva e controle**

ELABORANDO UMA DECLARAÇÃO DA DIFICULDADE

Agora que você identificou uma dificuldade e a desenvolveu usando a formulação em cinco partes da AP/AR na ACT, você será capaz de elaborar uma declaração concisa sobre ela. Sua declaração deve resumi-la e incluir cada um dos cinco aspectos da sua formulação. Veja o exemplo de Joann.

EXEMPLO: Declaração da dificuldade de Joann

Quando penso no meu câncer de mama, posso sentir vergonha, depressão e ansiedade. Um componente importante disso é ter consciência de que parte do meu estilo de vida pode aumentar o risco de câncer e que não cuidei bem de mim mesma. Isso, por sua vez, leva-me a querer garantir que ninguém na minha vida se sinta sobrecarregado pela minha condição autoimposta, o que leva ao isolamento social e a não permitir que os outros saibam como estou realmente me sentindo em relação ao meu câncer.

EXERCÍCIO. Minha declaração da dificuldade

PERGUNTAS PARA AUTORREFLEXÃO

Qual foi sua experiência ao completar esses exercícios de autoprática? Eles foram desafiadores de alguma forma? O que surgiu para você ao concluí-los?

_____
_____
_____
_____
_____
_____
_____
_____
_____

Você achou fácil ou difícil identificar uma questão desafiadora? Se você escolheu uma questão pessoal, notou alguma resistência em procurar uma dificuldade ali?

_____
_____
_____
_____
_____
_____
_____
_____
_____
_____

Como a conclusão desses exercícios, incluindo uma avaliação de sua flexibilidade e experiências emocionais atuais, afetou a maneira como você vivencia esse problema? Como os exercícios deste módulo afetaram a sua experiência em relação a ele?

_____
_____
_____
_____
_____
_____
_____
_____
_____
_____

Você notou algo nessa formulação do desafio que seja relevante para sua prática clínica? Sobre o que seria útil refletir durante a próxima semana, em termos do seu trabalho clínico? Que modo de ser e de fazer em relação à prática lhe ocorre aqui e agora?

___
___
___
___
___
___
___
___
___
___
___
___
___

Módulo 3

O modelo de flexibilidade psicológica

As intervenções da terapia de aceitação e compromisso (ACT) têm como objetivo nos ajudar a desenvolver maior "flexibilidade psicológica" em prol de uma vida com significado, propósito e vitalidade. A flexibilidade psicológica pode ser definida como entrar em contato com o momento presente de forma plena, como um ser humano consciente, e, com base no que a situação permite, mudar ou persistir no comportamento a serviço dos valores escolhidos (Hayes et al., 1999; Kashdan & Rottenberg, 2010). Por mais poética ou ambiciosa que essa definição possa parecer, ela é, na verdade, um mapa dos componentes do processo ativo que usaremos em nosso trabalho conjunto de autoprática/autorreflexão (AP/AR) na ACT. De fato, quando destrinchamos essa definição, é possível encontrar uma série de processos específicos que podem ser treinados por meio de técnicas baseadas em evidências (Hayes et al., 2012; Ruiz, 2010).

O modelo de flexibilidade psicológica pode ser conceitualmente separado em três aspectos do bem-estar, que são os "três pilares da ACT" que discutimos no Capítulo 1. Essas três dimensões de estar aberto, centrado e engajado, por sua vez, podem ser mais bem entendidas por seis processos interativos:

1. Aceitação (aberto).
2. Desfusão (aberto).
3. Contato com o momento presente (centrado).
4. *Self*-como-contexto (centrado).
5. Definição de valores (engajado).
6. Ação com compromisso (engajado).

A Figura M3.1 ilustra esses seis processos e como podem ser divididos nos três pilares da ACT. Quando os organizamos em uma ilustração visual como esta, o modelo inteiro é conhecido como "*hexaflex*". Os profissionais de ACT em geral tornam-se bem fluentes nesse modelo, treinando-se para atingir deliberadamente qualquer um desses processos em uma sessão de terapia ou por meio de métodos de AP. O movimento entre esses processos momento a momento no fluxo de uma sessão de terapia tornou-se até conhecido como "dança em torno do *hexaflex*" na comunidade ACT.

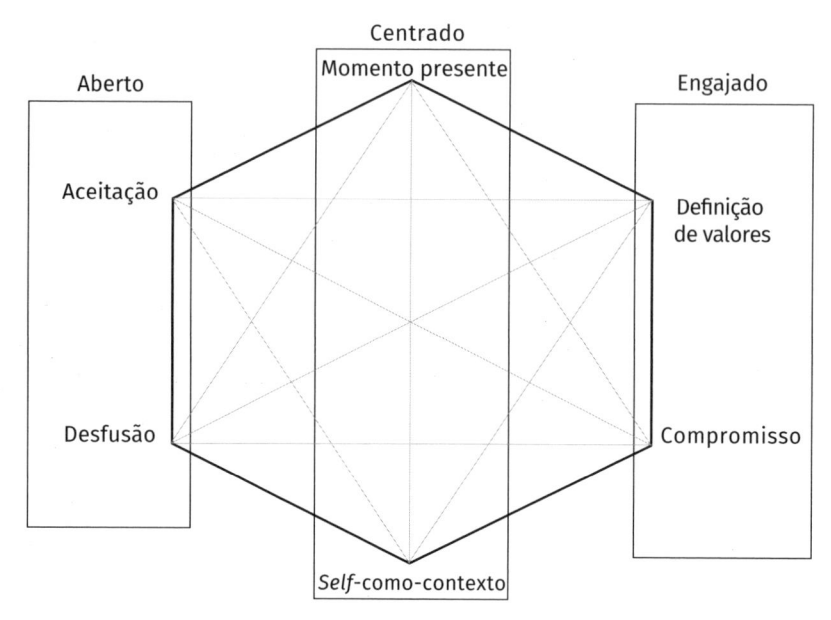

FIGURA 3.1 O *hexaflex* e os três pilares da ACT.

Esse fluxo entre os diferentes processos de flexibilidade psicológica é ilustrado na Figura M3.1 pelas linhas "em forma de estrela" que se conectam dentro do *hexaflex*. Neste módulo, apresentamos cada um dos processos do *hexaflex* e abordamos exemplos básicos de prática experiencial para cada um.

ACEITAÇÃO

Como o primeiro componente de estar "aberto" (e que está até no nome desta terapia), a aceitação é um componente fundamental da ACT e da flexibilidade psicológica. Podemos imaginar que a aceitação é "o antídoto" para o problema central que visamos por meio do trabalho da ACT: a esquiva experiencial (Hayes et al., 1996). A esquiva experiencial é um processo potencialmente patológico (Kashdan, Barrios, Forsyth, & Steger, 2006), bem conhecido na literatura psicológica, que envolve esquiva e fuga de experiências privadas que o indivíduo percebe como aversivas. Ela se torna patológica quando passa a dominar os repertórios comportamentais de uma pessoa e quando bloqueia sua busca por realizações importantes. Por exemplo, suponha que seja essencial para um psicólogo ajudar seus clientes a aprenderem a viver bem. Além disso, imagine que um profissional aceita para terapia um cliente que o deixa extremamente desconfortável por motivos pessoais. Talvez esse cliente vagamente faça o terapeuta lembrar-se de um parente que foi abusivo com ele no início da vida. Quando o cliente conta sua história, surgem ansiedade e vergonha no terapeuta. Por consequência, o terapeuta começa a evitar/fugir do seu desconforto, não envolvendo o cliente de formas que sejam importantes para o progresso terapêutico. Em vez de enfrentar emoções difíceis na sessão de terapia, o profissional desvia o fluxo para conversas triviais ou para uma "torcida" de apoio. O cliente pode até se sentir validado por isso, mas é pouco provável que faça um progresso terapêutico significativo. A essa altura, a esquiva da experiência privada desconfortável do terapeuta, e não as prioridades para o crescimento terapêutico, está regulando o seu comportamento. Isso não é exclusividade do consultório. Na verdade, viver a vida de forma assertiva quase certamente acarreta desconforto psicológico de todos os tipos para todo mundo. Quando nossas existências são definidas pela obediência a uma estratégia de esquiva experiencial, tendemos a viver uma vida menos significativa e a experimentar maior sofrimento (Kashdan et al., 2006).

A aceitação, portanto, envolve abandonar a esquiva experiencial e, ao mesmo tempo, encorajar uma orientação de aproximação à ação valorizada. Elaboramos alguns exercícios experienciais para você realizar mais adiante no manual que o ajudarão a conhecer essa qualidade de maneira não verbal e conceitual.

Antes de você chegar a essa parte do manual, fornecemos uma orientação inicial para esse processo com palavras — mas tenha em mente as limitações delas. Aceitação não significa resignação ou aguentar a qualquer custo. Em vez disso, a aceitação envolve permitir-se entrar em contato livremente com todas as suas experiências psicológicas, sem escapar, e ter uma sensação flexível. Pense em um surfista que se mantém rígido sobre a prancha em comparação com outro, que fica mais solto e dinâmico sobre ela. O último é um exemplo da qualidade de flexibilidade que estamos buscando.

EXERCÍCIO. Autoprática com aceitação

Encontre um lugar tranquilo onde você não seja interrompido por cerca de 5 a 10 minutos para esta prática. Se você tiver uma área reservada para a prática de *mindfulness* ou algum momento de silêncio em seu escritório, esses contextos serão adequados para a prática. Você pode baixar uma versão em áudio dessa prática (em inglês) na página do livro em loja.grupoa.com.br ou gravar-se lendo as instruções e reproduzi-las.

Antes de ouvir a gravação, identifique uma circunstância aflitiva relacionada à dificuldade com a qual você está trabalhando no programa de AP/AR na ACT. Ao iniciar esse trabalho, é preferível selecionar algo com classificação de 3-4 ou menos em uma escala de 1 a 10 (em que 10 = mais angustiante). Isso não ocorre por acharmos que as experiências privadas que você classificaria como mais aflitivas, digamos, de intensidade 10, são perigosas (porque nós não achamos), mas sim porque, ao praticar pela primeira vez, é mais provável que você tenha sucesso com algo que seja moderadamente aflitivo. Imagine que você estava tentando desenvolver braçadas fortes na natação, mas rapidamente avançou para águas profundas e agitadas. A tendência seria abandonar a mecânica corporal adequada e se esforçar apenas para sobreviver – ou seja, você estaria se colocando em um contexto que não contribuiria para o tipo de aprendizado que está buscando. Por razões análogas, queremos que você selecione um contexto que o ajudará a aprender o que queremos dizer com aceitação. Se você selecionar uma circunstância cuja classificação seja inferior a 5, ela também pode não ser suficientemente aflitiva para produzir um aprendizado valioso.

> *Fique em uma posição confortável em uma cadeira, feche os olhos e lembre-se de uma circunstância angustiante recente relacionada ao problema que você formulou. Depois de selecionar uma circunstância e começar a imaginá-la, tente produzir o tipo de luta psicológica que você normalmente trava com ela. Você pode facilitar isso examinando todos os seus sentidos em suas imagens. Veja o que há para ser visto. Ouça todos os sons que estiverem presentes. Sinta as sensações que houver. Mantenha-se em contato com essa luta contra a experiência pelos próximos 30 segundos. Agora, enquanto você está em contato com a experiência, lembrando-se da circunstância, simplesmente fique sentado, abertamente, na presença da totalidade de sua experiência psicológica. Tanto quanto puder, abandone a luta e apenas permita que tudo esteja presente. Observe as sensações físicas, as emoções, os pensamentos e as imagens que passam por você enquanto está em contato com a ideia dessa situação desafiadora. Tanto quanto puder, permaneça nesse modo aberto e receptivo pelos próximos 30 segundos. Observe o que está acontecendo para você, aqui e agora. Após esses 30 segundos de aceitação total, volte novamente a lutar contra sua experiência da maneira que normalmente faria. Quaisquer que sejam as maneiras que você possa usar para se distrair, redirecionar sua atenção, bloquear ou resistir ao contato com a experiência dessa circunstância dolorosa, esse é o seu momento de usá-las com liberdade e sem restrições. Vá em frente e se entregue à sua esquiva experiencial. Após 30 segundos, respire três vezes conscientemente e retorne a um modo de experiência aberto e receptivo. Tanto quanto possível, aceite plenamente tudo o que surgir, aqui e agora. Alterne entre luta e aceitação aberta algumas vezes até achar que já sentiu o "gostinho" de se permitir entrar em contato com suas experiências privadas sem lutar contra elas. Observe o contraste entre a orientação aberta e as tentativas de afastar sua experiência. Depois de algumas iterações, permita-se novamente respirar três vezes de maneira profunda e purificadora. Quando estiver pronto, abra os olhos e volte a atenção para o ambiente ao seu redor e para o nosso trabalho conjunto neste manual.*

Depois de concluir o exercício, escreva a seguir algumas reflexões e observações de sua experiência de envolvimento direto com aceitação.

DESFUSÃO

O segundo componente da dimensão "aberta" da flexibilidade psicológica, a "desfusão", é mais bem compreendido se entendermos, primeiro, o seu oposto patológico: a fusão. Em essência, o termo *fusão cognitiva* (Blackledge, 2007) refere-se ao processo pelo qual palavras e cognições passam a dominar a regulação de nosso comportamento, sobrepujando a influência de nossa experiência direta do mundo. Como já mencionamos, isso ocorre quando experimentamos pensamentos e palavras como se eles *fossem* literalmente as coisas a que se referem, em vez de símbolos. Nesses casos, nossos comportamentos são previstos e influenciados por estímulos imaginários, como se fossem acontecimentos reais no mundo, em vez de eventos na mente. Por exemplo, mesmo que você estivesse em um quarto escuro e tivesse pensamentos sobre o sol ou lembranças de momentos agradáveis tomando banho de sol, uma série de funções literalizadas podem se tornar psicologicamente presentes. Em sua imaginação, você pode experimentar calor, brilho, um objeto redondo ou a cor amarela. Se você estivesse suficientemente absorvido por esses eventos mentais que envolvem o sol, da mesma forma que ficamos durante ruminações, devaneios ou quando "assombrados" por uma lembrança, você poderia até esquecer-se do fato de que o sol não está literalmente presente.

Outra maneira de compreender esse processo é examinar o que realmente é uma crença. O que queremos dizer quando nos referimos a uma "crença"? Pense sobre isso antes de continuar lendo. Em geral, podemos querer acreditar que algo é verdadeiro, então imaginamos que a nossa representação de uma coisa está de acordo com o que está acontecendo no mundo exterior, ou com a "realidade". Por exemplo, se eu disser que acredito que a minha cidade natal é um bom lugar para viver, você pode presumir que isso significa que existe uma cidade em uma realidade objetiva que é "boa" para mim. Uma ciência comportamental contextual e uma perspectiva consistente com a ACT não estão tão interessadas em saber se uma crença corresponde a uma "realidade" objetiva em potencial. Estamos muito mais interessados em saber como as nossas "crenças", como eventos mentais e comportamentos privados, influenciam e predizem nossas ações subsequentes. Esse evento mental leva a ações viabilizantes? Como é que o fato de ter a representação mental da minha cidade como "boa" influencia as minhas decisões e o meu movimento em direção a objetivos valorizados? Isso torna minha vida menor ou maior?

Assim, nossa perspectiva é que uma "crença" é uma variável intermediária para uma relação pensamento-ação. Quando uma pessoa diz que "acredita" em algo, ela está essencialmente dizendo que vai agir com base no significado literal da palavra. Por exemplo, quando um cliente afirma que acredita ser "indigno de amor", ele está dizendo que seu comportamento é amplamente regulado pelo significado literal dessas palavras. O cliente está dizendo que "agirá com base" nessa ideia. A fusão acontece quando as funções literais das palavras passam a regular o comportamento e outras funções disponíveis tornam-se irrelevantes.

A desfusão, portanto, é o processo pelo qual a dominância de uma função (ou seja, a função literal) sobre outras funções disponíveis é reduzida. Quando treinamos nossa mente para experimentar os pensamentos como pensamentos, facilitando uma *transformação de funções de estímulo* para que não sejamos mais dominados pelas crenças, pensamentos e imagens que passam por nossa mente, estamos praticando a desfusão. Quando somos capazes de ver os eventos mentais como o que eles são, em vez de o que parecem ser, podemos recuperar nosso plano de ação em nossa vida por meio da desfusão.

EXERCÍCIO. Autoprática com desfusão

À medida que começamos a experimentar a desfusão de dentro para fora, vamos aprender como muitos de nossos clientes podem ter experimentado pela primeira vez a prática de desfusão em sessão. O clássico exercício da ACT "Leite, Leite, Leite" (Hayes et al., 1999) serviu como técnica introdutória de desfusão para milhares de clientes em todo o mundo nas últimas décadas. Além disso, o exercício original remonta a práticas utilizadas por Titchener (1916) há mais de um século. Na ACT, adaptamos os experimentos originais de repetição de palavras de Titchener como uma intervenção clínica, mas a essência da prática permanece a mesma. Assim, ao iniciarmos nosso trabalho de desfusão, estamos definitivamente seguindo a "velha guarda".

Para iniciar a prática, diga "leite" em voz alta e observe o que aparece psicologicamente. Vá em frente, faça isso agora. Ficaremos esperando. O que você percebeu? Uma imagem de um copo ou de uma caixa de leite? Uma vaca? Talvez você se lembre de derramar leite frio em um cereal crocante e de ouvir o barulho do seu café da manhã. A seguir, use o aplicativo de cronômetro em seu telefone ou um relógio analógico e prepare-se para cronometrar um período de 45 segundos. Você repetirá a palavra "leite" rapidamente por 45 segundos em voz alta.

O que você percebeu que surgiu em sua cabeça relacionado ao leite enquanto repetia a palavra? O que você está pensando agora? Aconteceu alguma coisa com aqueles eventos psicológicos que estavam presentes para você há pouco tempo – isto é, aconteceu alguma coisa com a imagem do copo, da caixa ou da vaca? Você começou a experimentar coisas diferentes com essa palavra quando ela foi repetida? Talvez a palavra tenha ficado difícil de dizer ou soado engraçada. Isso aconteceu porque a repetição da palavra retirou rapidamente dela suas funções de significado literal e permitiu que algumas das outras funções se tornassem mais dominantes, como as funções auditivas. As funções mudaram por meio da repetição, mediante a experiência de uma palavra em um contexto novo e estranho.

Agora, selecione um pensamento relacionado à área desafiadora que você escolheu e repita o exercício. Por exemplo, se você lutasse com o pensamento "Sou um pai ruim", diria essa frase em voz alta e notaria o que se tornou psicologicamente presente para você. A seguir, você pegaria seu cronômetro e repetiria "Sou um pai ruim", o mais rápido que pudesse, mesmo quando fosse difícil dizer, por 45 segundos. Então, você notaria o que aconteceu com esses eventos psicológicos, pensamentos e imagens. Eles ainda estariam presentes da mesma forma? Que outras funções se tornariam presentes? Escolha uma frase da sua área desafiadora para este exercício.

> **A seguir, escreva suas observações sobre o que percebeu ao experimentar o exercício "Leite, Leite, Leite" e enquanto repetia uma frase da sua área desafiadora.**

ENTRANDO EM CONTATO COM O MOMENTO PRESENTE

O primeiro processo envolvido na dimensão "centrada" do modelo de flexibilidade psicológica representa a nossa capacidade de entrar em contato com o momento presente e tudo o que ele contém. Isso significa que a nossa habilidade de prestar atenção ao que surge na nossa consciência, momento a momento, com foco na experiência imediata do agora, é uma parte importante de nossa capacidade de responder de forma adaptativa ao ambiente e viver bem. As tradições de sabedoria têm priorizado o treinamento da consciência focada no momento presente há milhares de anos. Na verdade, a capacidade de estar presente no momento está no cerne do treinamento de *mindfulness*, concentração e atenção na psicologia budista (Tirch, Silberstein, & Kolts, 2015). Entretanto, essa capacidade nem sempre está tão disponível quanto pensamos. No decorrer dos dias, nossa atenção nem sempre está apenas "no presente"; em vez disso, está, muitas vezes, "no passado" (como quando ruminamos depressivamente) ou "no futuro" (como quando estamos ansiosos e nos envolvemos em atividades do tipo "E se?"). Isso cria uma série de dificuldades, das quais a mais notável é que não conseguimos acompanhar de forma ideal as mudanças a cada momento nas contingências que regem nosso comportamento nessas condições. Esse tipo de atenção desfocada e inflexível muitas vezes nos impede de escolher opções de resposta que nos tornariam mais eficazes em nossa vida.

Cultivar nossa capacidade de entrar em contato com o momento presente envolve aprimorar a habilidade de controle da atenção para participar dos eventos no presente, sem julgamento e de maneira voluntária. Essa é a habilidade central na conceitualização de *mindfulness* da ACT e pode ser treinada por meio de práticas específicas. O exercício adiante lhe será familiar, com algumas variações. Na verdade, essa prática é uma repetição do exercício de centramento que apresentamos anteriormente, com uma ênfase gradualmente maior no contato com a experiência do momento presente. Convidamos você a conhecer a prática, como se fosse a primeira vez, e à medida que ela se relaciona ao seu envolvimento com a área desafiadora escolhida para o trabalho de AP/AR.

EXERCÍCIO. Autoprática para entrar em contato com o momento presente

Reserve 10 minutos em um espaço tranquilo e confortável para esta prática. Se você praticar o exercício em silêncio, é uma boa ideia programar um cronômetro para que não fique de olho no tempo de duração. Você pode se beneficiar mais com este exercício se gravar o roteiro em algum dispositivo para poder ouvi-lo e simplesmente seguir as instruções, ou pode baixar uma versão em áudio dessa prática (em inglês) na página do livro em loja.grupoa.com.br.

Feche os olhos e permita que a respiração entre em um ritmo natural e equilibrado. Traga à mente a área desafiadora e passe alguns momentos apenas respirando na presença dos pensamentos, das emoções e sensações físicas que surgem na consciência depois de se lembrar do problema. [pausa] Você não precisa se concentrar especificamente nos pensamentos sobre a dificuldade. Apenas permita que a mente fique onde quer que esteja quando você começar. [pausa] Durante esse tempo, parte da nossa atenção está na respiração, observando a inspiração e a expiração. Tanto quanto puder, permita que sua atenção repouse no fluxo da respiração, entrando e saindo do corpo. [pausa] Observe o ritmo da sua respiração. Não há necessidade de aumentá-lo ou diminui-lo artificialmente. Apenas deixe sua respiração se ajustar ao ritmo de sua escolha. Agora, comece a observar o caminho que o ar percorre enquanto você inspira e expira. [pausa] Ou seja, observe o caminho que o ar percorre ao entrar pelo nariz, descer pelos pulmões e entrar e sair da barriga. Apenas observe isso. Quando sua mente divagar, como certamente acontecerá, apenas observe que ela divagou e gentilmente traga a consciência de volta à sua respiração. Não lute para trazê-la de volta. Apenas observe para onde vai sua consciência e então traga-a de volta à respiração com delicadeza e ternura. [pausa] Depois de alguns momentos, veja se você consegue perceber, sem julgamento, a sensação que o ar causa ao tocar suas narinas. Apenas observe essa sensação. [pausa] Veja se você consegue notar a temperatura do ar conforme ele entra e sai do seu nariz. Está quente? [pausa] Frio? [pausa] Finalmente, veja se você consegue perceber por quanto tempo a sensação do ar tocando suas narinas persiste após a expiração. Por quanto tempo você consegue detectar até mesmo a sensação mais sutil? A fim de encerrar este exercício, comece a voltar gradualmente sua consciência para o ambiente ao seu redor, abrindo suavemente os olhos e trazendo sua atenção de volta para a sala.

> Quando o alarme soar para indicar a conclusão deste exercício, ou quando o áudio terminar, escreva algumas reflexões sobre essa experiência.

SELF-COMO-CONTEXTO

O segundo componente de estar "centrado" na ACT é descrito como uma experiência do "*self*-como-contexto". Essa dimensão da flexibilidade psicológica refere-se a uma perspectiva que vai além do senso conceitualizado e convencional de nós mesmos como indivíduos vivendo uma narrativa pessoal. Nossa capacidade de nos experimentarmos como observadores de nossa experiência é o que salientamos quando discutimos o *self*-como-contexto. Muitas tradições de meditação e sabedoria escrevem a experiência de um senso transcendente de si mesmo há séculos (Deikman, 1982). Na literatura sobre prática contemplativa, podemos encontrar muitas referências a meditadores que se mantêm como consciência pura, observando sua experiência a cada momento com equanimidade e se desidentificando de qualquer narrativa sobre a própria experiência. Essa robusta capacidade humana de adotar perspectivas flexíveis e um senso transcendente de si mesmo é uma parte fundamental da transformação pessoal por meio da AP/AR na ACT.

Os terapeutas da ACT falam de três sentidos do *self*: o *self* conceitualizado, o *self* como consciência momento a momento e o *self*-como-contexto (Barnes-Holmes, Hayes, & Dymond, 2001). Se lhe pedíssemos para fornecer o maior número possível de respostas à frase "Eu sou uma pessoa que _____", você provavelmente geraria prontamente muitas descrições, como "é alta", "está se esforçando ao máximo", "é mulher", "é idosa", "é simpática", "é extrovertida", e assim por diante. Essas descrições formam a base do *self* conceitualizado, ou *self*-como-contexto. Desde a infância, somos ensinados a usar descrições verbais para categorizar e definir nosso comportamento e nossa própria experiência. Isso faz parte da experiência humana universal. Com o tempo, devido à atividade relacional da mente, articulamos essas descrições para formar uma história e depois começamos a responder à história como se ela fosse uma realidade absoluta, com a narrativa exercendo influência suprema. Nesse sentido, o nosso senso conceitualizado de nós mesmos nos faz responder de formas estreitas e inflexíveis que interrompem nossa capacidade de viver bem.

A compreensão do *self*-como-consciência momento a momento, o segundo sentido do *self* articulado na ACT, envolve nossa capacidade anteriormente discutida de entrar plenamente em contato com o momento presente. Durante o contato com o momento presente, temos a oportunidade de nos experienciarmos de forma desarmada e receptiva. Notamos o fluxo da nossa experiência e simplesmente assistimos, momento a momento, conforme os eventos vão surgindo. Esse sentido de *self*-como-experiência às vezes é chamado de "*self*-como-processo", pois estamos ativamente atentos aos processos que surgem em nossa mente. À medida que experimentamos o "eu/aqui/agora" (Hayes et al., 2012) por meio do contato com nossa consciência momento a momento, focada no presente, criamos as condições necessárias para mudar para a consciência de nós mesmos como uma perspectiva flexível que facilita uma experiência de "*self* observador". Nossa sensação de ser um eu separado pode desaparecer da consciência à medida que experimentamos uma interioridade cada vez mais profunda e um plano amplo de existência. O *self*-como-contexto envolve adotar uma perspectiva de nossos eventos privados. Isso envolve tomar consciência do local a partir do qual "observamos" nossa atividade psicológica.

EXERCÍCIO. Autoprática com *self*-como-contexto

Para esta prática, encontre novamente um espaço tranquilo em que você não seja interrompido por pelo menos 10 minutos. Vamos repetir uma variação do exercício de contato com o momento presente que pedimos que você praticasse anteriormente. Grave a si mesmo lendo as instruções a seguir ou baixe uma versão em áudio dessa prática (em inglês) na página do livro em loja.grupoa.com.br. Estamos novamente nos conectando com o momento presente, mas ampliaremos e aprofundaremos nossa perspectiva para nos tornarmos mais conscientes de nossa própria consciência por meio dessa prática.

> *Feche os olhos e permita que a respiração entre em um ritmo natural e equilibrado. Passe alguns momentos apenas respirando na presença dos pensamentos, das emoções e sensações físicas que surgem na consciência depois de se lembrar do problema. [pausa] Você não precisa se concentrar especificamente em pensamentos sobre a dificuldade. Apenas permita que a mente fique onde quer que esteja quando você começar. [pausa] Durante esse tempo, parte da nossa atenção está na respiração, observando a inspiração e a expiração. Tanto quanto puder, permita que sua atenção repouse no fluxo da respiração, entrando e saindo do corpo. [pausa] Observe o ritmo da sua respiração. Não há necessidade de aumentá-lo ou diminui-lo artificialmente. Simplesmente deixe sua respiração se ajustar ao ritmo de sua escolha. Agora, comece a observar o caminho que o ar percorre enquanto você inspira e expira. [pausa] Ou seja, observe o caminho que o ar percorre ao entrar pelo nariz, descer pelos pulmões e entrar e sair da barriga. Apenas observe isso. Quando sua mente divagar, como certamente acontecerá, apenas*

observe que ela divagou e gentilmente traga a consciência de volta à sua respiração. Não lute para trazê-la de volta. Apenas observe para onde vai sua consciência e, a seguir, traga-a de volta à respiração com delicadeza e ternura. [pausa] *Depois de alguns momentos, veja se você consegue perceber, sem julgamento, a sensação que o ar causa ao tocar suas narinas. Apenas observe essa sensação.* [pausa] *Veja se você consegue notar a temperatura do ar conforme ele entra e sai do seu nariz. Está quente?* [pausa] *Frio?* [pausa] *Veja se você consegue perceber por quanto tempo a sensação do ar tocando suas narinas persiste após a expiração. Por quanto tempo você consegue detectar até mesmo a sensação mais sutil?*

Agora, preste atenção àquela parte de você que está observando sua respiração. Observamos nossa respiração. [longa pausa] *Observamos nossa consciência de nossa respiração.* [pausa longa] *Observamos nossa consciência de nossa consciência.* [longa pausa] *Inspirando e expirando, conectando-se consigo mesmo como pura consciência. Inspirando, estou consciente da minha consciência da minha respiração.* [longa pausa] *Expirando, estou consciente da minha consciência. Estou consciente da minha consciência.* [pausa] *Eu sou consciência. Eu sou consciência.* [pausa] *Eu sou.* [pausa] *Eu sou.* [pausa] *E o que quer que esteja aparecendo para você, aqui e agora, você pode experimentar. Permita. Não há problema se você tiver apenas um breve vislumbre. Tudo bem. Você está aqui e agora. Se você tiver uma avaliação de sua prática como "Não estou fazendo isso direito!", veja se consegue captar, mesmo que brevemente, aquela parte de você que está observando e consciente desse pensamento. Não persista nisso por muito tempo. A questão não é dominar essa habilidade. O objetivo é fazer um contato experiencial inicial com esse processo. Teremos exercícios mais aprofundados para você mais adiante neste manual. Na intenção de finalizar este exercício, comece a voltar gradualmente sua consciência para o ambiente ao seu redor, abrindo suavemente os olhos e trazendo sua atenção de volta para a sala.*

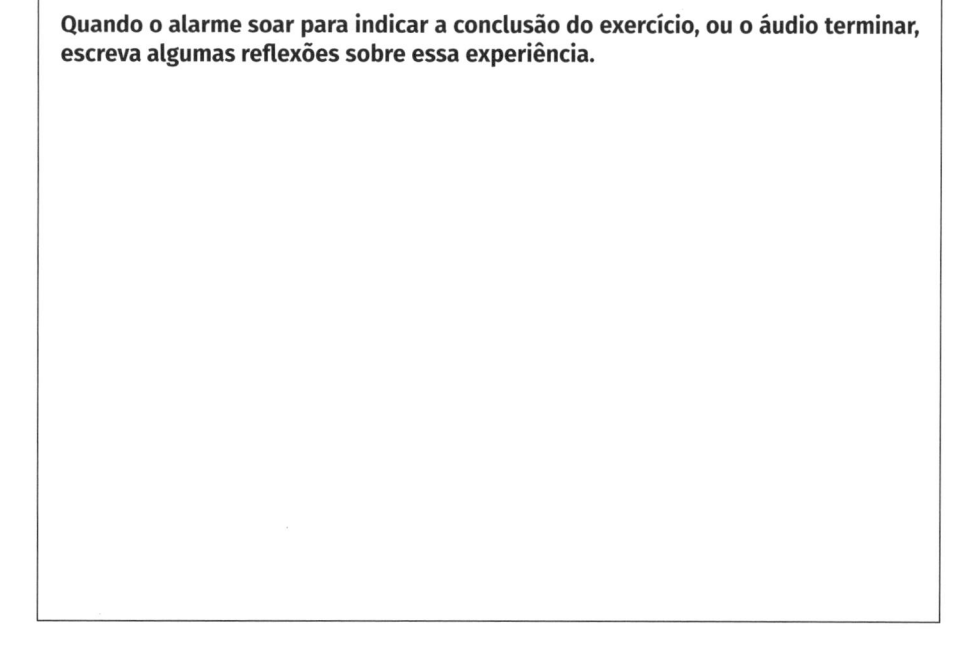

Quando o alarme soar para indicar a conclusão do exercício, ou o áudio terminar, escreva algumas reflexões sobre essa experiência.

DEFINIÇÃO DE VALORES

Na ACT, a primeira dimensão de estar "engajado" na vida é descrita como definição de "valores". Os valores são descritos como qualidades de ação livremente escolhidas e construídas verbalmente, que estabelecem um senso de significado, propósito e vitalidade em nossa vida. Na verdade, os terapeutas da ACT às vezes descrevem os valores como "direções vitais": são *vitais* porque têm importância central para nossa vida, e são *direções* porque não há possibilidade de chegada final. Por exemplo, como psicólogo, você pode valorizar a redução do sofrimento psicológico de seus clientes e ajudá-los a aumentar o significado de sua vida. Observemos que esse tipo de trabalho nunca pode estar realmente completo e acabado — enquanto estiver saudável e funcional, você sempre poderá reduzir mais sofrimento e ajudar mais clientes. Seu trabalho é uma busca para toda a vida. Da mesma forma, é melhor pensar nos valores como verbos em vez de substantivos. Portanto, quando imaginamos que você valoriza a redução do sofrimento do cliente, estamos nos referindo à maneira como você escolhe se comportar e não como você se sente por dentro. A ênfase central da ACT está em aumentar a vida baseada em valores, pois o mais importante é que se não estiver em seu comportamento, então não estará em sua vida.

Valores devem ser diferenciados de objetivos. Os valores são infinitos, ao passo que os objetivos são finitos. Objetivos são importantes porque motivam um comportamento valorizado e porque são indicativos de uma vida coerente com valores. Por exemplo, você pode ajudar um cliente a sair de uma situação de estagnação durante o curso da terapia e então, em colaboração com ele, decidir encerrar a relação terapêutica. O encerramento é uma meta objetiva que é um elemento de um padrão mais amplo de seu comportamento, que poderíamos rotular de "reduzir o sofrimento do cliente e aumentar o significado de sua vida". Além disso, assim que definimos uma intenção e começamos a avançar no sentido de realizar nossos valores, eles já estão em movimento. Por exemplo, se eu lhe dissesse que tinha um "objetivo" de caminhar até uma loja no centro da cidade, a concretização desse objetivo ocorreria quando eu chegasse à loja e entrasse. Entretanto, se eu tenho o "valor" de "rumar para o sul", assim que começo a mover o pé nessa direção, já estou manifestando a minha direção valorizada. Os terapeutas da ACT têm uma variedade de métodos para trabalhar com a definição de valores, e pesquisas demonstraram que trabalhar com valores pode desempenhar um papel importante nos resultados bem-sucedidos do cliente (Wilson & Murrell, 2004).

EXERCÍCIO. Autoprática com definição de valores

A homenagem imaginária é uma prática experiencial clássica e compatível com a ACT para reflexão sobre definição de valores. Variações desse exercício metafórico podem ser encontradas no trabalho de 12 passos, na terapia cognitivo-comportamental (TCC) moderna e na prática da ACT (Hayes, 2005; Hayes et al., 2012). Ela serve muito bem como prática introdutória para nos envolvermos na construção de nossas direções valorizadas. As instruções para a prática são fornecidas adiante, em forma de transcrição, e o áudio do exercício (em inglês) está disponível na página do livro em loja.grupoa.com.br. A prática nos orienta a imaginar como seria comparecer ao nosso próprio funeral e ouvir nossa homenagem. Somos convidados a imaginar duas versões dessa homenagem. A primeira seria aquela que ouviríamos se continuássemos com nossa vida como sempre, sem fazer nenhuma mudança importante em nosso comportamento. A segunda versão representa o que poderíamos ouvir se vivêssemos intencionalmente de acordo com nossos valores mais sinceros. Este exercício nos convida a nos perguntarmos: "O que eu quero que a minha vida represente?" e "Que legado eu quero deixar?".

> *Ao começar, permita que seus olhos se fechem. Comece a se concentrar em sua respiração. Estabeleça sua consciência no nível da sensação física, permitindo que sua atenção se concentre na respiração. Permita que cada inspiração e expiração fluam em seu próprio ritmo. Além disso, permita-se habitar essa consciência, permanecendo em um estado de pura observação, suspendendo o julgamento, a avaliação ou mesmo a descrição. Sua mente pode se afastar da respiração, se afastar deste exercício, e, se isso acontecer, simplesmente observe a mente divagando e delicadamente retorne sua atenção a esta prática.*
>
> *Na próxima inspiração, comece a imaginar que se passaram 10 anos e que você ganhou uma viagem com todas as despesas pagas para um destino tropical distante e, durante o trajeto, seu avião teve que fazer um pouso forçado de emergência e você ficou ilhado. Você e seus companheiros de viagem estão todos seguros – entretanto, estão isolados da civilização. Em casa, seus amigos e familiares são informados do acidente e que você morreu. Sem saber que você sobreviveu, eles começam a planejar o seu funeral. Nesse meio tempo, depois de uma semana na ilha, você é salvo por um barco de pesca que passa e que, infelizmente, não tem um rádio funcionando. O dia em que você volta para casa é o dia do seu funeral. Você chega ao funeral momentos antes de sua homenagem. De pé atrás da multidão, você passa despercebido e ouve seus entes queridos falarem sobre sua vida, o que era significativo para você, sobre você, pelo que você será lembrado. Você ouve as palavras deles e olha em volta para aqueles que lhe são queridos. Quem está presente? Quem está falando? O que dizem?*
>
> *Permaneça nessa experiência por alguns instantes e explore o que seus entes queridos diriam se você tivesse continuado a viver a sua vida, incluindo esses últimos 10 anos, no piloto automático, preso a velhos hábitos e a lutas com pensamentos e emoções – encontrando-se em um caminho que o afastou do que era mais importante para você.*
>
> *Depois de passar algum tempo fazendo isso, na próxima expiração disponível, deixe de lado essa parte do exercício e, com a inspiração, volte suavemente sua atenção à respiração consciente. Observe seu abdome subir e descer enquanto você inspira e expira.*
>
> *Agora, com a próxima inspiração, comece a imaginar que você chegou a esse funeral depois de ter vivido a sua vida, e especialmente os últimos 10 anos, incorporando os seus valores mais estimados e de uma maneira que refletisse o seu significado e propósito. Mais uma vez, imagine-se de pé no fundo do velório, sem ser notado e ouvindo seus entes queridos falarem sobre você e sobre sua vida. Ao imaginar aquelas pessoas em seu velório, quem está presente? Imagine-se observando-as ouvindo a sua homenagem. E quem está falando? O que as pessoas estão dizendo sobre as coisas que você disse e fez? Pelo que as pessoas estão se lembrando de você?*

Permita-se vivenciar essa experiência por alguns instantes e considere o que seus entes queridos diriam se você tivesse feito mudanças em sua vida e escolhas que o enchessem de propósito e vitalidade. Se tivesse seguido um estilo de vida valorizado, envolvido com as pessoas, lugares e atividades que são mais importantes para você.

Depois de passar algum tempo com essa experiência, quando estiver pronto e na próxima expiração disponível, deixe de lado essas imagens e, com a inspiração, volte suavemente sua atenção para a respiração consciente. Observe seu abdome subir e descer enquanto você inspira e expira. Agora, na próxima inspiração, permita que sua atenção se concentre nos sons ao seu redor. A seguir, foque a atenção nos sons externos à sala. Depois disso, permita que sua atenção se concentre suavemente nos sons ainda mais distantes. Reserve alguns momentos para concentrar sua atenção e orientação para sua presença na cadeira e, quando se sentir pronto, abra os olhos.

Quando sua prática estiver concluída, escreva algumas reflexões sobre essa experiência.

AÇÃO COM COMPROMISSO

A ação com compromisso é tão central para a prática da ACT quanto para o nome da terapia. A ação com compromisso é o processo fundamental de flexibilidade psicológica que estamos introduzindo e, em muitos aspectos, é o objetivo final da própria terapia. O segundo aspecto do pilar "engajado" do *hexaflex*, a ação com compromisso, descreve um padrão de comportamento que exemplifica a realização dos desejos mais profundos do nosso coração sobre como queremos estar no mundo.

O "compromisso" na ação com compromisso representa mais do que apenas fazer uma promessa de se comportar de determinada maneira (Hayes et al., 2012). Na verdade, a forma específica como abordamos o compromisso na ACT envolve a maneira como respondemos no momento presente e tem certas características definidas. Quando assumimos um compromisso com um comportamento em prol de nossos objetivos valorizados, estamos, essencialmente, tomando uma decisão antecipadamente. Estamos tendo uma experiência privada, tal como pensar em agir, e transformando-a em uma experiência pública ao nos comprometermos a tomar essas ações verbalmente com outra pessoa ou por escrito. Isso faz nosso objetivo valorizado sair do âmbito de nossas experiências mentais e começar a levar nossas ações potenciais para o âmbito do real. Pesquisas sugerem que os compromissos que assumimos publicamente e com especificidade têm maior probabilidade de resultarem em ações eficazes do que os compromissos que consideramos apenas em nossa mente. Além disso, compromisso não significa seguir inflexivelmente um plano de comportamento sem qualquer desvio. A ação com compromisso implica a importante característica de redirecionar continuamente o comportamento para o que é importante, em vez de se afastar do que está presente e é aversivo em cada momento, e construir gradualmente padrões mais amplos de comportamento desse tipo. Uma grande parte do compromisso e da vida valorizada envolve voltar sempre a buscar nossas direções valorizadas, quando cometemos erros ou perdemos o rumo.

EXERCÍCIO. Autoprática com ação com compromisso

No início deste módulo, utilizamos uma prática de homenagem imaginária para ajudá-lo a imaginar como seria concretizar os seus valores e viver a sua vida a partir da versão de si mesmo que você mais deseja ser. Agora, vamos abordar experiencialmente o que significa se comprometer totalmente com a concretização dessa visão. Embora todos os seis processos do modelo de flexibilidade psicológica estejam interligados, talvez os valores e a ação com compromisso estejam mais conectados entre si do que qualquer um dos outros quatro. Os valores estão para as rodovias assim como a ação com compromisso está para os carros. Assim que soubermos em que rodovia queremos entrar, teremos que dirigir o carro. Dirigir o carro, entretanto, implica enfrentar obstáculos. Passaremos por tráfego congestionado, obras e desvios. Faremos uso dos demais processos para transpor esses obstáculos, combinando tudo.

Reserve 5 a 10 minutos em um local tranquilo. Assim como nos exercícios anteriores de olhos fechados, recomendamos que você grave este roteiro e ouça-o em um ambiente contemplativo, ou baixe a versão em áudio (em inglês) desta prática na página do livro em loja.grupoa.com.br.

Quando estiver pronto, encontre uma posição confortável e firme em sua cadeira e passe os próximos 30 segundos ou mais focando sua atenção e praticando estar presente. Concentre suavemente sua atenção nas partes do corpo que estão em contato com o local onde você está sentado. Sinta o apoio do chão, o assento da cadeira e a sua presença aqui e agora. Respire algumas vezes com atenção e se oriente para nossa prática.

Pense em uma direção valorizada importante que você tenha e que esteja relacionado à área desafiadora que você identificou. Na ACT, às vezes dizemos: "Na sua dor você pode encontrar seus valores; e, nos seus valores, você pode encontrar sua dor". Dentro desse problema há algo que é profundamente importante para você. O que é que lhe interessa e que está envolvido nessa área desafiadora? Lembre-se disso e passe o próximo minuto refletindo sobre o valor central relacionado a essa dificuldade.

Agora, vamos identificar um objetivo que esteja relacionado a essa direção valorizada. Vamos lembrar de um objetivo pequeno e bem gerenciável. O que você poderia fazer, por menor que seja, que faria a diferença para aproximá-lo um pouco mais dessa direção valorizada? Mesmo um objetivo pequeno como esse pode ser um desafio e pode causar algum desconforto. Talvez ele esteja associado ao tédio ou ao medo. Talvez desperte alguma tristeza. Por exemplo, se eu quisesse parar de fumar pelo resto da vida e estabeleci o objetivo de passar pelo menos uma manhã sem fumar nenhum cigarro, isso poderia ser um desafio, não poderia? Vamos elaborar uma ideia de um pequeno passo com o qual você pode se comprometer aqui e agora, neste manual, que o levará em direção a algo que importa. Se você quisesse reorganizar toda a sua casa, poderia se comprometer a limpar e reorganizar uma prateleira de xícaras ou pratos. Lembre-se de que a mudança em direção aos nossos valores ocorre em cada etapa. O mais importante para nós é que você consiga identificar e se comprometer com uma coisa. Com esse pequeno passo, você pode tomar uma decisão verdadeira, uma decisão criativa – e decisões verdadeiras e criativas, seguidas de ações com compromisso, podem mudar o nosso mundo. Imagine-se se empenhando para atingir esse objetivo e dando esse pequeno passo. Visualize seu sucesso nesse pequeno passo.

Escreva e descreva o pequeno passo em direção à vivência dos seus valores que você escolheu.

Meu pequeno passo rumo a uma direção valorizada é:

Comprometo-me a agir para atingir esse objetivo?

Quando sua prática estiver concluída, escreva algumas reflexões sobre essa experiência.

💭 PERGUNTAS PARA AUTORREFLEXÃO

Qual foi sua experiência ao se envolver experiencialmente nos elementos centrais da flexibilidade psicológica?

_____
_____
_____
_____
_____
_____
_____
_____
_____
_____
_____
_____
_____
_____

Você pode estar familiarizado com esses conceitos e práticas, mas talvez essa seja uma nova maneira de interagir com eles. O que você aprendeu sobre flexibilidade psicológica com essa forma de trabalhar?

_____
_____
_____
_____
_____
_____
_____
_____
_____
_____
_____
_____

O que você percebeu sobre como a flexibilidade psicológica se relaciona com a dificuldade com a qual você está lidando por meio do seu trabalho de AP/AR na ACT?

_____
_____
_____
_____
_____
_____
_____
_____
_____
_____
_____
_____

Existem novos elementos dessa questão que você agora consegue identificar? Como a abordagem mediante o desenvolvimento da flexibilidade psicológica pode diferir da "resolução de problemas"?

Pela sua experiência, como seria adotar mais flexibilidade psicológica em seu trabalho psicoterápico? Em que aspecto seu trabalho seria diferente? Como seria?

Pela sua experiência, como a flexibilidade psicológica se relaciona com a busca direta de seus valores no trabalho clínico? De que forma o oposto de flexibilidade psicológica pode estar limitando sua atuação profissional?

_____
_____
_____
_____
_____
_____
_____
_____
_____
_____
_____
_____
_____
_____

Módulo 4

A Matrix da terapia de aceitação e compromisso

À medida que prosseguimos com nosso programa de autoprática/autorreflexão (AP/AR) na terapia de aceitação e compromisso (ACT), esclarecemos continuamente nossas intenções e direções valorizadas e aprofundamos nosso envolvimento com a flexibilidade psicológica. Como você viu, a AP/AR na ACT começa de modo semelhante ao trabalho clínico da ACT, estabelecendo algumas medidas de base, obtendo uma noção das direções valorizadas e orientando para os processos envolvidos na ACT. A ACT é uma modalidade experiencial de psicoterapia, e cada etapa do nosso trabalho é elaborada para acionar experiencialmente o processo central envolvido na realização de nosso potencial humano. Assim, cada passo de nossa AP/AR na ACT é o trabalho em si, e nada é "preparatório" ou "teórico". O próximo módulo tem como objetivo ajudá-lo a construir uma base mais sólida para concretizar sua intenção e ação. Faremos isso por meio do diagrama aparentemente simples de "matrix" que é bastante utilizado na prática da ACT.

O diagrama Matrix* é uma ferramenta clínica e de supervisão utilizada na ACT que pode ajudar a orientar os indivíduos em direção à flexibilidade psicológica e aos seus processos relacionados. Ele pode servir tanto como uma ferramenta de conceitualização de caso quanto como uma intervenção em si (Polk, 2014; Schoendorff, Webster, & Polk, 2014). Na verdade, alguns terapeutas ACT fazem do trabalho com a Matrix o foco principal de sua abordagem técnica, senão o único, com grande efeito. A Matrix destina-se a ajudar indivíduos e grupos (1) a perceberem suas experiências e (2) a manifestarem formas significativas e intencionais de incorporarem seus valores por meio de ações comprometidas.

A Matrix foi concebida para simplificar o trabalho da ACT e permitir intervenções breves e diretas. Como tal, é apenas um diagrama muito simples de duas linhas perpendiculares, uma vertical e outra horizontal. Assim como os eixos x e y em uma aula

---

* N. de R. T. O livro original que propõe e descreve a Matrix (Polk & Schoendorff, 2014) fornece uma explicação para a escolha do nome do instrumento, que faz referência ao filme *Matrix*, estrelado por Keanu Reeves. Por isso, decidimos manter o nome conforme ele é conhecido no Brasil.

de geometria, a Matrix representa uma simples cruz em uma página, como vemos a seguir.

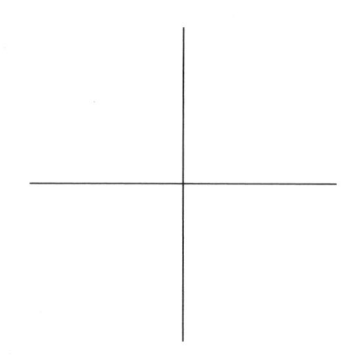

Ao se cruzarem, as linhas criam quatro quadrantes no espaço visual ou na folha de papel em que foram desenhadas. É notável o quanto o comportamento humano pode ser guiado pelo simples fato de desenhar uma cruz e dar algumas instruções às pessoas. Curiosamente, o trabalho com uma tétrade para orientar a conceitualização de problemas antecede o trabalho da ACT e pode ser encontrado no estudo de sistemática de John G. Bennett (*www.systematics.org/journal/vol1-1/GeneralSystematics.htm*) – alguma forma disso remonta a Pitágoras. Contudo, nossa ferramenta Matrix da ACT foi desenvolvida independentemente dessas linhas de pensamento e se alicerça no objetivo de simplificar o trabalho da ACT para intervenções breves (Polk, 2014).

No uso da Matrix, escrevemos fatos que acontecem em nossa vida em uma folha de papel e depois classificamos essas experiências nos quatro quadrantes criados pelo desenho dessas linhas. Dessa forma, cada quadrante da Matrix representa um domínio da experiência humana. Os dois quadrantes acima do eixo horizontal (x) representam comportamentos e ações observáveis que ocorrem no mundo externo – e que podem ser vistos por qualquer pessoa presente. Por exemplo, dirigir para o trabalho, lavar roupa ou comer um pedaço de bolo seriam observáveis e considerados eventos no "mundo externo". Por sua vez, os dois quadrantes abaixo da linha do eixo horizontal representam eventos mentais. Esses são os pensamentos, as emoções e imaginações que podem ser descritos como ocorrendo no "mundo interno". Na linguagem behaviorista, os comportamentos explícitos descritos na metade superior do diagrama são chamados de "eventos públicos", pois podem ser vistos e conhecidos por mais de uma pessoa. Os comportamentos encobertos descritos na metade inferior do diagrama são conhecidos como "eventos privados", pois são acessíveis apenas ao próprio experimentador.

Observando a divisão vertical no centro da Matrix, podemos ver a página dividida em duas seções, esquerda e direita. Todo o espaço nos dois quadrantes à esquerda do centro representa experiências e ações que envolvem tentativas de evitar ou se afastar de nossa experiência direta. Essa metade da Matrix é conhecida como a metade de "afastamento", porque os eventos escritos nesse quadrante dizem respeito a afastar-se de nossa experiência. Os eventos e experiências classificados e registrados na metade direita da Matrix são aqueles que nos aproximam de nossos propósitos valorizados. Por consequência, a metade direita da Matrix é conhecida como a seção de "aproximação" do diagrama. A ilustração a seguir fornece uma descrição mais detalhada dessas seções da Matrix e de como trabalhamos com essa ferramenta clínica na AP/AR na ACT.

Experimentado no mundo externo

Meus padrões de ação de esquiva identificados	Meus "movimentos de aproximação": práticas e hábitos focados em valores
Minhas iscas: quais pensamentos e sentimentos indesejados podem atrapalhar?	Meus valores: quais qualidades de fazer, ser e se relacionar são mais importantes para mim?

Eventos mentais

Quando trabalhamos com a Matrix, muitas vezes começamos pelo quadrante inferior direito, perguntando aos nossos clientes o que eles mais valorizam em sua vida. A partir do canto inferior direito, podemos nos mover no sentido horário pelos quatro quadrantes restantes, examinando as ações e os eventos mentais que resultam em uma luta com experiências dolorosas, em oposição aos comportamentos e as práticas que aproximam o indivíduo de suas direções mais valorizadas.

A Matrix é uma ferramenta ativa e envolvente que dá vida aos processos centrais da ACT para o indivíduo e permite uma escolha eficaz e o esclarecimento de propósitos individualizados (Schoendorff et al., 2014). Agora, vamos explorar os processos na Matrix e utilizar uma ferramenta de AP/AR na ACT para ajudá-lo a trabalhar com a área de dificuldade que você escolheu para este manual.

PROCESSOS NA MATRIX

Assumindo a posição do observador: "Você é o experimentador, não a experiência"

No centro do diagrama da Matrix, há um círculo que indica o processo de observação de sua experiência, às vezes descrito como "eu notando a diferença". Essa é a prática central na Matrix, notar sua experiência de onde você está nesse momento no espaço e no tempo, e notar onde você está focando sua atenção (Schoendorff et al., 2014). Todos nós nos movemos pelo mundo com níveis variados de atenção e consciência de nossas experiências internas e externas. Por exemplo, às vezes estamos concentrados nas internas, como pensamentos ou a forma como nos sentimos fisicamente, enquanto em outras ocasiões estamos mais sintonizados com a nossa experiência do mundo exterior e com o que está se desenrolando ao nosso redor. O uso da Matrix nos dá a oportunidade de conhecer nosso eu observador e de aprimorar nossa capacidade de perceber e discriminar nossas experiências.

Discriminando experiências privadas e públicas

Quando usamos a Matrix, praticamos a discriminação entre a experiência mental e a experiência dos cinco sentidos (Polk, 2014) – ou experiência privada e experiência pública. Como vimos, aumentar nossa liberdade para buscar nossos propósitos valorizados e, ao mesmo tempo, nos tornarmos menos controlados por nossas respostas às formações mentais é um foco central da ACT. A discriminação entre eventos mentais e contingências no mundo real é uma habilidade aparentemente sutil que é necessária nesse processo.

Uma maneira de compreender o processo de perceber essas duas classes de experiência é pegar um objeto ao seu alcance, talvez até mesmo este livro, ou o dispositivo eletrônico que você esteja usando para ler essas palavras. Reserve um momento para observar e perceber este objeto físico. Usando alguns dos seus cinco sentidos, o que você experimenta? Com o que ele se parece? Qual é o cheiro? Quando você folheia ou fecha o livro, que sons você ouve? Em seguida, guarde o livro fora do alcance dos seus cinco sentidos e permita-se imaginar a experiência de um livro. Veja se você consegue se lembrar da aparência do livro, de qual foi a sensação em suas mãos. Veja se consegue recriar essa experiência em sua mente. Observe a experiência mental do livro. Você percebe alguma diferença entre essas duas experiências? A primeira é o que você experimenta na interação com o mundo exterior, o que você pode observar com os cinco sentidos. A segunda é o que você experimenta em seu mundo privado, como representações mentais do mundo.

Dessa forma, atentar para as experiências públicas ou sensoriais inclui responder aos nossos comportamentos observáveis e ao que ouvimos, tocamos, saboreamos, cheiramos e vemos. Nossa experiência privada inclui eventos mentais, como pensamentos, imagens e lembranças, bem como emoções, impulsos e sensações. As sensações físicas são consideradas eventos privados ou experiências internas no uso da Matrix porque muitas vezes ocorrem no interior da nossa pele e corpo (Polk, 2014). Como veremos a seguir, essa discriminação entre mente e matéria é útil para identificar quais experiências privadas nos impedem de viver nossos valores e quais comportamentos adotamos para evitar situações indesejadas.

Discriminando experiências de "aproximação" e de "afastamento"

A Matrix também nos convida a discriminar experiências que envolvem movimento a direções valorizadas *versus* experiências que implicam movimento de afastamento de experiências indesejadas. Para ter uma noção desse processo, pense em como você se sente quando está envolvido em comportamentos orientados por valores. Tente lembrar de uma época em que estava se movendo em direção a algo que era realmente importante – talvez indo cuidar de um amigo ou de um familiar, indo a uma aula de ioga ou saindo para correr. Observe como foi para você se mover em direção a esse valor.

Agora, lembre-se de uma ocasião em que você lutou contra uma experiência privada ou evento mental indesejado, como um pensamento preocupante ou uma imagem perturbadora. Todos nós temos alguma ansiedade ou preocupação, especialmente com as coisas que nos interessam. Determine um pensamento relacionado à área desafiadora escolhida para este manual. Agora que você tem esse pensamento em sua mente, lembre-se de como lutou ou tentou evitar a experiência desse pensamento difícil. Lembre-se do que você pode ter feito para se livrar dessa experiência. Você percebe diferenças entre essas duas experiências, de se mover em direção a valores e se afastar de experiências internas indesejadas? Como você se sentiu quando estava envolvido na realização de seus valores? Em contraste, como se sentiu quando estava lutando contra a outra experiência? Lembre-se das consequências dessas duas direções. Como acabamos de abordar ligeiramente essas discriminações juntos, podemos começar a apreciar como essas duas classes de ação nos afetam de forma diferente.

Definição de valores na Matrix

A construção de valores também faz parte do trabalho com a Matrix. Para perceber quando alguém está se movendo em direção ao que é importante para si, é necessário saber o que é pessoalmente significativo e relevante, se não essencial. Ao utilizar a Matrix da ACT, os valores são entendidos como eventos privados, no sentido de que não são resultados tangíveis, mas direções "verbalmente construídas" (representadas cognitivamente) que indicam o que é mais importante para nós. Eles ajudam a moldar nossas direções valorizadas e a engajarmos em movimentos de "aproximação". Quando registramos "quem e o que é importante" no quadrante inferior direito da Matrix, estamos procurando exemplos de como desejamos ser no mundo em termos de "quem e o que é importante". Por exemplo, um de nós (Dennis) teve dificuldade para encontrar um equilíbrio entre estar presente para a família nos fins de semana e, ao mesmo tempo, concluir os projetos necessários de escrita e pesquisa. Alguns dos itens registrados naquele quadrante, que representavam direções valorizadas, foram "ser um tio amoroso e envolvido", "passar tempo significativo com minha parceira", "levar atenção ativa e criatividade à minha escrita" e "passar tempo me exercitando". Todas essas eram atividades, mas no quadrante inferior direito da Matrix nós as registramos como visões de como desejamos estar no mundo, em vez de práticas ou objetivos específicos.

"Os pensamentos que fisgam você"

A Matrix nos pede para identificar as experiências internas indesejadas que nos mantêm presos a padrões recorrentes de luta e sofrimento emocional. Isso inclui quaisquer pensamentos, emoções, lembranças, imagens mentais, sensações físicas ou impulsos que possam ser sentidos como barreiras aos nossos valores (Polk, 2014). Quando registramos as "coisas internas indesejadas" que aparecem cronicamente para nós no quadrante inferior esquerdo, estamos registrando os medos, as preocupações, as ruminações e os pensamentos difíceis que parecem impulsionar nosso sofrimento. Essas iscas internas podem assumir muitas formas, mas algumas delas parecem muito familiares. No caso citado, por exemplo, Dennis descobriu que sua mente lhe apresentava uma ladainha de pensamentos críticos que, muitas vezes, criavam um dilema inevitável. Por exemplo, as iscas listadas nesse quadrante incluíam "Que tipo de pessoa negligencia a família no fim de semana? Você é um *workaholic* egoísta!" se ele estivesse trabalhando em um projeto em seu escritório. Contudo, se estivesse usando seu tempo para montar um quebra-cabeça com o sobrinho, o crítico interno de Dennis lhe dizia: "Como você pode simplesmente desperdiçar seu tempo brincando quando tem trabalho a fazer? Você é pateticamente preguiçoso!". Como você poderá notar na prática a seguir, o simples ato de adotar uma perspectiva observadora e desarmada e listar essas iscas mentais e experiências privadas indesejadas pode preparar o terreno para se distanciar desses pensamentos e se livrar de sua influência excessiva.

Ações evitativas

A Matrix pede, então, aos participantes que observem as formas como respondem a esses bloqueios com comportamentos observáveis no mundo exterior. À medida que começamos a listar essas ações no quadrante superior esquerdo, podemos nos perguntar o que fazemos para lidar com ou nos distrair de experiências internas indesejadas. Aqui, o processo-chave a observar e focar são os comportamentos de esquiva que nos mantêm "presos" a abordagens psicologicamente inflexíveis. Quando seus bloqueios aparecem, o que você costuma fazer em resposta a eles? Que padrões de esquiva podem aparecer tão automaticamente que nem sequer os notamos como esquiva? Estamos procurando aqueles comportamentos de esquiva experiencial que parecem nos manter travados e impedir o avanço em direção aos nossos valores e ações com compromisso (Polk, 2014). Algumas pessoas podem afogar suas mágoas em um vinho, enquanto outras podem se isolar, comer compulsivamente ou procrastinar. A gama de ações de esquiva é ampla e alguns comportamentos aparentemente baseados em valores podem ser uma esquiva disfarçada. Por exemplo, Dennis descobriu que sem perceber evitava o conflito angustiante entre passar tempo com a família ou escrever assumindo tarefas aparentemente urgentes, como reorganizar o escritório ou afinar e consertar um violão. Enquanto se dedicava a esse trabalho supostamente importante, ele podia distrair sua mente do conflito de valores envolvido em dedicar tempo à família ou a projetos significativos. Embora a aflição fosse evitada no início, era-lhe negada a oportunidade de participar profundamente das coisas que mais importavam. Ainda que limpar a casa e consertar instrumentos musicais geralmente seja uma opção melhor do que beber demais ou se esconder do mundo, a função de esquiva é a mesma. Em certo sentido, quando exploramos e enumeramos os nossos comportamentos baseados em esquiva, estamos utilizando nossa compreensão da análise funcional do comportamento para escolher quais práticas e hábitos queremos cultivar, com base no fato de tornarem nossa vida maior ou menor.

Escolhendo comportamentos valorizados

O diagrama Matrix é uma ferramenta destinada a aumentar a percepção de suas experiências e livrá-lo da luta contra experiências internas indesejadas (Polk, 2015). Mas na ACT, isso não é um fim em si mesmo. Em última análise, desejamos gerar práticas e ações saudáveis que aumentem nossa ação com compromisso a serviço das nossas direções valorizadas por meio do trabalho com a Matrix. Quando preenchemos o quadrante superior direito da Matrix, estamos simplesmente listando os comportamentos diretamente observáveis que nos ajudarão a nos mover na direção dos valores listados logo abaixo desse quadrante. Essa área estará repleta de ações que nos ajudam a sermos a versão de nós mesmos que mais desejamos ser. Se estivéssemos livres de ter nossos comportamentos controlados pelas "iscas" de nossos pensamentos e sentimentos no canto inferior esquerdo e pudéssemos nos treinar para abandonar os padrões habituais de ação no canto superior esquerdo, o que estaríamos fazendo com nossas "mãos e pés" para "praticar o que pregamos" em nossa vida cotidiana? Por exemplo, no exemplo que estamos seguindo, Dennis listou várias coisas que serviram para equilibrar a vida pessoal e profissional e criaram um contexto saudável para dedicar tempo tanto ao trabalho acadêmico de psicologia como à família. Ele listou hábitos como:

"Manter uma boa higiene do sono e da vigília."
"Manter uma dieta saudável e abster-se de álcool."
"Acordar às 5h30 da manhã."
"Começar o dia com uma meditação em posição sentada e um café da manhã saudável."
"Fazer 30-60 minutos de exercício todos os dias."

"Escrever logo pela manhã por no mínimo uma hora."
"Cuidar das tarefas burocráticas depois de escrever."
"Agendar horários com a família e amigos nos finais de semana de maneiras específicas."
"Usar o tempo livre do fim de semana para uma mistura de trabalho de escrita e lazer tranquilo."

Esses passos tornaram-se hábitos e, antes do meio-dia de um fim de semana, Dennis normalmente constatava que havia se envolvido na escrita, na prática contemplativa, nos exercícios e na organização de uma forma que atendia aos seus propósitos valorizados. Isso deixava tempo disponível para estar verdadeiramente presente com a família de forma amorosa e conectada. Tais mudanças de comportamento aconteceram "da noite para o dia", mas apenas depois de anos de trabalho árduo para construir deliberadamente novas práticas e hábitos. Mesmo depois de construídos esses repertórios, eles demandam tempo e dedicação para serem mantidos, com poucas falhas pelo caminho.

É importante lembrar que ação com compromisso não significa selecionar essas novas ações uma vez e se envolver nelas impecavelmente, sem falhas. Como notoriamente disse o líder pioneiro da IBM, Thomas J. Watson, "Se você quiser aumentar sua taxa de sucesso, dobre sua taxa de fracasso." O cofundador da ACT, Kelly Wilson (Wilson & DuFrene, 2012), descreveu a flexibilidade psicológica com a seguinte pergunta poética:

> Nesse exato momento, será que você aceitará o triste e o agradável, manterá com leveza suas histórias sobre o que é possível e será o autor de uma vida que tenha significado e propósito para você, voltando-se com bondade para essa vida quando perceber que está se afastando dela? (p. 13)

Nosso ponto-chave ao usar a Matrix e, efetivamente, ao usar a AP/AR na ACT como um todo, é que quando deliberadamente percebemos e especificamos nossas direções valorizadas – e quando abrimos os olhos para levar em conta os eventos mentais e comportamentos que nos atrapalham –, podemos escolher de forma mais eficaz viver a partir de um lugar de sabedoria, força e compromisso, retornando a padrões de expansão de ação valorizada capazes de mudar nosso mundo e estender nossos valores para o mundo ao nosso redor.

A MATRIX NA AUTOPRÁTICA/AUTORREFLEXÃO NA TERAPIA DE ACEITAÇÃO E COMPROMISSO

A seguir, você encontrará uma Matrix de AP/AR na ACT em branco e exemplos com quadrantes preenchidos. Reserve pelo menos 20 a 30 minutos para preencher a Matrix e algum tempo adicional para responder às perguntas de autorreflexão que se seguem. Embora essa não seja uma meditação formal, é melhor encontrar um espaço tranquilo e seguro onde você possa trabalhar com isso de forma consciente e aberta. Tanto quanto possível, agregue ao seu trabalho com a Matrix uma qualidade de presença, aceitação e atenção consciente e engajada. Afinal de contas, o seu objetivo é habitar a perspectiva de um observador, entrando em contato com o momento presente à medida que discrimina entre direções valorizadas e os comportamentos que lhe causam dificuldades e sofrimento. Que melhor qualidade mental pode ser agregada à tal atividade do que a aceitação consciente e talvez até alguma autocompaixão? Ao iniciar, reserve alguns momentos para se centrar, praticar a respiração consciente e concentrar sua atenção.

- Primeiro, escreva seu nome no centro do diagrama. Depois, volte sua atenção para o primeiro quadrante do diagrama, o quadrante inferior direito.
- Agora, pare um momento e lembre-se do que é importante para você em seu trabalho de AP/AR na ACT. Lembre-se da área desafiadora com a qual você trabalhou ao longo deste manual. Considere as seguintes perguntas:
    - "O que é mais importante para mim nessa área?"
    - "Ao enfrentar esse problema, que qualidades de fazer e de ser desejo manifestar?"
    - "O que mais valorizo quando estou diante dessa situação?"
    - "Como eu desejo ser em meus relacionamentos com outras pessoas em relação a isso?"
    - "Se eu fosse a versão de mim mesmo que mais desejo ser, como eu estaria agindo?"
- Depois de passar algum tempo com essas perguntas, escreva suas respostas no primeiro quadrante. Faça isso como aspirações à ação, indicando como você deseja ser. O exemplo do quadrante preenchido por Laura a seguir ilustra como esse processo pode tomar forma.

EXEMPLO DE LAURA: Meus valores

> **Meus valores: quais qualidades de fazer, ser e se relacionar são mais importantes para mim?**
> Ser uma profissional clínica habilidosa, atenta e compassiva.
> Incorporar validação, cordialidade e força como psicoterapeuta.
> Colocar o bem-estar dos meus clientes em primeiro lugar em nosso trabalho conjunto.
> Apoiar meus colegas e receber apoio deles.
> Ajudar meus clientes a viverem seus valores abertamente.
> Ajudar meus clientes a encontrarem sua voz.
> Promover um fluxo de compaixão entre mim e meus clientes que se traduza em ações.

- A seguir, volte sua atenção para o quadrante inferior esquerdo, nosso segundo quadrante a ser abordado. Ele pergunta sobre aquelas experiências privadas indesejadas que podem fisgá-lo em ciclos de luta. Às vezes, esses pensamentos até bloqueiam ou atrapalham a sua vivência dos valores que você acabou de identificar. Lembre-se da área desafiadora que você escolheu para este manual e permita-se pensar nos eventos mentais difíceis que estão envolvidos nesse problema. Tanto quanto puder, esteja aberto para perceber as preocupações, ruminações e autocríticas que possam surgir em relação a essa situação. Agora, considere as seguintes perguntas para seus valores de AP/AR:
  - "Que pensamentos, sentimentos e imaginações indesejados podem me fisgar e me fazer lutar contra o sofrimento?"
  - "Que eventos mentais aparecem que podem atrapalhar meu movimento em direção a quem ou o que é importante para mim?"
  - "Quais são os eventos mentais que estou menos disposto a sentir e que parecem estar na origem dos meus problemas nessa área?"
- Agora, reserve um momento e preencha suas respostas no segundo quadrante. Que pensamentos e eventos privados você percebe que são fundamentais para o seu sofrimento nessa área? O exemplo de Laura abaixo mostra a gama de experiências mentais que podem nos prender em experiências indesejadas e, às vezes, desviar nossa atenção para longe das ações necessárias para concretizar nossas direções valorizadas.

EXEMPLO DE LAURA: Minhas iscas

Minhas iscas: que pensamentos e sentimentos indesejados podem atrapalhar?
Ansiedade e vergonha.
Autocrítica.
Comparações sociais.
Dúvidas sobre minhas habilidades/conhecimentos.
Frustração com clientes "resistentes".
Impulsos de consertar e resolver problemas.
Sensação de que não há tempo o bastante.
Eu não sou suficiente.

- A seguir, concentre-se no quadrante superior esquerdo, o terceiro quadrante, onde você observará e listará padrões de comportamento que envolvem tentativas de evitar suas "iscas" e experiências indesejadas. Para esse exemplo do manual, escolha padrões de esquiva e controle excessivo que você usa para lidar com sua experiência na área desafiadora que escolheu seguir ao longo de sua jornada inicial de AP/AR na ACT.

- Aqui, notamos aquelas tentativas de esquiva experiencial que em geral "saem pela culatra" ou resultam em padrões prejudiciais ou uma vida menor. Esses são os padrões de comportamento que às vezes nos afastam da ação valorizada, pois nos envolvemos em formas supressivas, evitativas ou viciantes de ser e fazer. Agora, considere as seguintes perguntas:
  - "O que eu costumo fazer quando minhas iscas mentais aparecem?"
  - "O que eu faço para me livrar ou evitar essas iscas?"
  - "Que mudanças físicas na postura corporal ou no comportamento não verbal posso notar nessa área?"
  - "Percebo alguma mudança no meu tom de voz ou no ritmo da fala quando estou mais evitativo?"
  - "Existem outros comportamentos visíveis que utilizo para lidar com eventos mentais indesejados?"
  - "Quais são os padrões de ação em que me envolvo que servem para afastar pensamentos e sentimentos indesejados?"
  - "Em quais padrões prejudiciais, viciantes ou de esquiva estou me envolvendo que estão falhando comigo ou me prejudicando?"
- Depois de considerar essas perguntas, reserve um momento para escrever as suas respostas no terceiro quadrante da Matrix. O exemplo de Laura, a seguir, pode ilustrar algumas das maneiras pelas quais ela se percebe presa a padrões de ação de esquiva.

EXEMPLO DE LAURA: Meus padrões identificados de ação de esquiva

---

Meus padrões identificados de ação de esquiva

"Resgatar" clientes em dificuldades, assumindo o controle do diálogo e sendo conivente com a esquiva.

Tentar encaixar muita coisa em uma sessão ou fazer horas extras nas sessões.

Não pedir ajuda, tentar resolver as coisas sozinha, pesquisar demais os problemas dos outros.

Ficar presa ao "modo de resolução de problemas" em vez de permanecer em um modo psicológico flexível.

Sacrificar muito tempo de outras áreas da minha vida ou do meu trabalho para o atendimento clínico e a pesquisa – "excesso de trabalho".

Procrastinar ou me distrair com as redes sociais e a TV – "desistir".

Desafiar meus pensamentos e me julgar com severidade simplesmente por ter pensamentos negativos.

Ficar presa em um ciclo de excesso de trabalho – sentir-me esgotada – e desistir.

Comer fast-food.

Adormecer com a TV ligada e não dormir com qualidade suficiente em horários regulares.

- No quadrante final, considere como seria se você se movesse em direção a esses valores. Pergunte a si mesmo:
  - "Como seria a incorporação desses valores?"
  - "Que hábitos e práticas posso adotar de forma consistente em prol das minhas direções valorizadas?"
  - "Como seria se eu estivesse engajado em comportamentos valorizados?"
  - "Que pequenos atos ou práticas pessoais poderiam começar a me ajudar a me mover em direção a esses valores?"
  - "O que me ajudaria a incorporar esses valores?"
- Reserve alguns momentos e anote suas respostas no quadrante superior direito. O exemplo de Laura, a seguir, pode ajudá-lo a considerar quais práticas são adequadas para você e para o caminho valorizado que deseja seguir nessa situação difícil.

EXEMPLO DE LAURA: Meus "movimentos de aproximação"

Meus "movimentos de aproximação": práticas e hábitos focados em valores

Desacelerar nas sessões e entre sessões.

Retornar conscientemente à minha conceitualização de caso quando me sinto apressada.

Falar comigo mesma com autocompaixão, lembrando-me de que conheço os próximos passos certos.

Notar quando me sinto emocionalmente sobrecarregada por uma interação e praticar técnicas de centramento e estabilização.

Solicitar apoio/consulta de caso aos colegas quando necessário.

Manter minha prática de meditação em posição sentada.

Envolver-me em atividades de lazer restauradoras.

Praticar exercícios regularmente.

Manter uma boa higiene do sono/vigília.

Receber apoio de relacionamentos familiares amorosos e compreensivos.

✍️ EXERCÍCIO. Minha Matrix de autoprática/autorreflexão na terapia de aceitação e compromisso

Meus padrões de ação de esquiva identificados	Meus "movimentos de aproximação": práticas e hábitos focados em valores
Minhas iscas: quais pensamentos e sentimentos indesejados podem atrapalhar?	**Meus valores: quais qualidades de fazer, ser e se relacionar são mais importantes para mim?**

De *Experimentando a terapia de aceitação e compromisso de dentro para fora: um manual de autoprática/autorreflexão para terapeutas*, de Dennis Tirch, Laura R. Silberstein-Tirch, R. Trent Codd III, Martin J. Brock e M. Joann Wright (Artmed, 2025). A permissão para reproduzir este formulário é concedida aos compradores deste livro apenas para uso pessoal. Aqueles que adquirirem este livro podem fazer o *download* de cópias adicionais deste material na página do livro em loja.grupoa.com.br.

O trabalho que estamos iniciando juntos tem a ver com a criação de condições em que a escolha se torne disponível. Juntos, estamos construindo uma vida na qual você cria e mantém a escolha de avançar em direção a quem ou o que é importante para você, sendo a versão de si mesmo que mais deseja ser, tanto quanto puder. Comprometemo-nos a fazer essa escolha, recomeçando constantemente, inclusive na presença de obstáculos, como aquelas coisas que você não quer pensar ou sentir. Dessa forma, percebemos e manifestamos flexibilidade psicológica e compaixão por nós mesmos e transformamos nossa vida. Por meio desse processo de notar, fazer escolhas e agir com compromisso, temos a oportunidade de reconhecer e experimentar uma vida com significado, propósito e vitalidade.

PERGUNTAS PARA AUTORREFLEXÃO

Qual foi sua experiência ao se envolver na Matrix da ACT, trabalhando com sua área desafiadora individual?

Como você entendeu nossa experiência de notar e classificar as dimensões de seus pensamentos e suas ações no diagrama Matrix?

Em que medida as estratégias do terceiro quadrante são viáveis? Elas eliminaram alguma dessas experiências internas indesejadas para sempre? Como suas tentativas de esquiva e excesso de controle estão funcionando?

Que vida você escolheria se lhe fossem apresentadas duas opções: fazer principalmente coisas para se afastar daquilo que você não quer sentir ou pensar, ou fazer principalmente coisas para se aproximar de quem ou do que é importante para você? Que diferenças haveria nessas formas de fazer e de ser?

_____
_____
_____
_____
_____
_____
_____
_____
_____
_____

Alguma coisa em particular se destacou ou pareceu importante para você em termos de como você pode aprimorar seu trabalho clínico? Houve implicações para o seu *self*-terapeuta decorrentes do trabalho com a Matrix que possam tê-lo surpreendido?

_____
_____
_____
_____
_____
_____
_____
_____
_____
_____

Houve desafios ou áreas de dificuldade para você nessa experiência? Em caso afirmativo, quais foram as dimensões mais desafiadoras dessa prática? O que sua experiência com essa dificuldade lhe sugere, em termos do seu desenvolvimento como clínico?

Como esse trabalho com a Matrix muda a maneira como você aborda a área desafiadora com a qual está trabalhando, no futuro, em sua vida pessoal e profissional?

Seção B

CENTRADO

Módulo 5

Entrando em contato com o momento presente

A nossa vida está sempre acontecendo agora. O agora é o único momento que você já vivenciou diretamente. Nem sempre vivenciamos o tempo dessa forma, mas essa não é uma ideia nova. Ao longo da história da humanidade, muitos observaram que a experiência do momento presente é tudo o que realmente temos e que o sofrimento muitas vezes ocorre quando lutamos contra essa realidade ou somos sugados por pensamentos do passado ou do futuro. Como disse John Lennon em sua canção *Beautiful Boy (Darling Boy)*, "A vida é o que nos acontece enquanto estamos ocupados fazendo outros planos". Apesar de nossa capacidade humana de lembrar, imaginar, abstrair, mudar de perspectiva e até mesmo pensar sobre nosso pensamento, todas essas experiências mentais são geradas por meio da cognição – nossa experiência, em última análise, procede do presente. Todas as nossas experiências diretas se desenvolvem aqui, no momento presente, e "aqui e agora" é o único lugar/tempo onde/quando podemos experimentar a nós mesmos, nosso mundo e nossa vida. Não obstante, manter deliberadamente uma atenção flexível e focada no momento presente pode ser um grande desafio. Podemos nos fundir e ser sugados por nossos pensamentos sobre nossa experiência – nos preocupamos com o futuro, ruminamos sobre o passado e nos envolvemos em uma série de estratégias de esquiva experiencial, o tempo todo nos afastando do presente, de nossa vida. Assim, aprender a entrar em contato com a experiência do momento presente e centrar-se nela nos ajuda a voltar a viver nossa vida e a nos conhecer.

Entrar em contato com o momento presente envolve, em parte, rastrear o que está acontecendo no ambiente nesse exato momento. Tendemos a nos distrair do que está acontecendo à nossa volta porque damos atenção ao que nossa mente está nos dizendo. Tente fazer isso: pegue o livro que você está lendo agora e segure-o contra o seu rosto. Agora, tente lê-lo. Temos a tendência de passar nossos dias de maneira muito semelhante, deixando de ver o que está acontecendo ao nosso redor enquanto pensamos no que está acontecendo, aconteceu ou vai acontecer. Assim como esse livro, quando nossos pensamentos estão focados no passado ou no futuro, o que realmente está bem à nossa frente fica bloqueado. Nossos eventos privados se tornam um filtro por meio do qual vivenciamos o mundo e o tomamos como realidade. Mas o que seus pensamentos estão lhe dizendo? O que é a realidade? Seu pensamento é sobre o fato de você não estar se esforçando o suficiente ou seu pensamento não é tão "real" quanto a mesa à sua frente? A música que está tocando nos alto-falantes? Ou o livro em sua mão? Embora nossos pensamentos pareçam muito reais para nós, eles não são *nós* e podem nos afastar do que está realmente acessível para nós, nesse exato momento.

Quando retomamos nossa atenção e nos centramos no momento presente, várias coisas ficam disponíveis. No modelo de flexibilidade psicológica da terapia de aceitação e compromisso (ACT), retornar ao momento presente facilita a desfusão, a aceitação e outros processos centrais de flexibilidade psicológica. Dessa forma, a consciência do momento presente é um processo essencial e fundamental no aprendizado e na prática da ACT (Hayes et al., 2012). Essa habilidade é considerada vital tanto para o psicólogo quanto para o cliente, durante as sessões de ACT e na vida cotidiana.

O segredo para manter a atenção focada no momento presente envolve o ato de trazer a atenção de volta ao presente quando ela se desviou. Em vez de treinar nossa mente para manter incansavelmente um ponto de foco durante um período impossível, aprendemos a manter nosso foco no aqui e agora e a trazer esse foco de volta ao presente sempre que ele se desviar para responder a eventos imaginários. A melhor maneira de aprender essa habilidade é por meio da prática deliberada. Essa prática pode envolver métodos "formais" deliberados, como meditação *mindfulness* sentado ou exercícios de áudio. Exemplos da prática formal de contato com o momento presente na autoprática/autorreflexão (AP/AR) na ACT incluem atenção plena à respiração, ao corpo, aos sentidos ou ao próprio momento presente; outros exercícios de meditação ou imagens; e treinamento de atenção. A ACT também envolve práticas "informais" que nos ajudam a aplicar a atenção focada no momento presente durante a realização de tarefas comuns. Como Golemen e Davidson (2017) sugerem em seu modelo de *mindfulness*, a prática de entrar em contato com o momento presente pode, inicialmente, envolver a indução de um "estado" de atenção plena e prosseguir para o cultivo de um "estilo" de atenção plena. Neste módulo, exploramos o contato com o momento presente na ACT e consideramos como podemos criar e manter uma prática pessoal de treinamento de consciência do momento presente.

TREINANDO O CONTATO COM O MOMENTO PRESENTE NA AUTOPRÁTICA/AUTORREFLEXÃO NA TERAPIA DE ACEITAÇÃO E COMPROMISSO

Historicamente, os terapeutas ACT têm sido muito incentivados a realizar sua própria prática de treino em *mindfulness* ou consciência do momento presente. As razões para isso se devem à natureza experiencial da consciência plena e refletem a fundamentação da AP/AR para psicólogos em geral. Assim, a AP/AR na ACT também enfatiza a importância da prática regular e personalizada. Muito do que fazemos e ensinamos na ACT diz respeito à expansão de repertórios comportamentais por meio do aprendizado experiencial. Isso requer uma compreensão dessas experiências em vários níveis, inclusive declarativa, processual e experiencialmente.

👉 EXERCÍCIO. Entrando em contato com a experiência do momento presente na autoprática/autorreflexão na terapia de aceitação e compromisso

O exercício a seguir pode ser usado em grupos, individualmente ou no consultório com os clientes. É um exercício fundamental de *mindfulness* que usa a respiração como uma âncora para o momento presente – e para onde você retornará quando sua mente se afastar. Você provavelmente reconhecerá isso como uma variação da forma de respiração consciente que é bastante praticada nas psicoterapias ocidentais e que exploramos anteriormente neste manual. Esses exercícios experienciais costumam ser feitos com a pessoa sentada. Você pode optar por sentar-se em uma cadeira de encosto reto com as pernas descruzadas, sobre uma almofada de meditação ou até mesmo sobre alguns travesseiros. É bom manter os pés no chão quando estiver sentado em uma cadeira. Se estiver em uma almofada, deixe os joelhos apoiados no chão. Dessa forma, você se sentirá mais firme. Se não tiver uma cadeira e estiver familiarizado com as posturas envolvidas na meditação sentada, poderá usá-las. Se não estiver familiarizado com essas posturas, não há problema algum – você pode simplesmente sentar-se em uma posição que lhe pareça confortável e que lhe dê apoio. O principal objetivo aqui é manter as costas em uma postura reta, porém relaxada. Isso permitirá que você respire de maneira profunda e completa e use toda a capacidade do diafragma e dos pulmões. Para fazer isso, é uma boa ideia manter os joelhos mais baixos do que os quadris, de modo que seja menos provável que você se incline ou caia para a frente. Pode levar algum tempo para você se acostumar, pois nem sempre estamos habituados a sentar com uma postura ereta e autossustentada, mas é provável que pareça bastante natural com apenas um pouco de prática. Você pode querer imaginar um fio fino e invisível puxando suavemente a parte superior da cabeça em direção ao teto, com o pescoço relativamente livre de tensão. Você pode baixar um arquivo de áudio dessa prática (em inglês) na página do livro em loja.grupoa.com.br – como alternativa, você pode ler e memorizar o que se segue como diretrizes para a prática silenciosa.

Nossas versões anteriores de *mindfulness* com respiração e práticas de centramento neste manual foram muito breves. Para esta versão, pedimos que você prolongue sua prática de *mindfulness* com respiração para 20 minutos. Além disso, estamos deixando períodos de silêncio mais longos durante esta prática. Observe o efeito de permanecer na presença do silêncio e ampliar sua experiência do momento presente. Nas discussões em grupo e nas práticas de autorreflexão, você pode querer discutir e contrastar a experiência de ficar sentado por breves períodos e ficar sentado por períodos mais longos.

Ao começar, permita que seus olhos se fechem. Concentre sua atenção nos pés apoiados no chão e, depois, nos músculos das pernas. Então note seu corpo em contato com o assento da cadeira ou almofada, sua coluna reta e apoiada, até o topo da cabeça e tudo o que estiver entre esses pontos. Sinta seu peso na cadeira e note o volume de espaço que você ocupa, aqui e agora.

Concentre parte de sua atenção nos sons ao seu redor na sala. O máximo que puder, note o espaço ao seu redor por meio da audição. Agora, traga parte de sua atenção para os sons fora da sala. Por fim, traga sua atenção para os sons que estão ainda mais distantes.

Na próxima inspiração, leve suavemente sua consciência para a respiração, permitindo que sua atenção esteja em cada inspiração e em cada expiração. A respiração está sempre conosco, passando por nós a cada inspiração e expiração. Não há necessidade de respirar de alguma maneira específica. Basta notar a experiência da respiração, permitindo que cada respiração flua em seu próprio ritmo. Observe o movimento da respiração no corpo, notando as sensações físicas que acompanham o seu fluxo. É da natureza de nossa mente vagar e se afastar da respiração. Quando notamos esse desvio de atenção, podemos até mesmo nos reconhecer brevemente por termos um momento de autoconsciência e, gentilmente, voltar nossa atenção para o fluxo da respiração.

Quando estiver inspirando, saiba que está inspirando.

Quando estiver expirando, saiba que está expirando.

Concentre a consciência no movimento da respiração no abdome. Observe todas as sensações presentes no abdome, permitindo que sua atenção se concentre e se acumule na inspiração e deixando de lado a consciência de sensações específicas ao expirar.

Permita-se acomodar-se a essa consciência, permanecendo em um estado de observação pura de suas sensações respiratórias, suspendendo críticas, avaliações ou mesmo descrições. Na próxima inspiração natural, guie suavemente sua consciência para quaisquer outras sensações que acompanham a respiração – talvez a sensação de ar frio na garganta ou nas narinas ao inspirar ou a sensação de ar quente ao soltar e expirar.

Ao inspirar, é como se você estivesse enchendo o corpo de consciência.

Ao expirar, é como se estivesse soltando.

Depois de passar algum tempo observando a respiração e quando estiver pronto para completar o exercício, na próxima inspiração disponível, expanda sua consciência para o corpo. Observe os pés apoiados no chão, os músculos das pernas, o seu contato com o assento da cadeira ou na almofada, a coluna reta e apoiada, até o topo da cabeça e tudo o que estiver entre esses pontos. Quando estiver pronto, você pode abrir os olhos e levar essa consciência com você para o próximo momento e os seguintes.

MINDFULNESS E A EXPERIÊNCIA HUMANA

Prestar atenção propositalmente ao aqui e agora, sem julgamento, avaliação ou resistência, não é a nossa forma padrão de estar no mundo. Nossa capacidade humana de representação simbólica e de linguagem dá origem às nossas habilidades para conceitualizações e processos cognitivos complexos. Todas essas vantagens excepcionais podem trazer grandes benefícios – na verdade, elas parecem tornar a atenção plena humanamente possível, mas também podem ser fonte de grande sofrimento. Nossa capacidade de reagir a eventos privados como se fossem reais pode resultar em reviver experiências passadas ou imaginar experiências futuras como se estivessem ocorrendo agora, ao mesmo tempo que perdemos os momentos de nossa vida enquanto eles ocorrem (Wilson & Du Frene, 2009). O que se perde na natureza automática e distraída do nosso funcionamento diário são nossas vidas, inúmeros momentos e oportunidades para escolher nossas formas valorizadas de ser e viver.

Os pensamentos perturbadores do passado tendem a ser repletos de arrependimento, culpa, vergonha e ideias depressivas, ao passo que os pensamentos incômodos voltados para o futuro tendem a ser de medo, preocupação e ansiedade. Mas onde está o espaço para o agora? Romper com os pensamentos difíceis do passado e orientados para o futuro por meio do contato com o momento presente nos permite criar mais espaço para o aqui e o agora. Apenas saiba que nosso *self* conceitualizado aparecerá – nisso você pode confiar. Não podemos controlar o que vem à nossa cabeça – é assim que a mente funciona. A habilidade a ser praticada aqui é perceber quando a distração chega e então usar seu *self* observador para trazê-lo de volta ao agora.

O momento presente é onde reside nossa capacidade de agir com habilidade, flexibilidade e fazer escolhas valorizadas. É bem aqui, nesse momento, que a flexibilidade, o *self*-como-processo e a vida valorizada se tornam disponíveis para nós. Ao cultivar essa capacidade de centramento, o momento presente pode representar uma porta pela qual podemos retornar a nós mesmos como atores ativos em nossa vida, com significado e propósito.

Entrar em contato com o momento presente é uma capacidade que leva tempo e prática para ser desenvolvida e se tornar mais natural. Enfatizamos isso logo de início porque ouvimos frequentemente de clientes e *trainees* que eles têm dificuldade para permanecer no momento presente. Se isso for verdade para você, seja bem-vindo! Essa é uma experiência muito humana e onipresente. Reconhecer e saber que isso é parte do processo – e não uma exceção – é fundamental. Perceber quando você perdeu contato com o agora é essencial para poder retornar – e permanecer. Nosso próximo exercício experiencial se concentra em expandir sua consciência para todas as suas experiências privadas conforme elas surgem no momento presente, seguido de suas perguntas de reflexão de AP/AR.

ENTRANDO EM CONTATO COM PENSAMENTOS, SENTIMENTOS E SENSAÇÕES NO MOMENTO PRESENTE

EXERCÍCIO. Prática "formal"

Encontre um lugar tranquilo e livre de distrações. Reserve alguns momentos para se sentir confortável onde está sentado. Ao iniciar este exercício, faça pequenos ajustes necessários em sua posição e postura, deixando-a segura e ancorada, a fim de preparar você e seu corpo para essa prática.

Ao começar, permita que seus olhos se fechem. Comece a levar suavemente parte de sua atenção para a sola dos pés. Em seguida, leve parte de sua atenção para o topo da sua cabeça. E agora, para tudo o que estiver no meio. Com sua próxima inspiração natural, permita que sua consciência se acomode com as sensações da respiração. Inspire, sabendo que está inspirando, e expire, sabendo que está expirando. Observe o movimento da respiração no corpo, registrando as sensações físicas que acompanham o fluxo da respiração em seu corpo.

É da natureza da nossa mente vagar e se afastar. Quando notamos esse desvio de atenção, podemos até mesmo nos reconhecer brevemente por estarmos tendo um momento de autoconsciência e, gentilmente, reconduzir nossa atenção ao fluxo da respiração.

Com a sua próxima inspiração natural, permita-se expandir essa consciência para o nível das sensações físicas que estão presentes em todo o seu corpo. Se houver sensações de tensão, pressão ou desconforto, concentre sua atenção nelas também. Na medida do possível, tenha uma atitude de abertura para essas experiências. Ao inspirar, concentre sua atenção especialmente nas áreas do corpo que lhe causam desconforto, tensão ou resistência. Você consegue abrir espaço para essas experiências? Leve parte de sua atenção para o sentimento de resistência, para a luta que você está experimentando em torno dessas sensações. Ao encontrar cada uma dessas sensações, em todo o corpo, permita que elas – e você – sejam exatamente como são nesse momento.

Ao expirar, abandone totalmente o foco nas sensações físicas. Com a próxima inspiração natural disponível, concentre sua atenção em seus pensamentos e emoções. Que pensamentos você nota? Que emoções estão presentes? Muitas vezes nos vemos levados por nossos pensamentos e sentimentos. Parece tão fácil ficar preso ao fluxo contínuo de imagens mentais, pensamentos e emoções. Nesse momento, tente ver esses pensamentos e sentimentos como eles são. Se você perceber que está se deixando levar por eles, retorne gentilmente sua consciência para as sensações da respiração. Depois de permanecer com esta prática por alguns minutos, permita que sua atenção volte a se concentrar nos objetos da própria mente.

À medida que cada novo pensamento ou imagem entrar em sua mente, apenas note e observe. Se desejar, você pode atribuir um breve rótulo descritivo para cada evento mental à medida que ele surge e desaparece. Por exemplo, você pode dizer silenciosamente para si mesmo: "Preocupação, estou me preocupando" ou "Lembrança, isso é lembrar", quando essas coisas ocorrerem em sua mente. Permita-as o tempo todo, aceitando-as na forma que assumirem. Veja se você consegue permanecer com essas ocorrências mentais, criando espaço para cada uma delas conforme chegam e notando que estão indo embora.

De vez em quando, há ocorrências mentais angustiantes ou perturbadoras. Da melhor forma possível, simplesmente permita-se ficar com essas experiências, assim como fez com outros eventos mentais nesta prática. Ao inspirar, permita que sua consciência se concentre nessa experiência, abrindo espaço para o que quer que surja. Ao expirar, deixe de lado essa consciência e permita o que quer que o próximo momento tenha a oferecer. Use a curiosidade e preste muita atenção às maneiras pelas quais esses pensamentos ou sentimentos surgem, culminam e, por fim, desaparecem da consciência. Cada pensamento ou sentimento individual tem um começo e um fim, nunca duradouro, nunca permanente. Permita-se ser um observador desse fluxo contínuo, direcionando sua atenção para sua mente em ação.

Com a próxima inspiração disponível, permita-se guiar sua atenção para quaisquer outras experiências disponíveis para você nesse momento. Guie suavemente sua atenção e traga a consciência aberta para o que quer que esteja experimentando. Ao expirar por um momento, permita-se sentir uma abertura completa para ser exatamente quem você é, exatamente aqui e agora.

Quando estiver pronto para abandonar este exercício, com sua próxima inspiração natural, expanda sua consciência para os pés no chão. Em seguida, para o seu assento na cadeira, para as costas retas e apoiadas e para o topo da cabeça. Agora, para tudo o que estiver entre esses pontos. Volte sua atenção para a respiração e simplesmente a siga. Ao inspirar, saiba que está inspirando, e ao expirar, saiba que está expirando. Quando estiver pronto, abra os olhos e permita-se abandonar esse exercício e retomar seu dia.

EXERCÍCIO. "Prática informal": atividade prazerosa consciente

Reserve alguns momentos para se envolver em uma atividade de que você goste. Escolha algo pequeno – talvez tomar sua primeira xícara de café pela manhã, praticar um instrumento que você toca, ou se aconchegar com um animal de estimação ou um ente querido. Agora, vá fazer isso, mas faça-o com atenção plena. Da melhor forma possível, esteja aberto e aceite toda a sua experiência nessa atividade. Preste atenção ao que você pode perceber com seus cinco sentidos e como você se sente em seu corpo, mente e coração. Simplesmente observe e anote essas experiências. Quando terminar, responda às perguntas a seguir.

O que você notou?

O que você percebeu com seus cinco sentidos nesses momentos?

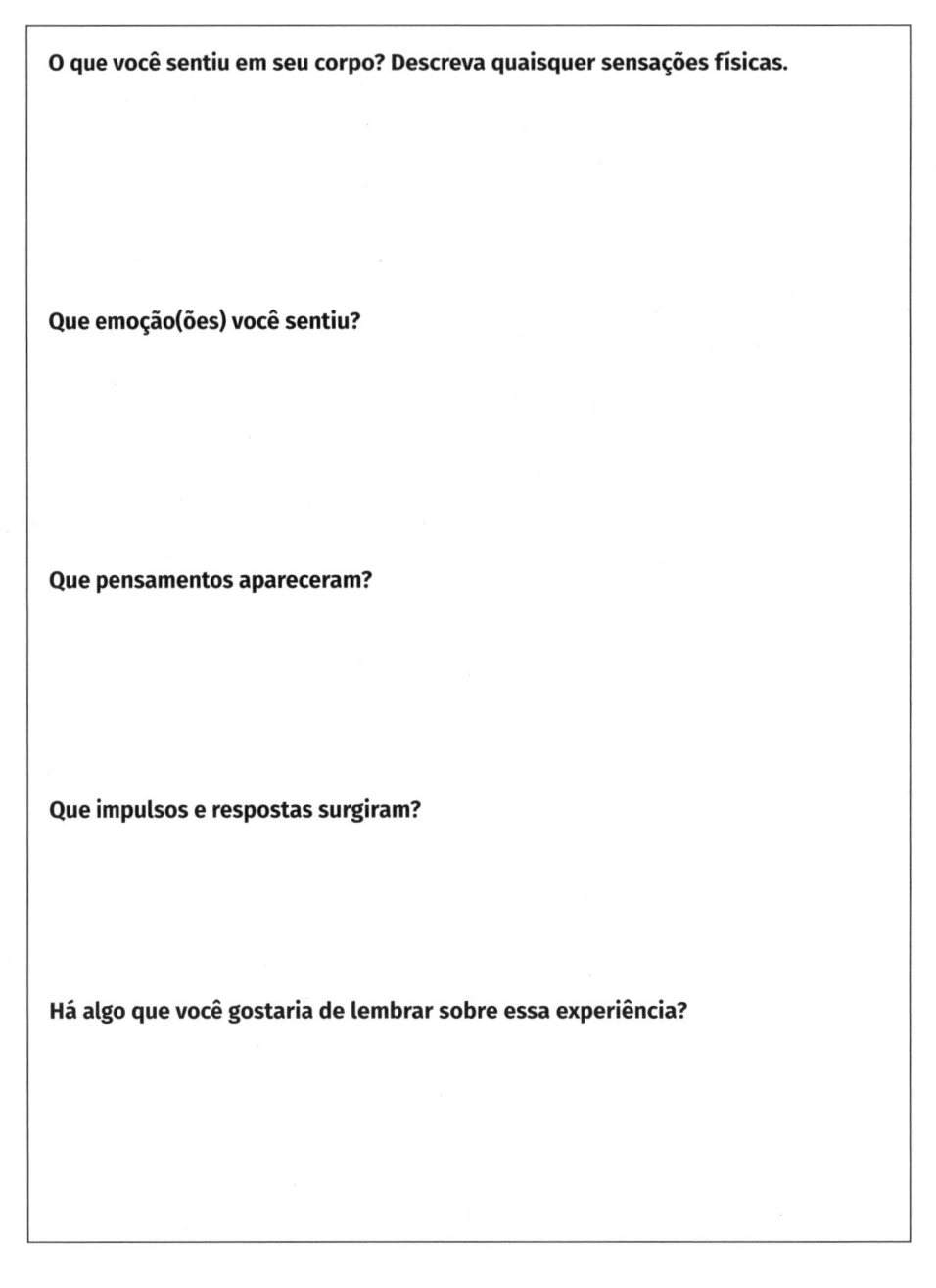

O que você sentiu em seu corpo? Descreva quaisquer sensações físicas.

Que emoção(ões) você sentiu?

Que pensamentos apareceram?

Que impulsos e respostas surgiram?

Há algo que você gostaria de lembrar sobre essa experiência?

A seguir, disponibilizamos um formulário para você acompanhar sua prática de contato com o momento presente. Durante a semana que você escolher para trabalhar neste módulo, use o formulário para monitorar e explorar sua prática pessoal. É melhor começar com a prática de *mildfulness* com respiração e depois acrescentar um ou ambos os exercícios adicionais deste módulo. Depois de completar a semana de prática monitorada, responda às perguntas de autorreflexão que se seguem.

✍️ EXERCÍCIO. Rastreando a prática intencional: entrando em contato com o momento presente

Data	Que exercício(s) você praticou? Quais foram o horário e local da prática?	Prática formal ou informal?	O que você notou?
Segunda-feira ___/___/___			
Terça-feira ___/___/___			
Quarta-feira ___/___/___			
Quinta-feira ___/___/___			
Sexta-feira ___/___/___			
Sábado ___/___/___			
Domingo ___/___/___			

De *Experimentando a terapia de aceitação e compromisso de dentro para fora: um manual de autoprática/autorreflexão para terapeutas*, de Dennis Tirch, Laura R. Silberstein-Tirch, R. Trent Codd III, Martin J. Brock e M. Joann Wright (Artmed, 2025). A permissão para reproduzir este formulário é concedida aos compradores deste livro apenas para uso pessoal. Aqueles que adquirirem este livro podem fazer o *download* de cópias adicionais deste material na página do livro em loja.grupoa.com.br.

PERGUNTAS PARA AUTORREFLEXÃO

Qual foi sua experiência ao praticar o exercício de respiração consciente? Que observações foram mais vívidas para você naquele momento?

_____
_____
_____
_____
_____
_____
_____
_____
_____
_____

O que você notou ao se envolver no exercício de entrar em contato com sua experiência no momento presente? Que observações foram mais vívidas para você nesta prática?

_____
_____
_____
_____
_____
_____
_____
_____
_____
_____

O que houve de diferente nessas experiências em relação à sua consciência e atenção cotidianas?

Houve alguma coisa nessas experiências que você gostaria de lembrar? O que essa experiência, e o que você levará adiante, lhe diz sobre você como profissional clínico?

Como você planeja praticar o contato com as práticas do momento presente daqui para a frente? Como você pode promover um maior contato com o momento presente em seu trabalho clínico?

_____
_____
_____
_____
_____
_____
_____
_____
_____
_____
_____
_____
_____
_____

Módulo 6

Self-como-contexto

Juntamente aos outros processos centrais de flexibilidade psicológica, na autoprática/autorreflexão (AP/AR) na terapia de aceitação e compromisso (ACT) nos concentramos em desenvolver nosso "*self*-como-contexto". Como já discutimos, esse termo aponta para um "eu observador" que é experimentado como um consistente "eu-aqui-agora" de nosso ser, ao longo do tempo e do espaço. Essa perspectiva do observador contém toda a nossa experiência e é distinta de nossa "autonarrativa". Treinamos nossa capacidade de acessar e habitar nosso modo de ser do *self*-como-contexto por meio de uma série de técnicas, incluindo metáforas, meditações e outros exercícios de tomada de perspectiva. Neste módulo e no próximo, trabalhamos com o aprofundamento da experiência do *self*-como-contexto e praticamos a diferenciação entre a nossa narrativa do *self-como-conteúdo* e nossa experiência do *self-como-contexto*.

O *SELF*-COMO-CONTEÚDO: O *SELF* CONCEITUALIZADO

Ao longo da história, nós, seres humanos, temos nos debatido com a pergunta "Quem sou eu?". Essa luta prossegue ao longo da vida, assim como tem prosseguido ao longo da evolução da nossa espécie.

Desde muito jovens, aprendemos a usar palavras e cognições para categorizar e avaliar o nosso mundo e a nossa experiência e, com o tempo, o nosso eu. Construímos uma representação simbólica interior de quem somos, em relação aos outros, ao futuro e ao mundo. Como vimos, na raiz desse processo está a nossa capacidade de derivar relações entre estímulos, de usar linguagem interna e de julgar e definir a nossa experiência. Essa tendência humana nos leva a avaliar e julgar constantemente o significado de nossas experiências – "boas" *versus* "más", "certas" *versus* "erradas". Essa conceitualização continua durante toda a vida, faz parte do que nos torna humanos e nos permite conhecer a nós mesmos. Quando esse processo se concentra em nosso senso de identidade, podemos nos encontrar com autoconceitos ou rótulos rígidos, como "produtivo", "impostor" ou "pai/mãe ruim". Assim, todos nós aprendemos a usar uma variedade de avaliações e descrições para nos definirmos – algumas nos agradam, outras não. A forma como aprendemos a reagir ao nosso senso de identidade pode ampliar ou restringir nosso comportamento e, muitas vezes, nossa vida, dependendo do nosso histórico de aprendizado.

Nossa experiência narrativa de nós mesmos pode parecer tão onipresente, fundamental e "real" que a maioria de nós costuma confundir nosso autoconceito com uma verdade absoluta sobre quem somos e sobre o que é a vida. Curiosamente, a experiência de nós mesmos é apenas mais uma construção da mente, e podemos aprender a nos relacionar com esse senso de identidade de maneiras radicalmente diferentes, com resultados poderosos.

EXERCÍCIO. "Eu sou..."

> Considere o seu senso de identidade por um momento e complete a seguinte frase o mais rápido que puder, tentando não pensar muito:
>
> "Eu sou _____."
>
> Vamos considerar uma série de perguntas sobre sua resposta.
> - O que lhe veio à mente quando lhe pediram para completar a frase?
> - Você descreveu uma conceitualização de si mesmo? (*Talvez você tenha descrito alguma parte de sua história narrativa ou origem ou tenha observado alguma dimensão de sua identidade. Por exemplo, você pode ter escrito "Sou do sul da Inglaterra" ou "Eu sou estudante de doutorado."*)
> - O conceito sobre si mesmo que você escreveu é novo ou antigo?
> - A resposta representa tudo o que você é?
> - De que outras maneiras você poderia ter completado essa frase?
> - Que pensamentos você tem sobre essa frase?
> - Que emoções ou sensações você está sentindo ao ler essas palavras?
> - Ao observar suas respostas a essas perguntas, aqui e agora, considere a seguinte questão: *Quem é que está percebendo tudo isso?*

Nosso comportamento de construir uma experiência conceitualizada de um eu separado por meio da descrição e avaliação de nossos "eus" é chamado de "*self* narrativo" ou *self*-como-conteúdo na ACT. Nossa experiência de nosso *self*-como-conteúdo pode ser semelhante a olhar para o "sumário" da história da nossa vida. Atribuímos rótulos a nós mesmos e às nossas experiências e, de alguma forma, montamos uma estrutura narrativa que nos ajuda a dar sentido à nossa experiência e às nossas ações. Na ACT, o *self*-como-conteúdo é comumente referido como a "narrativa" que a nossa mente cria sobre quem somos e o que vivenciamos.

Quando nos tornamos demasiadamente fixados ou dependentes dessas conceitualizações, o resultado pode ser um comportamento ineficaz, inflexível e, às vezes, prejudicial. Passamos a buscar a adesão às nossas regras verbais autoimpostas.

Assim, nossas identidades podem nos circunscrever, condicionar nossos comportamentos e limitar nossas experiências. Passamos a acreditar que nossas experiências e nossas respostas a elas nos definem e que nosso destino depende delas. Assim, acabamos representando versões complexas da profecia autorrealizável de nossa própria mente. O fato de nos definirmos excessivamente por nossos autoconceitos pode ter um efeito deletério em nossa flexibilidade psicológica.

Quando nos fundimos de forma excessiva com nossa conceitualização do eu, nossa vida pode tornar-se menor, e, como resultado, tendemos a sofrer. Não é de se admirar que a autoestima tenha sido um dos temas mais pesquisados na psicologia. De fato, quando nos identificamos demais ou nos confundimos com um eu conceitualizado negativo ou inútil, a realização de nossos valores mais profundos na vida pode parecer impossível.

A pesquisa demonstra que a vergonha crônica e a autocrítica são fatores transdiagnósticos na psicoterapia que contribuem para uma grande parcela do sofrimento humano e que podem confundir a eficácia do tratamento (Gilbert, 2011). Quando somos confrontados com o impacto percebido de autoconceitos limitantes ou destrutivos, podemos compreensivelmente acreditar que deveríamos nos esforçar para mudar nossos pensamentos negativos sobre nós mesmos, trabalhar para aumentar nossa "autoestima" ou de alguma forma nos tornarmos uma "pessoa melhor".

A ACT oferece liberdade da tirania da fusão com nosso eu conceitualizado por meio da tomada de uma perspectiva flexível. Na ACT, acessamos intencionalmente uma experiência do self-*como-contexto* para ampliar a experiência do eu e as possibilidades de nossa experiência e ação.

Na ACT, encontramos uma alternativa às estratégias que se baseiam principalmente em desafiar ou "reestruturar" a nossa história do self-*como-conteúdo*. Em vez de focar nosso treinamento mental na correção, contestação ou modificação de nossas autoconceituações, na ACT praticamos a mudança de nossa perspectiva do protagonista individual em uma autonarrativa para a de um "eu observador" (Deikman, 1982; Harris, 2009). Praticamos observar e considerar nossas autonarrativas com leveza, em vez de situar nossa experiência em um senso imobilizado do eu em conformidade com nossas narrativas pessoais. De certa forma, a ACT envolve aprender novas maneiras de responder ao nosso senso de identidade. Nosso foco não está em quão "negativas" ou "positivas" são nossas autoconceituações, mas sim em *mudar nossa relação* com nossas autonarrativas e *afrouxar o controle que elas exercem sobre nós*.

EXERCÍCIO. O oceano do ser

A meditação a seguir foi elaborada para nos ajudar a entrar em contato com nossa experiência do *self*-como-contexto usando *mindfulness*, respiração rítmica e imagens mentais. Como acontece com todas as nossas mediações e exercícios experienciais neste manual, é melhor praticar em um ambiente seguro e tranquilo, onde você não seja perturbado por cerca de 15 minutos. Essa prática pode ser usada como uma introdução à experiência de habitar o seu eu observador e como uma prática diária.

Quando feita diariamente, usamos imagens para cultivar nossa experiência do que é chamado de "base do ser" na prática budista tibetana Vajrayana Dzogchen (Dalai Lama, 2004). Na verdade, a prática de imagens profundamente meditativas a seguir tem muito em comum com as meditações dessas correntes. Entretanto, para o nosso exercício experiencial, não precisamos de nenhum treinamento avançado em meditação, nem precisamos adotar nenhum sistema de crenças. Estamos apenas usando nossa imaginação para entrar em contato com uma experiência do *self* que nos permite manter toda a nossa experiência com atenção plena, momento a momento, a partir da perspectiva do nosso *self*-como-contexto. Você pode baixar um arquivo de áudio dessa prática (em inglês) na página do livro em loja.grupoa.com.br. Como alternativa, você pode ler e gravar as instruções a seguir ou internalizá-las e memorizá-las como diretrizes para sua própria prática silenciosa contínua.

Comece fechando os olhos e permitindo-se uma expiração longa e relaxante. Ao expirar, imagine que você está liberando qualquer tensão desnecessária à qual possa estar se apegando nesse momento. Ao inspirar, observe todos os locais em que seu corpo possa estar tenso, preparando-se para alguma ação ou até mesmo proporcionando rigidez e apoio extras. Com a próxima expiração longa, libere a tensão que acabou de perceber.

Ao continuar com um ritmo de respiração lento e consciente, permita-se ajustar sua posição na cadeira ou almofada de meditação para se sentir estabilizado e ancorado. Tanto quanto possível, adote uma postura digna e firme, incorporando dentro de si as qualidades de dignidade, centramento e autoridade. É como se houvesse um fio invisível que gentilmente alinhasse sua cabeça e coluna, apoiando-o enquanto desaparece nas nuvens bem acima.

Com a próxima inspiração, levamos parte da nossa atenção para as solas dos pés. Ao expirar, levamos parte da nossa atenção para o topo da cabeça. Continuando com a nossa respiração consciente, preenchemos o nosso corpo com a consciência de tudo o que está entre esses pontos. Agora, leve a consciência para os sons que você ouve na sala, os sons do lado de fora da sala e os sons que estão ainda mais distantes.

Com a próxima inspiração, é como se estivéssemos respirando a atenção para dentro do corpo, preenchendo-o com a presença da vida. Com a próxima expiração, é como se estivéssemos soltando. Siga sua respiração dessa maneira, reunindo sua atenção e soltando-a a cada ciclo da respiração.

Inspirando, permita-se sentir acordado, alerta e vivo. Inspirando, permita-se sentir centrado e ancorado. Adotando uma consciência tão aberta e receptiva quanto possível, a cada momento. Ao fazermos isso, quando os pensamentos surgem, abrimos espaço para o que quer que tenha surgido. Notando o pensamento, a imagem ou a emoção e trazendo gentilmente sua atenção de volta ao fluxo da respiração na próxima inspiração natural.

Ao seguir a respiração, permita que cada expiração se prolongue, ampliando o ritmo da respiração e desacelerando. Estamos desacelerando o corpo e desacelerando a mente. Gradualmente, nos aproximamos de um ritmo de apenas algumas respirações por minuto. Permita que sua respiração respire por si mesma dessa forma e encontre seu próprio ritmo focado e centrado.

Permaneça com o silêncio e com sua respiração, mantendo-se gentil e descansando na respiração durante os próximos minutos.

Quando estiver pronto, comece a direcionar o foco de sua atenção plena para os próprios pensamentos. Perceba como cada evento mental ocorre diante da testemunha sempre presente que é o seu eu observador. Você, como observador, pode notar o surgimento de cada pensamento. Observe como o pensamento começa. Nesse momento, observe como ele avança e como muda. Observe como o pensamento flui e começa a se completar. Nesse exato momento, note como o pensamento termina. Perceba o espaço entre um pensamento e o surgimento do próximo. Descansando nesse momento, observe o fluxo desses pensamentos, tanto quanto puder.

Reserve algum tempo para simplesmente permanecer na presença de seus eventos mentais, você está acordado, alerta e vivo. Comece a permitir que uma imagem se forme em sua mente. Essa imagem é a de você mesmo em pé em uma praia.

A praia é convidativa, bonita e calma. É de manhã cedo, você está sozinho e o sol está quente, enquanto a brisa está esfriando. Pode ser uma praia de que você está relembrando ou uma praia que sua mente está criando para você por pura imaginação. Você pode ver a luz do sol cintilando na superfície da água como diamantes dançantes. Você pode sentir a areia sob seus pés. Inspire, sabendo que está inspirando. Expire, sabendo que está expirando.

Imagine que cada um dos seus pensamentos é representado por uma das ondas que vem suavemente do oceano. Cada onda é um de seus pensamentos. Cada pensamento é uma das ondas. Observe como a onda começa, aparentemente saindo do horizonte.

Nesse momento, observe como a onda avança e como ela flui e muda de forma e tamanho. Note como cada onda de pensamento avança e começa a se completar. Nesse exato momento, observe como a onda enfeita a praia. Note como algumas ondas de pensamento chegam ao fim suavemente, desaparecendo na praia, enquanto algumas ondas de pensamento se arrebentam na praia. Observe o espaço entre uma onda de pensamento e o surgimento da próxima onda. Descansando nesse momento, veja o fluxo dessas ondas de pensamento, o máximo que puder. Ao observar as ondas, você é o observador, você não é as ondas em si, mas elas se desdobram diante de você, repetidas vezes, e sempre nesse momento presente. Esse momento é todo momento, e é o único momento. Esse momento.

Agora, imagine que você não está mais observando as ondas da costa, mas que se tornou o próprio oceano. Permita-se expandir e tornar-se esse oceano. Mantendo parte da nossa atenção na respiração, inspirando e sabendo que estamos inspirando, e expirando e sabendo que estamos expirando, podemos nos sentir como o oceano. Assim como o oceano, somos incrivelmente profundos e amplos. Podemos sentir a amplitude e a interioridade do nosso ser. Permita-se descansar em silêncio por alguns momentos e sentir esse espaço interior.

Você é o oceano, aqui e agora.

Assim como o oceano tem ondas, mas é muito mais do que qualquer onda, você tem eventos mentais – pensamentos, imagens, lembranças e sensações. Assim como as ondas se movem pelo oceano e se movem como o oceano, seus eventos mentais se movem através de você e dentro de você. Você é muito mais do que qualquer pensamento. Você é muito mais do que qualquer história. Nesse momento, descansando na respiração e mantendo a gentileza, podemos permitir que o fluxo de nossas ondas de experiência se mova através de nós, pois somos o oceano profundo e amplo.

Repouse em silêncio e observe as ondas que passam por você. Observe esse eu oceânico, que é forte, fluido e capaz de abrir espaço para todas as coisas em todas as direções. Repouse nesse modo de ser, nesse oceano de ser, pelo tempo que desejar.

Passando algum tempo sem ver o relógio, trazendo a nossa atenção para essa inspiração natural, estamos começando a deixar as imagens de lado. A cada respiração, nossa atenção se concentra mais plenamente na experiência aqui e agora da própria respiração.

Nesse momento, permita-se sentir gratidão por praticar algo novo e por expandir sua experiência, e comece a formar a intenção de abandonar completamente essa prática.

Com a próxima inspiração, levamos parte da nossa atenção para as solas dos pés. Ao expirar, levamos parte da nossa atenção para o topo da cabeça. Continuando com a respiração consciente, preenchemos o nosso corpo com a consciência de tudo o que está no meio. Agora, leve consciência aos sons que você ouve na sala, aos sons do lado de fora da sala e aos sons que estão ainda mais distantes do que isso.

Quando estiver pronto, abra os olhos, volte sua atenção para a sala ao seu redor, alongue-se, se quiser, e prepare-se para deixar essa prática de lado e voltar ao fluxo do seu dia.

PERGUNTAS PARA AUTORREFLEXÃO

Como foi sua experiência de *self*-como-contexto durante a leitura e as práticas experienciais encontradas neste módulo?

_____
_____
_____
_____
_____
_____
_____
_____

Como você entende sua experiência de *self*-como-contexto?

_____
_____
_____
_____
_____
_____
_____

De que forma a visualização de nossos eventos mentais a partir da perspectiva do *self*-como-contexto nos afeta? Como essa capacidade se manifesta em sua prática clínica e no relacionamento psicoterapêutico?

Como você poderia trazer uma perspectiva do *self*-como-contexto para a área desafidora com a qual você escolheu trabalhar neste manual? Como isso pode melhorar seu trabalho clínico?

Como você entende a relação entre ver sua experiência do momento presente a partir da perspectiva do observador e sua capacidade de viver seus valores de forma mais plena ao enfrentar a questão desafiadora com a qual você tem trabalhado durante nosso programa de AP/AR na ACT? Em sua vida pessoal? Em sua vida profissional?

_____
_____
_____
_____
_____
_____
_____
_____
_____
_____
_____
_____
_____

Módulo 7

Tomada de perspectiva flexível

Nosso trabalho com o *self*-como-contexto é fundamentado na ciência contextual da tomada de perspectiva (Foody, Barnes-Holmes, & Barnes-Holmes, 2012; Hayes et al., 2012). As técnicas anteriores de tomada de perspectiva na terapia de aceitação e compromisso (ACT) se centravam principalmente na utilização da nossa capacidade de mudar intencionalmente de perspectiva para acessar o "eu observador", como exploramos no módulo anterior. Entretanto, nas últimas duas décadas, as tecnologias da ACT e da ciência comportamental contextual (CBS, do inglês *contextual behavioral science*) se expandiram e se desenvolveram para utilizar uma gama de técnicas de "tomada de perspectiva flexível" que podem aumentar nossa flexibilidade psicológica (McHugh, Stewart, & Hooper, 2012; Yadavaia, Hayes, & Vilardaga, 2014; Yu, Norton e McCracken, 2017).

Baseando-se no *corpus* da pesquisa em teoria das molduras relacionais (RFT, do inglês *relational frame theory*) e traduzindo a ciência para termos fáceis de usar, Harris descreveu a importância expansiva da tomada de perspectiva flexível da seguinte forma:

> O significado menos comum do *self*-como-contexto é "tomada de perspectiva flexível". Quando usado com esse significado, *self*-como-contexto refere-se a quaisquer e todos os tipos de tomada de perspectiva flexível; que são todos classificados como "molduras dêiticas" na teoria das molduras relacionais. A tomada de perspectiva flexível é a base da desfusão, da aceitação, do contato com o momento presente, da autoconsciência, da empatia, da compaixão, da teoria da mente e da projeção mental no futuro ou no passado. (*www.actmindfully.com.au/upimages/Making_Self_As_Context_Relevant,_Clear_and_Practical.pdf*)

Na RFT, "moldura dêitica" refere-se a um padrão de relacionar estímulos em termos da perspectiva de quem experiencia (McHugh et al., 2012). As molduras mais comuns que discutimos em termos de moldura dêitica são as experiências de *eu e você*, de *aqui e lá*, e de *então e agora*. À medida que os indivíduos cultivam maior flexibilidade e fluência em sua capacidade de assumir uma perspectiva por meio de emolduramento dêitico, eles podem desenvolver maior flexibilidade psicológica e agilidade mental. Por consequência, a comunidade da ACT tem aprimorado o uso de tomada de perspectiva flexível por meio de técnicas de psicoterapia que se traduzem bem em nosso trabalho de AP/AR na ACT.

Além de nosso embasamento científico na RFT, vale a pena observar que muitas abordagens de psicoterapia compartilham a tomada de perspectiva como um meio de lançar uma luz diferente sobre nossas experiências cotidianas como seres humanos. Isso costuma estar presente quando os terapeutas incentivam uma visão mais longitudinal de nossa experiência humana, em vez de ficarmos presos às minúcias cotidianas de nossa experiência vivida. Por exemplo, pacientes com depressão tendem a perceber que seus pensamentos costumam estar repletos de arrependimentos e recriminações em relação a eventos de sua vida em que estão presos a uma perspectiva de que deveriam ter-se comportado "melhor" ou feito um trabalho "melhor". Uma simples mudança de perspectiva sobre como eles poderiam ver um amigo querido que enfrentou os mesmos desafios já pode ser um grande passo para se libertar da fusão com essa perspectiva. Da mesma forma, pessoas que lutam contra a ansiedade em geral percebem que seus pensamentos são predominantemente guiados por um filtro "E se?", por meio do qual as reflexões são tomadas pela preocupação sobre como suas ações podem afetar o bem-estar dos outros ou de si mesmas. Imaginar essas preocupações a partir de diferentes pontos de tempo, lugar e pessoa pode afrouxar o seu controle sobre nossas ações e estados de ser.

Como terapeutas, talvez possamos nos identificar com essas lutas humanas. Dada a motivação compassiva dos seres humanos que se sentem atraídos a cuidar dos outros, somos levados a talvez querer "fazer a diferença" ou a desejar ser a pessoa que não "decepciona os outros".

É claro que se pode notar uma ligação direta com nossos valores – aquela contida na declaração anterior. Podemos notar um desejo de aliviar o sofrimento ou, pelo menos, de não causar danos a nós mesmos ou aos outros conscientemente. Contudo, vivendo a luta que enfrentamos como seres humanos, muitas vezes falhamos e muitas vezes sofremos. Nossa experiência pode ser guiada pelo que é importante para nós, e, ainda assim, o foco estreito de uma perspectiva baseada no *self*-como-conteúdo pode nos levar à autocrítica, pois minimizamos o peso e a influência do contexto de nossa experiência humana.

Como o fundador da terapia focada na compaixão (TFC), Paul Gilbert (2010), já descreveu várias vezes, não podemos escolher como nossa mente funciona; nosso funcionamento mental é um "presente" evolutivo para nós. Além disso, não tendemos a escolher nossa história aprendida. Por exemplo, se, quando crianças, fôssemos raptados de nossos ambientes de aprendizagem seguros e lançados em ambientes abusivos e criminalizados, provavelmente nos adaptaríamos à nossa experiência e agiríamos e nos comportaríamos de uma forma muito distante da vida que desejaríamos para nós mesmos. Pode ser útil tomar uma perspectiva em que percebemos que muito do que nos faz sofrer na vida não é de nossa escolha e não é culpa nossa. Esse simples ato de tomar uma perspectiva – ter uma visão geral de nossa condição humana e reconhecer que muitas coisas simplesmente não são culpa nossa – pode nos ajudar muito. Partimos de onde estamos. Avançamos a partir de onde viemos. De onde estamos, fazemos o melhor que podemos. É comum notarmos, por exemplo, que, como seres humanos, tendemos a ser mais tolerantes com as fragilidades humanas dos outros e, não obstante, somos nossos piores críticos ao ver nossas próprias transgressões de natureza semelhante. Que sejamos capazes de nos afastar da nossa autocrítica e da fusão com autoavaliações e autoafirmações condenatórias, para que possamos incorporar e realizar conscientemente nossos objetivos valorizados.

Este módulo, portanto, está *menos* preocupado com a busca de diferentes perspectivas a partir da experiência vivida por *outras pessoas*, o que indica que a sabedoria se encontra em outro lugar. Estamos mais interessados em flexibilizar e transformar a nossa própria perspectiva e em lançar uma luz compassiva sobre a nossa própria experiência humana vivida. Talvez possamos até reconhecer que fazemos o melhor que podemos no lugar em que nos encontramos na maior parte do tempo.

Assim, embora seja provável que, em termos de tomada de perspectiva, tenhamos a tendência de pensar inicialmente na sabedoria alheia, o cerne deste módulo é considerar como podemos levar nossa própria compaixão e sabedoria para nossa própria experiência humana vivida nos vários contextos em que nos encontramos. Você pode baixar um arquivo de áudio dessa prática (em inglês) na página do livro em loja.grupoa.com.br ou gravar-se lendo as instruções e reproduzi-las.

EXERCÍCIO. Viagem no tempo

Reserve um momento e lembre-se de uma ocasião em que você estava lutando com pensamentos e sentimentos relacionados à questão em que você está trabalhando. Talvez você queira dedicar alguns minutos para praticar a respiração consciente e se centrar e concentrar. Feche os olhos e permita que uma imagem da situação se forme em sua mente. Tanto quanto puder, traga à mente esse momento recente e imagine que você está lá agora. Imagine os detalhes do lugar e as experiências sensoriais. O que se passava em sua mente quando você era a versão sua que estava lá naquele momento, em vez da que está aqui e agora? Lembre-se de quem estava com você, do que você estava fazendo e no que estava pensando.

A seguir, mude sua perspectiva sobre a situação e os acontecimentos para poder ver seu eu do passado, como se você fosse um visitante invisível na sala. Em vez de ver a situação pelos olhos do seu eu do passado, imagine que você é um observador silencioso da situação. Perceba se você consegue olhar para essa pessoa que está sofrendo com a mesma gentileza, compreensão e empatia que você teria por um grande amigo. Quando você olha nos olhos do seu eu do passado, veja a preocupação, a aflição e a experiência difícil pela qual esse ser humano está passando e estenda seu cuidado e aceitação para com ele.

Vamos imaginar que você pudesse viajar no tempo para voltar ao momento de aflição e sofrimento que está imaginando. Esse é um momento que está no passado. Embora você estivesse aflito e enroscado em seus pensamentos naquele momento, agora está em um lugar que lhe parece mais seguro, praticando mindfulness. Você tem a vantagem de ter uma perspectiva diferente e a mudança de compreensão que pode ocorrer em retrospectiva. Se você pudesse voltar no tempo para aquele momento, e a versão sua que está aqui e agora pudesse entrar em contato com a que estava lá naquele momento, o que essa sua versão poderia dizer ao seu eu do passado? Como o seu momento presente poderia se envolver com o seu eu do passado de uma maneira útil? Talvez mais importante ainda, o que o seu eu do passado diria a esse eu do futuro, que apareceu do nada com algumas palavras de ajuda? As sugestões seriam bem recebidas? Se o seu eu do passado resistisse à ajuda do seu eu que está aqui e agora, como você poderia tentar se conectar e alcançar esse eu do passado com novas maneiras produtivas e fortalecedoras de abordar a situação?

Pratique esse exercício por algum tempo e, quando estiver pronto, abra os olhos e responda às perguntas adiante. Também fornecemos um exemplo de como um de nós (Dennis) realizou esse exercício.

EXERCÍCIO. Minha ficha da viagem no tempo

Em que situação você imaginou seu eu do passado? O que estava acontecendo? Quem estava lá?	
Que pensamentos estavam passando por sua mente nessa situação?	
Que emoções seu eu do passado estava sentindo nessa situação?	
Se o "você" do presente – o "você" que está aqui e agora – pudesse viajar de volta no tempo para dizer algo útil e encorajador ao seu eu do passado – o "você" que estava lá naquele momento –, o que seria?	
Se o seu eu do passado pudesse ouvir essas palavras e sentir sua compaixão e envolvimento, como ele responderia à sua mensagem?	
Se o seu eu do passado estivesse muito enroscado em sua experiência para ouvir sua mensagem, ou resistisse fortemente à sua comunicação, o que você diria para tentar ajudar?	

De *Experimentando a terapia de aceitação e compromisso de dentro para fora: um manual de autoprática/autorreflexão para terapeutas*, de Dennis Tirch, Laura R. Silberstein-Tirch, R. Trent Codd III, Martin J. Brock e M. Joann Wright (Artmed, 2025). A permissão para reproduzir este formulário é concedida aos compradores deste livro apenas para uso pessoal. Aqueles que adquirirem este livro podem fazer o *download* de cópias adicionais deste material na página do livro em loja.grupoa.com.br.

EXEMPLO: Ficha da viagem no tempo de Dennis

Em que situação você imaginou seu eu do passado? O que estava acontecendo? Quem estava lá?	Meu eu do passado estava no carro, dirigindo para passar um tempo com meu irmão, sua esposa e seus filhos em uma tarde de sábado. Era um lindo dia de verão e estávamos planejando relaxar ao lado da piscina e fazer um churrasco.
Que pensamentos estavam passando por sua mente nessa situação?	"Eu realmente estraguei tudo agora. Não tenho tempo suficiente para concluir meus projetos de escrita em casa ou para responder meus e-mails, e eu deveria estar cuidando disso hoje à tarde, e não ficar relaxando. Mas se eu não reservar tempo para as pessoas que amo, não estarei sendo justo com elas e não estarei vivendo de verdade. Eu simplesmente me odeio neste momento. Por que não consigo administrar minhas responsabilidades como uma pessoa normal?"
Que emoções seu eu do passado estava sentindo nessa situação?	Meu eu do passado estava sentindo muita raiva e desespero direcionados a mim mesmo.
Se o "você" do presente – o "você" que está aqui e agora – pudesse viajar de volta no tempo para dizer algo útil e encorajador ao seu eu do passado – o "você" que estava lá naquele momento –, o que seria?	"Seus textos, seus clientes e seu trabalho como terapeuta ACT significam muito para você. Sua família também. É realmente difícil administrar essas demandas concorrentes e objetivos valorizados. Você não está sozinho, meu amigo. É difícil para muitos de nós. Sei que você administrou bem essas responsabilidades no passado e é capaz de fazê-lo agora. Não há problema algum em praticar a autocompaixão e passar algum tempo com a família e depois voltar ao trabalho. Mantenha a ansiedade com a maior leveza possível e procure estar presente plenamente para as pessoas que você ama."
Se o seu eu do passado pudesse ouvir essas palavras e sentir sua compaixão e envolvimento, como ele responderia à sua mensagem?	"Eu sei que o que você está dizendo faz sentido, mas estou com muita raiva de mim mesmo. Não suporto ficar preso nesta rotina chata em que nunca me sinto livre para me dedicar ao que estou fazendo, porque existe uma montanha de outras coisas que precisam de atenção. Obrigado por tentar ajudar, mas só quero gritar."

Se o seu eu do passado estivesse muito enroscado em sua experiência para ouvir sua mensagem, ou resistisse fortemente à sua comunicação, o que você diria para tentar ajudar?	*"Ei, cara, é claro que você quer gritar! Eu vou gritar com você se isso ajudar! Nada do que você está sentindo é ruim em si mesmo, e não há problema algum em sentir isso. Vamos juntos sentir isso plenamente. Vamos parar por 3 minutos para aceitar plenamente o quanto é estressante querer estar em dois lugares ao mesmo tempo, irmão! Você se comprometeu muito para fazer diferença no mundo, desde ser um tio amoroso até ser o melhor instrutor e terapeuta que puder. Do que você teria que abrir mão para não se estressar? Na sua dor você encontra seus valores, e nos seus valores você encontra sua dor! Agora, vamos nadar com as crianças e passar algum tempo ao sol. Eu te dou cobertura."*

EXERCÍCIO. Tomada de perspectiva do meu cliente mais difícil

Pense em seu cliente mais desafiador. O ideal é que você ainda esteja trabalhando com ele, mas considerar um cliente anterior também pode ser proveitoso. Indique a seguir o que torna essa pessoa difícil:

- ☐ Ele não parece engajado em sua terapia.
- ☐ O sistema de valores dele difere do seu.
- ☐ Ele provoca sentimentos de incompetência ou insegurança.
- ☐ Ele tem um estilo interpessoal conflituoso.
- ☐ Seu comportamento parece destrutivo e incompreensível.
- ☐ Outra coisa (cite): _____

Embora possam existir muitos fatores que tornem esse cliente um desafio para você, gostaríamos que você concentrasse o foco ainda mais, identificando o fator *mais desafiador*. Caso você não consiga fazer isso porque considera vários aspectos igualmente difíceis, observe essa dificuldade e selecione uma única preocupação. Uma vez identificada, permita-se considerar, da forma mais completa possível, um momento recente em que você passou por essa dificuldade com seu cliente. Deixe que todos os pensamentos, sentimentos, sensações e assim por diante se tornem totalmente observáveis. Anote como é para você ter essa experiência.

Quando essa experiência estiver totalmente presente, gostaríamos que você considerasse várias perspectivas diferentes. Primeiro, durante essa experiência recente que você identificou, tente entrar um pouco na pele do seu cliente e observe se você consegue ver o mundo pelos olhos dele. O que ele pode estar pensando? Você consegue ter esses pensamentos como se fosse ele? O que ele está sentindo?

Você consegue sentir esses sentimentos ao observar a circunstância pela perspectiva dele? Você consegue vivenciar, mesmo que brevemente, a luta dele naquele momento? Mesmo que o comportamento dele possa ser ineficaz ou mesmo destrutivo, existe outro lado desse comportamento? Ele também poderia fazer sentido e ser funcional em alguns aspectos?

Agora, considere onde seu cliente pode ter aprendido esse comportamento. Talvez você saiba o suficiente sobre a história dele para especular razoavelmente sobre isso. Pode ter sido aprendido durante a juventude. Nesse caso, veja se você consegue ver o mundo a partir dos olhos dele durante esse período da vida. O que ele estava fazendo, pensando e sentindo naquela época? Examine isso a partir de duas perspectivas: (1) a perspectiva do cliente quando criança e (2) sua perspectiva sobre ele naquela época a partir do seu ponto de vista atual. É possível considerar como você poderia ter desenvolvido o mesmo padrão de comportamento se tivesse tido exatamente o mesmo histórico de aprendizagem?

Anote como foi esse exercício para você e qual impacto ele teve, se algum, em sua luta com sua experiência com esse cliente.

PERGUNTAS PARA AUTORREFLEXÃO

Qual foi sua experiência ao se envolver no exercício de viagem no tempo com perspectiva flexível? Que observações foram mais vívidas para você naquele momento? O que você aprendeu?

Você experimentou um senso de eu maior do que suas experiências cotidianas? Da melhor maneira possível, como você descreveria essa experiência?

_____
_____
_____
_____
_____
_____
_____
_____
_____
_____

O que você acha dessa experiência e o que ela lhe diz sobre sua experiência vivida como pessoa? O que ela lhe diz sobre sua experiência como terapeuta ACT?

_____
_____
_____
_____
_____
_____
_____
_____
_____
_____

Como essa experiência pode ser útil em sua vida cotidiana e em sua prática clínica?

_____
_____
_____
_____
_____
_____
_____
_____
_____
_____
_____
_____

Como a perspectiva flexível pode impactar sua prática de psicoterapia, de modo geral? Ao considerar o seu cliente mais difícil, como a tomada de perspectiva poderia melhorar a qualidade do seu atendimento? Seria útil desenvolver uma prática regular de tomada de perspectiva?

_____
_____
_____
_____
_____
_____
_____
_____
_____
_____
_____
_____

Seção C

ABERTO

Módulo 8
Desfusão

A desfusão representa um dos processos centrais de estar "aberto" e psicologicamente flexível na autoprática/autorreflexão (AP/AR) na terapia de aceitação e compromisso (ACT). Como vimos, a desfusão envolve enfraquecer a "literalidade" com a qual experimentamos nossas representações cognitivas (Hayes et al., 1999). Em termos mais simples, isso significa que aprendemos a reagir às cognições como pensamentos, em si mesmos, em vez de reagir aos pensamentos como se eles fossem eventos reais que ocorrem no mundo exterior. Responder intencionalmente aos nossos pensamentos com desfusão, em vez de estar "fundido com" um pensamento, foi caracterizado como "ter um pensamento *versus* comprar um pensamento" (Hayes, 2005, p. 71). Assim, quando praticamos a desfusão, pretendemos ser mais capazes de responder aos pensamentos e às representações verbais da realidade sem sermos excessivamente controlados por tais eventos mentais.

Em certo sentido, a prática de desfusão não é uma abordagem nova do pensamento. Há milhares de anos, as práticas meditativas ensinam as pessoas a darem um passo atrás em seu pensamento e observarem o fluxo dos eventos mentais como ações de sua mente, e não como realidade (Tirch et al., 2015). Os terapeutas de terapia cognitivo-comportamental (TCC) há muito ensinam os clientes a se "descentrarem" de seus pensamentos e a examinarem e analisarem seus pensamentos quanto às suas utilidade e validade, em vez de simplesmente acreditarem em tudo o que pensam (Beck, 2011). Talvez o que diferencie a desfusão como processo sejam a precisão e a clareza do foco dos exercícios de desfusão. Quando praticamos a desfusão, não estamos realmente preocupados em saber se nossos pensamentos são verdadeiros ou falsos, ou mesmo se são funcionais ou disfuncionais. Tampouco estamos necessariamente buscando entrar nas ilusões do mundo mental como parte de compreender a natureza fundamental da realidade e nos tornarmos iluminados (embora isso seja permitido). A desfusão busca nos ajudar a sair da excessiva influência de nossos pensamentos e eventos mentais, a fim de termos maior liberdade para escolher nossas ações e comportamentos em prol da realização de nossos objetivos valorizados. É simples e direto assim.

De acordo com o filósofo grego Epiteto, "Os homens não são perturbados pelas coisas, mas pela visão que têm delas" (in Ellis, 1979). Ao longo de nossa vida, experimentamos pensamentos e sentimentos que às vezes são muito desconfortáveis e certamente indesejados. Isso não é algo que esteja sob nosso controle, mas faz parte da experiência humana. Se esse conteúdo privado determina como escolhemos agir em nossa vida é uma questão diferente, e os processos de desfusão em um modelo de ACT procuram abordar essa questão. Para esse fim, o processo de desfusão cognitiva refere-se a um processo contínuo de perceber conscientemente nosso mundo verbal interno e escolher deliberadamente avançar em direção à realização de nossos valores, mesmo quando pensamentos inúteis estão desencorajando ou parecem estar bloqueando essas ações. Essa abordagem da vida enfraquece a ideia de que "para viver melhor, preciso me sentir melhor". Alguns diriam que a desfusão e a aceitação têm o objetivo de nos ajudar a melhorar nossa capacidade de sentir, em vez de nos ajudar a "nos sentirmos melhor" (Harris, 2006; Luoma, Hayes, & Walser, 2007).

O QUE É FUSÃO?

Em um uso mais geral, o termo *fusão* representa uma junção ou uma mistura de duas ou mais coisas para se tornarem uma só, como a fusão de resina e fios de vidro para produzir fibra de vidro. Naturalmente, quando falamos sobre a fusão de experiências psicológicas, isso se torna mais complicado do que descrever uma mistura de substâncias físicas observáveis. Por exemplo, vamos imaginar que uma mulher tenha aprendido a se criticar brutalmente. Quando ela era jovem, sua mãe sempre a repreendia por ser preguiçosa e gritava com ela sobre como era importante ser bem-sucedida. Estimulada por seus medos, a mulher estudou muito e alcançou excelência acadêmica. Com o passar do tempo, ela passou a acreditar profundamente que é preguiçosa e propensa ao fracasso e que precisa ouvir seu crítico interior ou fracassará. Agora, vamos imaginar que essa mulher tenha subido muito em sua carreira e seja a CEO de uma empresa internacional. Ela é incessantemente trabalhadora e bem-humorada em seu trabalho, é muito bem paga e tem uma família amorosa e um estilo de vida saudável. Ao que tudo indica, essa mulher é bem-sucedida. Entretanto, sua mente ainda lhe diz: "Você é preguiçosa e está arruinando sua vida". Quando esses pensamentos chegam, eles se impõem como se fossem uma realidade absoluta. A mulher pode se sentir ansiosa e deprimida, inerte diante de sentimentos de inutilidade. Com mais frequência, porém, esses pensamentos levam a uma espécie de "vício no trabalho", em que ela simplesmente não consegue parar de se dedicar ao trabalho, levando à exaustão e ao esgotamento. A mulher está "fundida" com sua autocrítica, e isso pode tomar conta de sua vida.

Dessa forma, podemos fundir-nos com a experiência de estarmos "presos", como o Velcro, a aspectos de nossa experiência privada e, mais ainda, às avaliações deles.

PASSANDO DA FUSÃO PARA A DESFUSÃO: "MERGULHANDO"

Com o que você está fundido? A maioria de nós consegue identificar uma luta muito familiar. Talvez você esteja preso ruminando sobre preocupações relacionadas ao trabalho, sua vida amorosa, a família ou autojulgamentos. Os eventos mentais que podem dominar nossa vida podem ter temas universais, embora permaneçam particularmente nossos. Para o exercício a seguir, a prática de "mergulhar", pedimos que você considere uma luta mental familiar, especialmente aquela com a qual você percebe que passa muito tempo. Seria útil, para nossos propósitos de AP/AR na ACT, se essa dificuldade estivesse relacionada à questão que você escolheu focar ao usar este manual. Depois de definir uma área específica de fusão e luta, formule uma frase ou duas com as quais você esteja muito "fundido". A partir de um lugar centrado e atento, você irá repetir uma pergunta a si mesmo. A pergunta é quase como um mantra, pois nos coloca repetidamente em contato com uma experiência e prende nossa atenção a um conceito. Você se perguntará "O que meu pensamento diz sobre mim?". A cada repetição, você se permitirá mergulhar ainda mais na experiência do pensamento com o qual está fundido. Você observará a influência que esse pensamento tem sobre você e analisará mais profundamente como ele a exerce.

Semelhante às práticas de "extensão" ou "descida vertical" (Leahy, 2017), estamos examinando as implicações mais profundas de pensamentos automáticos e regras cognitivas. Contudo, diferentemente das variações mais antigas da TCC, não estamos procurando uma "crença nuclear" estrutural que desejamos mudar. Estamos usando nossa capacidade de observação para perceber a função de nossos pensamentos. Estamos observando como a fusão com um pensamento nos permitiu entregar parte da qualidade de nossa vida a um processo verbal. Isso pode abrir a porta para uma liberdade mais nova e profunda.

MINHA LUTA FAMILIAR É

Para ajudá-lo a emoldurar sua luta, oferecemos um exemplo do registro de mergulho de Martin. No exemplo, Martin tem lutado com questões de paternidade e, em particular, tem tido dificuldade para administrar ou controlar seus sentimentos de raiva pela filha.

EXEMPLO. Diário de mergulho de Martin

MINHA LUTA FAMILIAR É
Preocupo-me com o fato de ficar frustrado com minha filha adolescente. Quando penso nisso, tenho sentimentos de raiva que não me agradam.

Luta familiar	Preocupo-me com o fato de ficar frustrado com minha filha adolescente e perceber sentimentos de raiva que não me agradam.
O que isso diz sobre você?	Bem, eu deveria ser capaz de controlar meus sentimentos e certamente não deveria ficar irritado com minha filha com a frequência com que fico.
E o que isso diz sobre você?	Sinto-me fraco e desamparado, e me preocupo com o fato de estar afastando-a cada vez mais de mim.
E o que isso diz sobre você?	Não estou fazendo meu trabalho direito e não estou dando um bom exemplo para minha filha.
E o que isso diz sobre você?	Simplesmente não estou sendo o pai que quero ser. Fico chateado por não conseguir fazer isso direito.
E o que isso diz sobre você?	Sou um fracasso como pai e sou um fracasso como pessoa.
E quantos anos isso tem? Há quanto tempo você pensa assim?	Desde que me tornei pai, e antes disso, eu me sentia um fracasso em outros aspectos, por muito tempo.

Observando o exemplo de Martin, há vários aspectos que demonstram a fusão em ação a partir de uma perspectiva comportamental contextual. "Bem, eu deveria ser capaz de controlar meus sentimentos" é uma afirmação importante. Nas avaliações pessoais, "deveria" em geral indica regras pessoais e certamente sugere que algo está sendo mantido de forma rígida (Ellis & Robb, 1994). No caso de Martin, o conceito é que "os sentimentos devem ser controlados". Martin exibe fusão com essa regra.

Isso aponta para uma solução inviabilizante. Martin acredita que controlar os sentimentos de aborrecimento significa que ele sentirá menos aborrecimento; no entanto, há uma abundância de pesquisas indicando que as tentativas de controlar ou suprimir pensamentos e sentimentos indesejados podem levar a um aumento percebido dessas mesmas emoções e pensamentos, em vez de a uma redução (Wegner & Gold, 1995; Wegner, Schneider, Knutson, & McMahon, 1991; Wenzlaff & Wegner, 2000).

Além disso, os sentimentos não vêm acompanhados de uma chave liga/desliga (Bach & Moran, 2008) e, embora seja compreensível que os seres humanos desejem ser capazes de regular as emoções dessa forma, essa não é nossa experiência. Por exemplo, imagine que alguém lhe ofereceu um milhão de dólares para que você se apaixone pela próxima pessoa que enxergar – não apenas agir de maneira romântica ou com palavras amorosas, mas realmente se apaixonar perdidamente. Você acha que isso é possível? Podemos simplesmente escolher como nos sentimos? Em nosso íntimo, sabemos que esse não é o caso.

Martin indica o quanto é significativo o desejo de controlar os sentimentos: "Simplesmente não estou sendo o pai que quero ser", "Preocupo-me por estar afastando-a cada vez mais" e "Sou um fracasso como pai e sou um fracasso como pessoa."

Isso é importante por vários motivos. Primeiro, demonstra claramente a fusão com o *self*-como-conteúdo. Como todas as pessoas, Martin tem inúmeras facetas, emoções, experiências, lembranças e comportamentos, mas está tão envolvido com os sentimentos indesejados que é incapaz de perceber a distinção entre eles e ele mesmo – isto é, "tenho sentimentos de raiva que não me agradam." Em segundo lugar, Martin está se definindo como pai e, na verdade, como pessoa, com base em seus pensamentos e sentimentos. Em outras palavras, "sou um pai ruim" e "sou uma pessoa ruim".

Além disso, Martin demonstra como os eventos privados podem ser considerados tóxicos – sua experiência de aborrecimento é avaliada como algo que leva ao afastamento da filha e ao fato de ele não ser o pai que deseja ser. Isso também mostra fusão com um passado ou futuro imaginado – claramente, Martin está preocupado com o fato de que, se a regra de controlar os seus sentimentos não for seguida, sua relação com a filha estará em perigo. Embora não esteja explícito no exercício, a afirmação derradeira de Martin, "Sou um fracasso como pessoa" provavelmente está relacionada a avaliações anteriores.

Afastar-se do controle de imersão que esses pensamentos exercem sobre nossos comportamentos já é, por si só, um ato de desfusão. A partir dessa postura, podemos abordar a questão do quanto o indivíduo está familiarizado com esse fluxo de pensamentos. Há quanto tempo a vida de uma pessoa é dominada por esses eventos mentais?

"QUANTOS ANOS ISSO TEM?"

Quando tiver concluído a prática a seguir, antes de responder à última pergunta, consulte sua avaliação de "O que isso diz sobre mim?" e então faça a si mesmo as perguntas finais: "E quantos anos isso tem? Há quanto tempo você pensa assim?". É provável que tal avaliação pessoal seja muito familiar e muito antiga. Para alguns de nós, nossa resposta pode ser algo como "Isso está comigo desde que me lembro. Pelo menos desde a infância. Nunca me senti bem o suficiente e tenho medo de nunca acertar."

Há mais um aspecto significativo dos processos aderentes de fusão a considerar. Vamos voltar às afirmações do exemplo de Martin: "Simplesmente não estou sendo o pai que quero ser" e "Sou um fracasso como pai". O que muitas vezes se encontra na experiência humana é que aquilo com o qual mais lutamos está de alguma forma ligado ou fundamentalmente vinculado ao que é mais importante para nós como seres humanos – nossos valores pessoais. Exploramos isso com mais detalhes nos módulos sobre valores.

EXERCÍCIO. Meu registro de mergulho

Luta familiar	
O que isso diz sobre você?	
E o que isso diz sobre você?	
E o que isso diz sobre você?	

E o que isso diz sobre você?	
E o que isso diz sobre você?	
E quantos anos isso tem? Há quanto tempo você pensa assim?	

De *Experimentando a terapia de aceitação e compromisso de dentro para fora: um manual de autoprática/autorreflexão para terapeutas*, de Dennis Tirch, Laura R. Silberstein-Tirch, R. Trent Codd III, Martin J. Brock e M. Joann Wright (Artmed, 2025). A permissão para reproduzir este formulário é concedida aos compradores deste livro apenas para uso pessoal. Aqueles que adquirirem este livro podem fazer o *download* de cópias adicionais deste material na página do livro em loja. grupoa.com.br.

Agora, vamos passar para outra forma de encarar a desfusão por meio de uma prática de atenção plena que visa a encontrar a separação entre você e seus pensamentos. Há uma diferença entre o pensador e os pensamentos. Somos levados a acreditar que são a mesma coisa, mas, na verdade, isso é uma ilusão. O exercício a seguir ajuda a entender como isso acontece.

EXERCÍCIO. Exteriorizando o pensamento

Este exercício foi elaborado para demonstrar a diferença entre quem somos como pessoa e nossos pensamentos como uma sucessão de eventos mentais. Essa prática envolve exteriorizar e observar seus pensamentos usando várias faculdades mentais, incluindo métodos visuais e imaginativos. A prática também pede que você seja criativo e esteja com a mente presente. Todas essas são formas de aumentar a experiência de desfusão e de colocar espaço entre você e seus pensamentos, sem precisar evitá--los. Criatividade e consciência do momento presente fazem parte da experiência de se afastar dos pensamentos, não sendo uma forma de evitá-los ou substituí-los. Você pode baixar um arquivo de áudio dessa prática (em inglês) na página do livro em loja. grupoa.com.br ou, como alternativa, ler e memorizar as seguintes orientações para a prática silenciosa.

Se você se sentir confortável para isso, feche os olhos. Caso contrário, fixe o olhar em um ponto da sala. Acompanhe sua inspiração e expiração, praticando seu contato com o momento presente, como você aprendeu. Diminua a respiração e observe o peito subindo e descendo e a sensação do ar ao entrar e sair do corpo. Faça uma pausa nesse momento. Acompanhe sua respiração. Agora, observe um pensamento ou experiência que o esteja incomodando. Pode ser uma experiência física, como uma dor nas costas ou uma dor de cabeça. Pode ser um pensamento como "Estou com frio", "Não gosto de meditar", "Estou estressado hoje" ou "Meu casamento está com problemas". Mude seu foco da respiração para esse pensamento ou experiência. Faça uma pausa nesse momento. Agora, imagine se esse pensamento ou experiência fosse uma entidade própria. Que cor ou cores ele teria? Qual seria sua forma? E sua textura? Concentre-se nisso. Dê uma boa olhada nele. Agora, imagine-o saindo do seu corpo e flutuando até o meio da sala. Olhe para ele ali. É diferente colocá-lo no meio da sala? Agora, permita que ele cresça. Deixe-o ficar maior, mais denso e com cores mais vibrantes. Reserve um momento para olhar para ele. Faça uma pausa neste momento. Agora, imagine-se andando em volta dele como se fosse uma escultura. Estude-o com uma mente curiosa. Leve o tempo que quiser para visualizar-se andando em torno desse objeto. Agora, imagine-o ficando menor. À medida que fica menor, ele também fica mais leve. Mais leve na densidade, mais leve na cor, mais leve no peso. Ele continua ficando cada vez menor e mais leve. Menor e mais leve. Menor e mais leve. . . até que se torna tão pequeno e tão leve que flutua de volta para você e pousa em seu ombro, onde você o carregará pelo resto do dia.

OITO EXEMPLOS FAVORITOS DE TÉCNICAS COMUNS DE DESFUSÃO

1. Trate seus pensamentos como janelas que aparecem na tela do computador. Simplesmente reconheça-os "clicando" neles para fechá-los, ou clique na guia "minimizar" (o "–") para permitir que eles permaneçam presentes enquanto você muda sua atenção para a tarefa que está realizando na tela principal.

2. Note que seus pensamentos são o escapamento de sua vida, e não o motor ou o volante, imaginando seus pensamentos, emoções e sensações físicas saindo de um cano de escapamento. Observe que, às vezes, quando você pisa no acelerador, o escapamento pode aumentar de densidade, odor e ficar ainda mais escuro. Tente não adotar a perspectiva de que você está se afastando dessas experiências internas quando elas estão saindo pelo escapamento. Em vez disso, tente vivenciar isso como parte do curso natural da vida cotidiana.

3. Use os seguintes modelos de linguagem para se distanciar de seus pensamentos, ao mesmo tempo que permite que eles existam.
    - "Estou tendo o pensamento de que _____" (p. ex., "Estou pensando que sou um perdedor").
    - "Estou tendo a emoção de _____ e o julgamento de que _____" (p. ex., "Estou tendo a emoção de tristeza e o julgamento de que isso me torna fraco).

- "Estou tendo a sensação de _____ e o pensamento de que _____" (p. ex., "Estou tendo a sensação de um coração batendo forte e pensando que posso estar tendo um infarto").

4. Repita seus pensamentos perturbadores com uma voz engraçada ou peculiar. Por exemplo, diga "Eu sou um perdedor" repetidamente na voz do Patolino até experimentar o pensamento de maneira diferente e talvez sentir um pouco de "espaço" em relação a ele.

5. Cante seus pensamentos ao som da melodia de sua música favorita. Por exemplo, você pode cantar "Oh Deus, arruinei meu dia" ao som de *Oops, I Did It Again*, de Britney Spears.

6. Observe seus pensamentos da mesma forma que observaria os jogadores em um evento esportivo enquanto está sentado na plateia olhando para o campo.

7. Imagine que seus pensamentos desafiadores estão conectados e contidos em um objeto físico, como uma caneta ou suas chaves. Sempre que o pensamento perturbador surgir em sua cabeça, lembre-se de onde o objeto está, por exemplo, tocando no bolso para sentir que as chaves estão ali. Você pode lembrar a si mesmo: "Sim, eu ainda tenho esses pensamentos".

8. "Agradecendo à mente." Trate sua mente como um ser externo que continua gerando soluções para problemas, visões de ameaças potenciais e avaliações críticas, pois é exatamente isso que ela faz naturalmente, como um peixe nada ou um pássaro voa. De certa forma, sua mente está apenas fazendo o trabalho que lhe foi confiado pela natureza. Ao perceber pensamentos perturbadores, você pode simplesmente dizer "Obrigado, mente, por trazer esses pensamentos. Mas está tudo bem. Eu cuido disso. Obrigado por fazer seu trabalho".

PERGUNTAS PARA AUTORREFLEXÃO

Agora que você teve a oportunidade de praticar a percepção dos pensamentos que atrapalham quando você tenta avançar em sua vida de maneira significativa, reserve um momento para refletir sobre o que você pode tirar dessas experiências. Como foi sua experiência de desfusão?

_____
_____
_____
_____
_____
_____

Você notou algum padrão específico de pensamentos que o mantém travado ou o leva à esquiva? Em caso afirmativo, quais foram?

Como você entende a influência da fusão/desfusão na área desafiadora com a qual está trabalhando neste manual? Como essa percepção pode influenciar suas ações no futuro?

Você consegue se lembrar de uma época em que ficou particularmente fundido durante uma sessão? Na próxima vez que isso acontecer, o que você fará de diferente?

Você aprendeu algo novo sobre seu trabalho como terapeuta neste módulo? Em caso afirmativo, o que?

Módulo 9
Aceitação

À medida que você compreender e cultivar a flexibilidade psicológica, obterá um conhecimento mais profundo e experiencial do que queremos dizer com "aceitação" na terapia de aceitação e compromisso (ACT). Neste manual, usamos tanto o termo *aceitação* quanto o termo *disponibilidade* para descrever a dimensão da flexibilidade psicológica que aponta para nossa capacidade de reconhecer a natureza da nossa experiência no momento, seja ela qual for, e de permanecer abertos e disponíveis para a plenitude dessa experiência, tanto quanto pudermos. Esse saber inclui uma apreciação e uma experiência de abertura e de consciência não elaborativa do aqui e agora. Implica uma capacidade de ampliar nossa base de experiências e de abrir espaço para nossa experiência no momento presente. Envolve uma escolha de estar com as coisas como elas são – daí a utilidade da "intenção" (*will*) na "disponibilidade" (*willingness*). A importância e o significado da aceitação na ACT estão refletidos no nome dessa terapia e se encontram na primeira metade da nossa definição de flexibilidade psicológica: "entrar em contato com o momento presente como um ser humano consciente, plenamente e sem defesa desnecessária" (Hayes et al., 2012, p. 96). A aceitação e a disponibilidade estão além das inclinações – são processos ativos, ações que podemos realizar em vez de desfechos permanentes. Ao escolhermos ser receptivos em resposta às nossas experiências, escolhemos estar disponíveis a aceitar a realidade dos nossos eventos privados como eles são, em determinado momento, sem tentar alterá-los ou evitá-los.

Praticar a aceitação experiencial requer uma compreensão de como seus pensamentos e sentimentos influenciam seu comportamento, como sua mente funciona em resposta à dor e como você aprendeu a reagir às suas experiências. Essa percepção da verdadeira natureza das cognições e do afeto nos permite novas perspectivas e novas formas de estar com nossa experiência. Podemos vir a entender os eventos mentais transitórios como eles são, não como um reflexo direto da realidade ou do eu.

Para os terapeutas, a disponibilidade de aceitar sentimentos vulneráveis que surgem durante as sessões pode ser um desafio. Todos nós somos vulneráveis à influência da esquiva experiencial e sujeitos às mesmas técnicas de resolução de problemas baseadas em linguagem inerentes à cognição humana. Assim, as contramedidas de aceitação e disponibilidade se tornam processos experienciais essenciais na ACT, tanto para o terapeuta quanto para o cliente. Neste módulo, você entra em contato e cultiva sua disponibilidade e capacidade de aceitação a serviço de seus valores e direções valorizadas. Oferecemos alguns exercícios ao longo do módulo para ajudá--lo a ter uma compreensão mais profunda de como chegar aos processos centrais de aceitação e disponibilidade. Esses exercícios o orientam nas habilidades e na prática da aceitação e da disponibilidade por meio da autoprática e são seguidos por perguntas escritas de autorreflexão. Ao se envolver nessas atividades, você obtém uma compreensão em primeira mão do que pedirá a si mesmo, bem como aos seus clientes na terapia. Quanto mais disposto você estiver a se empenhar nesse processo central, mais será capaz de entender como aplicá-lo em sua própria vida, bem como na sala de terapia.

CONHECENDO A ACEITAÇÃO E A DISPONIBILIDADE

Na ACT, a aceitação é entendida como um comportamento, uma habilidade que você pode aprender e praticar. Envolve *receptividade ativa e curiosidade* sobre sua experiência. Esse processo começa com uma consciência não elaborativa das experiências em constante mudança à medida que elas surgem. Esses comportamentos ou habilidades requerem prática e uma mudança na forma como vemos nossas experiências e percepções (Hayes & Feldman, 2004). Essas experiências observadas incluem sensações, pensamentos, emoções e outras respostas às nossas experiências no mundo. Aceitação, então, é a prática de simplesmente deixar essas coisas acontecerem e experimentá-las como elas são. Ela envolve a *disponibilidade de sentir o que você está sentindo, pensar o que você está pensando e permitir-se reconhecer essas experiências à medida que elas ocorrem* (Hayes, 2005).

A disponibilidade é frequentemente usada para ajudar a compreender o significado da aceitação na ACT. O objetivo aqui é enfatizar a prática ativa e a disposição incluídas nos processos de aceitação (Westrup, 2014). Esses processos, sendo acolhedores e receptivos, são ativamente desenvolvidos e acionados a serviço da abertura para o aqui e agora. Essa não é uma decisão passiva, sendo diferente de "tolerar" ou "chafurdar" na ocorrência de nossas experiências dolorosas (Batten, 2011). Quando escolhemos a disponibilidade, escolhemos nos envolver com a totalidade de nossa experiência. Essa forma de aceitação pode proporcionar novas maneiras de lidar com experiências indesejadas, oferecendo alternativas ao envolvimento em padrões habituais ou disfuncionais, como a esquiva (Hayes & Shenk, 2004). Como veremos, os processos de aceitação e disponibilidade se opõem ao esforço de controle e são a alternativa à esquiva experiencial (Luoma et al., 2007). Enquanto a aceitação nos dá mais opções para responder aos nossos eventos privados dolorosos e liberdade para avançar em direção aos nossos valores, a esquiva experiencial limita nossas escolhas e muitas vezes faz nossa vida parecer menor e menos alinhada com nossos valores.

A ESQUIVA EXPERIENCIAL PREJUDICA A FLEXIBILIDADE

Conforme discutido, a esquiva experiencial representa nossas tentativas de ignorar, evitar ou controlar as nossas experiências, apesar das dificuldades comportamentais de longo prazo ou das consequências não intencionais dessas tentativas (Hayes et al., 2012). Essas consequências com frequência ocorrem na forma de amplificação das dores e lutas. Quando tentamos escapar de eventos privados difíceis ou dolorosos, eles se tornam mais salientes e tendem a aumentar de intensidade e frequência (Marcks & Woods, 2005; Wegner, 1994; Wenzlaff & Wegner, 2000). Esses resultados não intencionais refletem o paradoxo de tentar suprimir ou controlar nossas experiências privadas: "Se você não estiver aberto a ter, terá" (Hayes, 2005).

Essa tendência de se envolver em esquiva experiencial está incorporada na função e em nosso uso da linguagem humana. No decorrer de nossa vida, desenvolvemos regras sobre quais experiências são aceitáveis e quais não são e aprendemos a evitar aquelas que consideramos inaceitáveis. Essa estratégia é uma abordagem útil para solucionar problemas em nosso mundo externo e em eventos físicos que ocorrem ao nosso redor, mas não dentro de nós. Quando reconhecemos um problema em nosso ambiente, podemos encontrar maneiras de resolvê-lo, mudá-lo ou evitá-lo e, então, tomar as medidas adequadas para isso. Por exemplo, se você percebesse que começou a chover, suas janelas estivessem abertas e você não quisesse que a chuva entrasse, você naturalmente se levantaria e fecharia as janelas. Entretanto, como mencionamos, esse não é o caso dos nossos eventos privados. Quanto mais tentamos evitá-los, mais fortes eles se tornam.

As estratégias de esquiva experiencial, como a supressão de emoções ou pensamentos, são comumente usadas em reação a pensamentos, sentimentos ou impulsos perturbadores ou desagradáveis (Hayes et al., 1996). Essas estratégias não só podem reforçar negativamente, mas também limitar nossas opções, fazendo com que nossa vida pareça menor. Quando estamos fusionados com nosso pensamento, ou envolvidos em raciocínio emocional, tomamos os pensamentos como literais e nossos sentimentos como indicadores da verdade – acreditamos neles e nosso comportamento é moldado em resposta a essa percepção da "realidade". Por exemplo, se você estiver nervoso em relação a uma palestra que se aproxima, sua mente pode produzir pensamentos como "Todos vão rir de mim" ou "Quem eu penso que sou para dar essa palestra? Eu sou um impostor!". Você pode tentar se distrair e ignorar ou desafiar esses pensamentos. Quanto mais você tenta não pensar nessas coisas, mais angustiante pode parecer todo o processo. Talvez você evite trabalhar em sua palestra ou simplesmente a cancele. O exercício a seguir envolve dois experimentos mentais para ajudar a esclarecer a diferença entre as abordagens de controle e de disponibilidade para nossas cognições e é adaptado de *Saia da sua mente e entre na sua vida* (Hayes, 2005).*

---

* N. de R. T. Publicado em língua portuguesa pela editora Sinopsys em 2022.

✍ EXERCÍCIO. "Não tenha esse pensamento" e "tenha qualquer pensamento"

Para este exercício, você usará e acompanhará um pensamento desafiador em dois experimentos mentais diferentes: um focado no *controle* e outro focado na *disponibilidade*. Você será instruído a se envolver com seu pensamento e monitorar a frequência dele ao longo desses dois experimentos. Para isso, você vai precisar de um relógio ou cronômetro e do formulário a seguir para orientá-lo.

Para começar, escolha um pensamento com o qual você se debate, um pensamento que esteja envolvido com seu sofrimento, que tenha a ver com a questão com a qual você vem trabalhando ao longo deste manual. Embora possa haver muitas questões se apresentando a você ao começar, escolha um pensamento ou frase distinto e desafiador que lhe ocorra e registre-o no espaço em branco a seguir:

Ao longo da última semana, quantas vezes esse pensamento apareceu (se não tiver certeza, faça uma estimativa)? _____

Agora, vamos usar e rastrear esse pensamento em dois experimentos mentais diferentes: primeiro, um de controle – "Não tenha esse pensamento" – e segundo, um de disponibilidade – "Tenha qualquer pensamento".

1. **NÃO TENHA ESSE PENSAMENTO.** Pegue um relógio e prepare-se para cronometrar os próximos 5 minutos. Pegue também um lápis e uma folha de papel e posicione-os de forma que você possa fazer uma pequena marca, tique ou X no papel, mesmo de olhos fechados. Quando estiver pronto, acione o cronômetro, feche os olhos e tente não ter esse pensamento. Você pode usar toda e qualquer estratégia para evitar o pensamento – apenas lembre-se de que seu objetivo é suprimir ou bloquear o pensamento que você escolheu evitar. Sempre que o pensamento lhe ocorrer, faça uma marca no papel.

   Passados os 5 minutos, olhe para a folha de papel e conte as marcas para registrar quantas vezes aquele pensamento apareceu enquanto você estava tentando não o ter. Quantas vezes esse pensamento surgiu em sua cabeça? _____

2. **TENHA QUALQUER PENSAMENTO.** Para o próximo exercício, você usará novamente um relógio e se preparará para cronometrar os próximos 5 minutos. Use o lápis e o verso da folha de papel e, novamente, posicione-os de forma que você possa fazer uma pequena marca, tique ou X no papel, mesmo de olhos fechados. Quando estiver pronto, acione o cronômetro, feche os olhos e *permita que sua mente tenha qualquer pensamento que ela queira*. Por onde quer que sua mente vá, deixe-a ir. Permita-se pensar como quiser. Se o pensamento que você escolheu anteriormente aparecer, apenas faça uma marca no papel.

Quando esses 5 minutos terminarem, registre quantas vezes você teve aquele pensamento enquanto pensava em qualquer coisa que quisesse ou que lhe ocorresse. _____

Agora, reserve alguns momentos para refletir sobre essas experiências. O que você percebeu? Quando você tentou não pensar, o que aconteceu? E quando você se permitiu pensar, o que aconteceu?

AGRAVANDO A DOR POR MEIO DA ESQUIVA: TRANSFORMANDO DOR EM SOFRIMENTO

Um de nós (Joann) deu um exemplo de como é estar atrasada para atender um cliente e como isso pode ilustrar as relações entre dor, esquiva e sofrimento. Imagine uma terapeuta que está dirigindo para seu consultório e começa a enfrentar um trânsito inevitável. Quando isso aconteceu, Joann estava vivendo com câncer e enfrentando alguns desafios em sua vida, e ela sentia que estava tendo algumas dificuldades com as responsabilidades profissionais, às vezes chegando alguns minutos atrasada às sessões. Imagine o exato momento em que ela se dá conta de que, com certeza, se atrasará para o cliente, sabendo que isso será angustiante para ambos. Mais cedo, ela teve dificuldade para sair de casa na hora certa, lidando com a família e o trabalho. Ela saiu às pressas, mal tendo tempo suficiente para chegar à porta antes de sua sessão começar, e agora está presa no trânsito; ela não pode dar meia-volta, nem pode pegar outro caminho; está parada e não pode fazer nada a respeito. Sua frustração e raiva consigo mesma já estavam altas, alimentadas pela fusão com seus pensamentos sobre competência/incompetência. Agora, esse engarrafamento parece "a gota d'água". Joann começa a chorar. Ela bate no volante com os punhos enquanto grita "Não! Não! Não!". Ela diz a si mesma que isso não pode estar acontecendo. As palmas de suas mãos começam a suar e sua respiração fica curta. Talvez esse seja um sentimento compreensível de raiva e vergonha. Mas o trânsito está andando mais rápido para ela? Será que a luta contra a experiência a ajuda a suportar a angústia de forma mais eficaz? Devido à falta de aceitação da situação, Joann permitiu que sua dor se transformasse em sofrimento. Como muitos de nós, na maior parte do tempo, em vez de reconhecer o estresse inerente à situação, lidar com as ondas da emoção e tomar as ações disponíveis, Joann se viu lutando, sofrendo e experienciando impotência.

A ACT reconhece que a dor não é uma escolha para nós. Se estivermos vivos, sentiremos dor. Quanto mais resistimos a essa realidade, mais ela se faz presente. Quanto mais tentarmos combatê-la, mais ela revidará. A realidade da dor humana é inevitável. O sofrimento, entretanto, resulta de nossa escolha, às vezes invisível, de tentar evitar a dor interna. Joann estava sofrendo enquanto estava parada no trânsito, sabendo que chegaria atrasada para sua sessão. Quanto mais ela lutava contra essa realidade, maior era o sofrimento. Sua reação a isso, batendo no volante, foi, de certa forma, uma escolha. Isso provavelmente resultou em mais tensão e, possivelmente, em mãos doloridas. Ela poderia ter escolhido relaxar no momento com o trânsito, ficar disponível para ter a experiência e aceitar o fato de que a vida não estava indo do jeito que ela queria. Ela poderia ter aceitado o fato de que seu cliente poderia estar magoado, decepcionado ou com raiva. Na realidade desse contexto, ela poderia ter escolhido uma maneira de reagir coerente com seus valores, talvez encostando o carro para entrar em contato com o cliente, avisá-lo sobre a situação, pedir desculpas e oferecer um gesto de reparação. Ela poderia ter praticado o autoperdão e a autocompaixão conscientemente. Quando optou por lutar contra a realidade da situação e a apresentação de sua resposta emocional, Joann perdeu sua liberdade de ação, o que resultou em sofrimento.

O paradigma de transformar nossa dor em sofrimento por meio da esquiva experiencial é muito bem resumido na seguinte equação metafórica:

$$DOR + ESQUIVA = SOFRIMENTO$$
$$SOFRIMENTO > DOR$$

À medida que o nível de esquiva experiencial aumenta, também se eleva o grau de sofrimento. O sofrimento torna-se, então, "maior do que" a dor. A ACT postula que, embora você não possa escolher quanta dor terá em sua vida, pode escolher parte do grau de seu sofrimento. Na próxima seção, você terá a oportunidade de analisar as maneiras pelas quais tenta evitar ou controlar alguns de seus eventos privados dolorosos.

OS COMPORTAMENTOS E AS CONSEQUÊNCIAS DA ESQUIVA EXPERIENCIAL

Enquanto estamos ocupados tentando evitar, suprimir ou controlar nossas experiências privadas desagradáveis, perdemos contato com o que está acontecendo aqui e agora. Nossas vidas, valores e ações com compromisso podem ser deixadas de lado enquanto nos envolvemos no trabalho de suprimir o que não queremos pensar ou sentir. Portanto, parece que há um preço alto a pagar por estarmos evitando nossas experiências privadas dolorosas – maior sofrimento e falta de contato com as coisas que conferem à nossa vida um senso de significado, propósito e vitalidade.

Então, como é a esquiva experiencial? Há muitas maneiras pelas quais tentamos evitar, alterar ou controlar nossas experiências privadas. Russ Harris (2009) resumiu maneiras pelas quais podemos evitar ou controlar demais nossas experiências como "D.O.T.S.",* do inglês *joining the dots* (unindo os pontos):

- distração;
- opção de não participar de atividades;
- "estratégias de pensamento" – como preocupação, ruminação e reflexão excessiva;
- uso indevido de substâncias.

A utilização de estratégias para evitar, suprimir ou controlar eventos privados muitas vezes ocorre à custa de uma vida valorizada. Que preço você tem pagado pela esquiva experiencial? O que você tem feito em resposta aos seus pensamentos e sentimentos dolorosos? Reserve um momento para refletir sobre as estratégias que você adotou para lidar com eventos privados dolorosos e o que isso tem lhe custado. Quais são as coisas que você faz que o mantém ocupado evitando, em vez de viver? O exercício a seguir o ajudará a tomar consciência dos eventos privados aos quais você normalmente responde com esquiva experiencial e das consequências, intencionais ou não, dessas respostas.

✍ EXERCÍCIO. O que estou fazendo quando estou evitando e o que isso tem me custado

A folha de trabalho em branco, a seguir, tem como objetivo ajudá-lo a criar um inventário de suas estratégias de esquiva experiencial e suas consequências. Enfatize a área desafiadora que você escolheu para este manual ao realizar este exercício. Na primeira coluna, liste alguns dos eventos privados dolorosos que você tenta evitar ou controlar. Depois, na segunda coluna, liste as coisas que você faz para se livrar, consertar ou ignorar essas experiências. A seguir, avalie a eficácia dessas estratégias: como elas funcionaram para você? Finalmente, observe os custos e as consequências não intencionais de aplicar essas estratégias. O exemplo de Dennis aparece na sequência.

---

* N. de T. Acrônimo de d*istraction*, *opting out of activities*, *thinking strategies* e *substance misuse*.

EXEMPLO. Estratégias de esquiva experiencial de Dennis

Eventos privados dolorosos (pensamentos, sentimentos ou sensações)	O que faço para evitar, suprimir ou controlar essas experiências	Quanto as estratégias de esquiva, supressão e controle funcionaram para mim?	Qual é o custo de usar essas estratégias? Quais são as consequências não intencionais?
Desespero, sentir-me sobrecarregado, sentir-me incompetente.	Agendar, trabalhar e fazer listas compulsivamente.	Em geral, não funcionaram. Ainda assim, algumas das tarefas básicas de organização são importantes quando não são compulsivas.	Mais tempo gasto na tentativa de organizar o trabalho do que em fazer as coisas ou aproveitar a vida.
Me perguntar como posso conseguir mudar meu comportamento e me sentir mais capaz.	Acordar uma hora antes do necessário, preocupado e ruminando.	Só leva à ansiedade e à inatividade durante o período perdido por pensar demais.	Sono insatisfatório, maior ansiedade, tempo perdido pela manhã que poderia ser gasto em meditação, prática musical ou exercícios.
Autocrítica, avaliação cruel de todas as minhas inadequações, crítica interna furiosa.	Distração do trabalho fazendo longas pausas e me perdendo ao pesquisar coisas na Internet ou jogando videogame.	O tempo não é gasto em ações valorizadas, nem em autocuidado construtivo. Sinto que "preciso de uma pausa", mas acabo me sentindo pior.	Meu crítico interno se sente justificado por ser abusivo, tempo é desperdiçado e o progresso é mais lento em direção a objetivos significativos.

Eventos privados dolorosos (pensamentos, sentimentos ou sensações)	O que faço para evitar, suprimir ou controlar essas experiências	Quanto as estratégias de esquiva, supressão e controle funcionaram para mim?	Qual é o custo de usar essas estratégias? Quais são as consequências não intencionais?
Ansiedade sobre como a vida mudará para pior se cada detalhe não for cuidado.	Afastar-se dos amigos e dos hobbies para trabalhar em projetos, mas depois me sentir exausto, esgotado, dormindo ou assistindo TV compulsivamente.	O resultado é a realização de algum trabalho, mas muito menos do que se fosse em doses razoáveis e equilibradas com o autocuidado.	Os relacionamentos sofrem, o esgotamento e o cansaço atrapalham os exercícios e as atividades de autorrealização.
Tristeza por me sentir isolado e sobrecarregado. Sentindo-me sozinho e solitário.	Comprar equipamentos musicais na internet, comer demais e ruminar.	Por um breve período, sinto que estou fazendo algo significativo, depois vem uma crise de isolamento e tristeza.	Drenagem financeira, luta contra o excesso de peso, maior ansiedade.

✍ EXERCÍCIO. Minhas estratégias de esquiva experiencial

Eventos privados dolorosos (pensamentos, sentimentos ou sensações)	O que faço para evitar, suprimir ou controlar essas experiências	Quanto as estratégias de esquiva, supressão e controle funcionaram para mim?	Qual é o custo de usar essas estratégias? Quais são as consequências não intencionais?

De *Experimentando a terapia de aceitação e compromisso de dentro para fora: um manual de autoprática/autorreflexão para terapeutas*, de Dennis Tirch, Laura R. Silberstein-Tirch, R. Trent Codd III, Martin J. Brock e M. Joann Wright (Artmed, 2025). A permissão para reproduzir este formulário é concedida aos compradores deste livro apenas para uso pessoal. Aqueles que adquirirem este livro podem fazer o *download* de cópias adicionais deste material na página do livro em loja.grupoa.com.br.

DO RECONHECIMENTO À ACEITAÇÃO E À AÇÃO

Mesmo que reconheçamos o sofrimento resultante de nossas tentativas de esquiva, passar da indisponibilidade para a aceitação da dor não é um processo fácil. O pensamento "Se eu conseguir livrar minha mente desses pensamentos, a dor irá embora" é atraente. Mais uma vez, essa mensagem nos foi ensinada muitas vezes e de muitas formas ao longo de nossa vida: "Não se preocupe", "Você tem que superar isso", "Não pense nisso", "Faça algo para se distrair". Durante nossa criação, era muito mais provável ouvirmos esse tipo de conselho do que sermos instruídos a observar nossos pensamentos e desenvolver a disponibilidade de tê-los.

Conforme observado anteriormente, a esquiva funciona muito bem em nosso ambiente externo. Percebemos que podemos fechar a janela quando está chovendo e não nos molhar. Nossa capacidade humana de representação simbólica por meio da linguagem nos permite ter experiências privadas que "parecem com o mundo real" e, portanto, só faria sentido aplicarmos a mesma abordagem de resolução de problemas a essa representação interna do nosso mundo. Evitar eventos mentais também pode parecer funcionar a curto prazo – ou seja, obtemos algum alívio, ainda que breve. Esse tipo de reforço negativo proporciona "um senso de utilidade" ou alívio suficiente para continuarmos a confiar nessa estratégia.

Imagine-se correndo descalço em uma praia quente e arenosa. Ao fazer uma parada, você percebe que a areia está muito quente, escaldando as solas dos seus pés. Em vez de continuar andando na areia, você para e joga água fria sobre os pés. Inicialmente você sente alívio, mas, com o tempo, a água evapora, a areia fica cada vez mais quente, queimando seus pés novamente, e você pega mais água, repetindo esse ciclo. Até que você fique sem água e, por fim, não consiga concluir a corrida. Você pode até se ver carregando cada vez mais água com você sempre que sai para correr na praia, em vez de aceitar que a areia estará quente e que nenhuma quantidade de água poderá mudar isso. Talvez você aceite essa natureza da areia quente, saia para correr na floresta ou use um tênis.

É assim que a esquiva experiencial nos fisga – o breve alívio da fuga ou do controle nos mantém em busca da água, apenas retardando o inevitável retorno do calor e da dor, talvez até nos tornando mais sensíveis a esse retorno, sentindo-nos mais quentes do que nunca. É assim que a esquiva pode ser um reforço negativo, ao proporcionar uma fuga a curto prazo de coisas ameaçadoras e sensações físicas angustiantes – ela elimina o calor, mas apenas no curto prazo. No entanto, em longo prazo, a esquiva experiencial ajuda a manter pensamentos ou imagens dolorosas, inibindo o processamento emocional, e, em última análise, nos mantém presos em um ciclo perpétuo de esquiva (Huppert & Alley, 2004; Mathews, 1990).

✍ EXERCÍCIO. Soltando a corda: deixando de lado o cabo de guerra com nossos eventos privados

Quando estamos sofrendo, podemos sentir como se estivéssemos em um cabo de guerra com nossos pensamentos, sentimentos e até mesmo com nossas sensações corporais. O exercício clássico (Hayes et al., 1999) apresentado a seguir nos ajuda a experimentar diretamente essa tensão e nossas tentativas infrutíferas de evitar nossas experiências.

Existem muitas variações e maneiras diferentes de aplicar o exercício do cabo de guerra. Quer seja usado como metáfora terapêutica, imaginação guiada ou exercício experiencial, seu foco é demonstrar a eficácia de "abandonar" a luta contra eventos privados, como os pensamentos que estão tentando nos desviar do rumo de nossa vida repleta de valores. O objetivo desse exercício é voltar ao momento presente e deixar de lutar contra eventos privados.

Todos nós inevitavelmente nos encontramos puxando a outra ponta da corda de vez em quando. A ênfase aqui não é evitar a corda, mas aumentar a consciência de quando você a pegou, destacar suas opções nessa jornada e ter a experiência de soltá-la. É uma boa ideia escolher pensamentos ou sentimentos que envolvam a questão que você está trabalhando neste manual, ao se envolver com o exercício a seguir.

A fim de se preparar para esse exercício em grupo ou em pares, você deve dispor de uma corda ou uma toalha torcida para usar em uma demonstração física e experiencial. Conforme a descrição do cabo de guerra, dois parceiros podem puxar para um lado e para o outro o mesmo objeto físico, simulando a luta interna. Se você estiver praticando sozinho, essa técnica pode ser conduzida como um exercício de imaginação, ou você pode até amarrar a toalha ou corda a um móvel, maçaneta ou ponto de fixação para simular um cabo de guerra imóvel. As instruções a seguir podem ser gravadas para que você possa praticar como uma meditação guiada. Você pode baixar um arquivo de áudio dessa prática (em inglês) na página do livro em loja.grupoa.com.br ou, como alternativa, pode ler e memorizar as instruções como diretrizes para a prática silenciosa e usar o roteiro e as perguntas como guia para essa prática experiencial.

A luta que enfrentamos com nossos eventos privados dolorosos pode parecer um jogo interminável de cabo de guerra. Na outra ponta da corda está um adversário muito forte, que talvez você conheça muito bem ou que pode ser um novo desafiante. Novo ou antigo, seu adversário é a representação física ou uma metáfora daqueles eventos privados com os quais você está lutando atualmente. Pode ser sua autodúvida, a crítica interna, sentimentos de depressão ou ansiedade, dor física ou qualquer coisa que esteja atrapalhando sua vida valorizada. Pare um momento e imagine como é o seu adversário. Lembre-se do que essa parte sua com a qual você luta diz a você. Como você a sente? Que forma ela assumiria? Qual seria seu tamanho? Que expressão facial ela teria? Que tom de voz usaria? Quando estiver pronto, responda às perguntas a seguir.

Com o que você está lutando atualmente? O que esse adversário na outra ponta da corda representa para você?

Como você se sente em relação a essa parte de você? Que sensações ou emoções vêm com ela?

Se esses eventos privados fossem um ser, como ele seria? Que forma ele assume? Que tamanho ele tem? Que expressão facial ele tem? Que tom de voz ele usa?

O que ele está dizendo?

Agora, usando a imagem do evento privado doloroso que você criou, suponha que você está em uma ponta de um cabo de guerra e a representação física de sua dor está na outra. Assim como seus outros eventos privados, esse adversário não pode tocar em você, mas pode falar e agir de forma a fazer você lutar para vencer esse cabo de guerra. O ser que está na outra extremidade da corda diz as palavras dolorosas que você procurou evitar ou afastar. Para superá-las e fazê-las desaparecer, ao que tudo indica, você precisa vencer esse cabo de guerra. E quando você começa a puxar a corda, seu adversário puxa de volta, e ele é tão forte quanto você. Ele está se esforçando tanto quanto você e sempre lhe oferece resistência. Ao que parece, ele não vai a lugar algum.

Às vezes, seu adversário é autoritário, e pode parecer que você não é forte o suficiente. Você corre o risco de perder ou ficar preso a esse adversário para sempre. Em outros momentos, você pode achar que está superando a luta e vencendo. Pode ser que você puxe com força suficiente para acabar com a guerra, livrando-se dela de uma vez por todas. À medida que essa luta continua, quanto mais você puxa, mais seu adversário faz o mesmo. Então, você continua tentando, puxando com mais força, firmando os calcanhares, agarrando a corda e puxando com mais força, na expectativa de vencer seu rival. Você puxa e puxa, sem sucesso, nada do que você tenta está funcionando. E assim vai, aparentemente sem fim, enquanto você continua puxando. Você simplesmente não consegue superar e se livrar desse adversário. Ele não vai a lugar algum. Parece que quanto mais você puxa, mais forte ele fica, e parece que ele nunca se cansa.

Agora, foque sua atenção na sensação dessa experiência. Qual é a sensação para você nesse cabo de guerra? O que você percebe em seu corpo? Sua respiração? Temperatura corporal? Expressões faciais? Qual é a sensação de estar nessa luta e ouvir coisas como [use os exemplos]? Onde sua atenção está focada? Que pensamentos aparecem? Talvez você perceba o pensamento de que pode vencer desta vez, ou que pode ficar preso nessa luta para sempre ou que seu adversário vencerá. O que mais você percebe? O que você sente vontade de fazer?

Por um lado, você poderia puxar com mais força, revidar mais. Você já conseguiu se livrar desse adversário para sempre? Como tudo isso tem funcionado até agora? O que mais você poderia fazer? Que outra opção você tem? Você precisa vencer esse cabo de guerra? O que aconteceria se você parasse de brigar contra essa parte de sua experiência? E se você decidisse sair desse cabo de guerra e soltasse a corda?

Agora, se você estiver aberto a isso, veja se pode tentar essa opção. Solte a corda.

Imagine como seria se você soltasse a corda, deixando-a cair no chão. O que você percebe? O que está diferente? Permita-se perceber como essa experiência é sentida em seu corpo. Qual é a sensação de largar a corda? Observe quaisquer alterações em seus músculos, respiração, postura corporal e expressões faciais. Como estão suas mãos e pés? Você pode perceber que suas mãos e pés não estão mais ocupados – eles estão livres para serem usados como você quiser. O que significaria se você não soltasse a corda? O que ficaria disponível para você?

Ao soltar a corda, você abandona a tarefa impossível de se livrar do seu adversário. Seu adversário não desapareceu, e isso não significa que você venceu. Seu oponente ainda está lá, na outra ponta da corda, como sempre esteve, provocando-o, tentando fazer você voltar a se envolver. Talvez seu adversário esteja até julgando-o por largar a corda. Mas, ao largá-la, você escolhe não lutar, não pegá-la; prefere voltar-se para seus valores e fazer algo que talvez seja mais importante para você.

Quando soltou a corda, o que você percebeu? Qual foi a sensação? Você notou alguma mudança em seus músculos, na respiração, na postura corporal e nas expressões faciais? Qual foi a sensação em suas mãos e pés?

O que a experiência de largar a corda significou para você? O que se tornou disponível para você?

EXEMPLO: As respostas de Joann ao soltar a corda

Com o que você está lutando atualmente? O que esse adversário do outro lado da corda representa para você?

Do outro lado da corda está a dúvida. Dúvida sobre minha capacidade de abrir um consultório particular. Muitas vezes me debato com dúvidas quando estou tentando avançar em minha carreira. Duvido da minha capacidade como empreendedora e como profissional autônoma. A dúvida está tentando me dissuadir de abrir um novo consultório.

Se esses eventos privados fossem um ser, como ele seria?

Uma fera rosnando, com mãos e pés grandes. Ela faz uma cara carrancuda com um forte brilho em seus olhos escuros. É muito grande e forte, e às vezes muito barulhenta, com uma voz profunda e estrondosa.

O que ele está dizendo?

Ele me diz que não tenho ideia do que estou fazendo. Não sei como administrar um consultório particular. Não sei nada sobre faturamento, nem sobre as normas da HIPAA*, nem quanto devo cobrar com minha licença ou códigos de faturamento. Diz que vou fracassar, que não sou capaz de fazer isso. Ele me diz que estou sendo ingênua ao abrir um consultório particular antes de ter certeza de que posso realizar essas coisas. Outras pessoas que abrem consultórios particulares sabem mais do que eu. Que eu posso fracassar, ir à falência e decepcionar minha família.

Quando soltou a corda, o que você percebeu? Qual foi a sensação? Você notou alguma mudança em seus músculos, na respiração, na postura corporal e nas expressões faciais? Qual foi a sensação em suas mãos e pés?

Soltar a corda foi difícil no início, pois eu realmente queria superar minha dúvida. Mas então, quando larguei a corda, houve uma espécie de liberação, uma liberdade. Eu me senti mais leve, com menos tensão. Todo o meu corpo parecia ser meu novamente, senti que eu estava livre para ser, não precisava lutar. Eu podia usar minhas mãos e pés, eles não estavam mais presos à tensão e à luta. Eles estavam livres, eu me sentia livre, como se pudesse escolher como eu queria ser e o que queria fazer.

O que a experiência de soltar a corda significou para você? O que se tornou disponível para você?

Se eu soltar a corda com a dúvida, darei mais passos para abrir meu consultório particular. Talvez não seja perfeito e talvez eu não tenha todas as respostas. Vou me questionar de vez em quando e posso obter apoio e orientação de organizações e colegas. Talvez eu cometa erros, mas estou disposta a continuar aprendendo e encontrar meu caminho. É melhor do que nem tentar.

---

* N. de R. T. Health Insurance Portability and Accountability Act (HIPAA) é um conjunto de normas para organizações de saúde estadunidenses que regulamentam o tratamento e a proteção de dados.

ACEITAÇÃO NÃO SIGNIFICA BUSCAR CONFORTO OU AMPLIFICAR A DOR

Um equívoco comum sobre a aceitação é que ela acabará por levar a maior conforto ou maior sofrimento. O objetivo da prática de aceitação na ACT não é se sentir melhor, nem se sentir pior (Hayes, 2005). Esses não são nossos objetivos. Lembre-se de que o pilar de aceitação da ACT é chamado de pilar *aberto* e envolve uma receptividade ao que é. Não se trata de sentir mais ou menos do que o que já está presente em nossa experiência atual. É uma disponibilidade para todas as experiências – mesmo as indesejadas. Na verdade, a aceitação não é de forma alguma um sentimento (Westrup, 2014). Em vez disso, ela pode ser vista como uma postura intencional; uma disponibilidade para atravessar e conviver com o desconforto e seguir em direção a uma vida com propósito e vitalidade. Portanto, é importante entender a intenção de cada um com essa prática. Se o nosso objetivo é nos livrarmos da dor por meio da aceitação, então não se trata de aceitação, e, como veremos, isso não está nos aproximando de nossas direções valorizadas.

EXERCÍCIO. Rastreando oportunidades para praticar disponibilidade e aceitação

O registro a seguir tem como objetivo ajudá-lo a se conscientizar sobre as práticas de aceitação e disponibilidade. Essas experiências podem ser formais (práticas ou exercícios planejados) ou informais (como oportunidades que surgem para praticar a aceitação ao longo das experiências do dia a dia).

Data	Qual era a situação? A que você estava aberto a vivenciar naquele momento?	Como você praticou ou escolheu a aceitação naquele momento?	O que você percebeu?

Experimentando a terapia de aceitação e compromisso de dentro para fora **185**

Data	Qual era a situação? A que você estava aberto a vivenciar naquele momento?	Como você praticou ou escolheu a aceitação naquele momento?	O que você percebeu?

De *Experimentando a terapia de aceitação e compromisso de dentro para fora: um manual de autoprática/autorreflexão para terapeutas*, de Dennis Tirch, Laura R. Silberstein-Tirch, R. Trent Codd III, Martin J. Brock e M. Joann Wright (Artmed, 2025). A permissão para reproduzir este formulário é concedida aos compradores deste livro apenas para uso pessoal. Aqueles que adquirirem este livro podem fazer o *download* de cópias adicionais deste material na página do livro em loja.grupoa.com.br.

O EXEMPLO DE LAURA

Data	Qual era a situação? A que você estava aberto a vivenciar naquele momento?	Como você praticou ou escolheu a aceitação naquele momento?	O que você percebeu?
14/04	Aula de ioga. Eu costumo pegar um pouco pesado de vez em quando e às vezes fico frustrada quando meus joelhos começam a me incomodar. Essa semana pratiquei a aceitação dessas experiências à medida que surgiam e a aceitação de meus limites e capacidades.	Usei essa aula de ioga como uma oportunidade para praticar a aceitação dos meus limites, simplesmente percebendo quando me sentia frustrada ou com vontade de ouvir meu corpo e seguir meu fluxo, no momento.	Eu me senti um pouco mais encorajada e a ioga parecia mais "viável" com esse tipo de abordagem. Eu estava menos distraída, de certa forma, menos na minha cabeça. Posso até ter gostado mais, embora as frustrações tenham aparecido.
16/04	Eu bati o osso do cotovelo enquanto me preparava para sair para o trabalho hoje de manhã. Percebi a dor e usei isso como uma oportunidade para praticar.	Em vez de ignorá-la ou de me repreender por ser desajeitada, de alguma forma me lembrei da prática de deixar a dor ser dor e de não agravar essa dor por meio da indisponibilidade e da esquiva.	Doeu. Não gosto de bater com o cotovelo assim. Ninguém gosta. Mas eu realmente notei a diferença entre outras experiências como essa quando eu piorei a situação por não estar disposta nem a aceitar o fato de que me machuquei.
18/04	Vi que uma ex-colega publicou um artigo em uma revista especializada e comecei a duvidar de mim mesma e a pensar que não estou fazendo o suficiente.	Optei por aceitar o pensamento "Não estou fazendo o suficiente" em vez de evitá-lo. Imaginei largar a corda e seguir em direção aos próximos passos do meu trabalho em consultório particular.	Por estar mais disposta e optar por aceitar os pensamentos de dúvida, fiquei mais livre para trabalhar nas coisas que eram importantes para mim. E havia espaço para mais da minha experiência. Também fiquei feliz por ela e enviei-lhe um breve e-mail de parabéns, o que também parecia mais alinhado com meus valores de relacionamento.

Uma alegoria que faz parte da comunidade da ACT há muitos anos para ajudar a ilustrar a ineficácia da estratégia de controle é a metáfora do homem em um buraco.

💭 PERGUNTAS PARA AUTORREFLEXÃO

Como foi sua experiência ao realizar os exercícios de aceitação e disponibilidade? Que observações foram mais vívidas para você neste módulo?

_____
_____
_____
_____
_____
_____
_____
_____
_____
_____

O que houve de diferente nessas experiências em relação às suas respostas cotidianas a pensamentos e sentimentos dolorosos?

_____
_____
_____
_____
_____
_____
_____
_____
_____
_____
_____
_____

Houve alguma coisa nessas experiências que você gostaria de lembrar?

Como você planeja praticar habilidades de aceitação e disponibilidade daqui para a frente?

Como você planeja incorporar a prática de aceitação e disponibilidade em sua prática clínica?

Seção D
ENGAJADO

Módulo 10
Definição de valores

Pare um instante e considere as seguintes questões: o que é mais importante para você na vida? Como você valoriza estar no mundo? O que dá sentido e propósito à sua vida? Essas questões são substanciais e às vezes não reservamos tempo para respondê-las de forma explícita. Na correria e nas exigências do nosso dia a dia e sob a pressão dos nossos eventos privados, é fácil perder o contato com o que nos é mais importante. Imagine embarcar em uma viagem sem antes especificar o destino ou o meio de transporte. Isso não faria sentido, nem seria muito eficaz. Entretanto, muitas pessoas vivem exatamente dessa forma – comparecem à vida como passageiros passivos, seguindo regras e exigências situacionais, e, com demasiada frequência, deixam que as experiências privadas ditem a direção e o formato de sua vida. Quando nos tornamos autores de nossos valores, voltamos a assumir o comando de nossa jornada, esclarecendo as direções que seguimos ou para as quais retornamos quando nos desviamos. Sem a direção que os valores nos indicam, é provável que passemos boa parte de nosso tempo na Terra evitando pensamentos e sentimentos dolorosos. Quando esclarecemos nossos valores, as maneiras pelas quais queremos estar no mundo, e escolhemos confiar neles e deixar que nos orientem, ficamos livres para nos comportar com base nesses valores, em vez de basear nossa vida nos sentimentos que preferiríamos evitar e quais estados emocionais gostaríamos de perseguir.

Tornar-se autor de seus valores é essencial para cultivar a flexibilidade psicológica e viver de maneira vivaz. Dessa forma, a autoprática/autorreflexão (AP/AR) na terapia de aceitação e compromisso (ACT) nos convida a criar conscientemente direções valorizadas. Isso envolve aumentar nossa percepção do que é mais importante e aprender a incorporar esses valores. Juntos, exploraremos esse processo e aprofundaremos sua compreensão da clarificação de valores na ACT e em seu trabalho de AP/AR.

POR QUE OS VALORES SÃO IMPORTANTES

Os valores estão intrinsecamente relacionados ao nosso sofrimento. As experiências de dor e sofrimento estão, com frequência, ligadas a algo com o qual nos importamos profundamente. Como Steve Hayes (2016) disse em sua palestra no TEDx Nevada sobre transformar a dor em propósito: "Nos importamos onde dói e dói onde nos importamos". As coisas sobre as quais tendemos a nos criticar ou que têm potencial para perdas mais significativas estão relacionadas aos nossos valores. Pergunte a si mesmo: Quais são algumas das coisas pelas quais eu mais me critico? Agora, considere o seguinte: Com o que você teria que deixar de se importar para que isso não lhe causasse mais sofrimento? Por exemplo, se você se critica por não ser tão envolvido e atencioso quanto poderia ser como pai ou mãe, com o que você teria que parar de se importar para não sentir vontade de se criticar? Você teria que parar de se importar com a eficácia e o amor com que você cria seus filhos? Você está disposto a parar de se importar com isso? Será que você conseguiria fazer isso? Para a maioria de nós, a resposta é não, claro que não. Essas questões geralmente estão relacionadas às coisas que mais importam em nossa vida. Na ACT, às vezes dizemos: *Na sua dor você encontra seus valores, e nos seus valores você encontra sua dor* (Hayes & Lillis, 2012). Na verdade, parte do que dá tanto poder ao processo de aceitação em nosso trabalho na ACT é a maneira como olhamos para dentro das experiências dolorosas para descobrir profundidade e significado. Podemos, então, viver guiados por esse significado, carregando a dor da condição humana como parte da totalidade de nossa experiência.

Diz-se que o esclarecimento de valores na ACT envolve o aumento da consciência da "doçura" em sua vida (Wilson & DuFrene, 2009), mesmo quando isso significa entrar em contato com a dor e, às vezes, com a tristeza. Dessa forma, nossas dores e valores podem chegar de mãos dadas. Maior consciência daquilo com que nos importamos também pode levar à consciência do que bloqueia o progresso ou às perdas lembradas e temidas. Para alguns, o trabalho com valores pode trazer à mente momentos em que não vivemos de acordo com nossos valores. Às vezes, essas experiências invocam uma consciência aguda de nossa finitude. É importante estar ciente de que esses tipos de experiências podem gerar respostas psicologicamente inflexíveis. Determinar seus valores não é necessariamente fácil e pode conter algumas distrações inesperadas. Quaisquer dificuldades que você enfrente a esse respeito podem ser úteis para serem consideradas durante seus períodos de autorreflexão; portanto, anote-as.

A DANÇA ENTRE VALORIZAÇÃO E SOFRIMENTO

Na ACT, o uso do termo *valores* refere-se a padrões de comportamento contínuos e em evolução que são intrinsecamente reforçadores. Na AP/AR na ACT, como em todas as formas de ACT, os valores são considerados diretrizes construídas pessoalmente para formas significativas de viver a vida. Em outras palavras, os valores nos fornecem formas de ser e fazer no mundo. Os valores não são regras rígidas, nem sujeitos à manipulação social (Luoma et al., 2007). Essas orientações valorizadas são estáveis, porém dinâmicas, capazes de crescer e evoluir com o tempo e o contexto (Batten, 2011).

Nossos valores podem nos ajudar a moldar e motivar nosso comportamento de maneira duradoura. Eles nos direcionam para o que é importante e informam o processo de criação de objetivos baseados em valores e de envolvimento em ações comprometidas. Devido à sua natureza intrinsecamente reforçadora, nossos valores escolhidos de forma livre fazem o trabalho desafiador envolvido na ACT "valer a pena". Eles reforçam processos como disponibilidade e desfusão e são um componente essencial da flexibilidade psicológica. As coisas que valorizamos podem inspirar coragem e motivação para avançarmos em nossas direções valorizadas.

Construir e compreender valores também pode dar sentido ao momento presente. A capacidade de reconhecer o que é significativo em determinado momento nos proporciona uma escolha: continuar o comportamento atual ou modificá-lo em prol de nossos próprios valores e responder a um contexto atual de forma significativa e eficaz. Esse processo envolve a adoção de perspectivas flexíveis e a consciência plena. Quando você entra em contato com o momento presente, a escolha torna-se disponível, e quando você esclarece seus valores, a oportunidade de tomar decisões informadas e valorizadas torna-se mais evidente. Assim, quando analisamos a definição de flexibilidade psicológica, fica claro como é necessário entender quais são os valores envolvidos. Sem essa consciência de escolha em determinado momento, os comportamentos intencionais baseados em valores podem tornar-se mais desafiadores e fazerem você se sentir preso a velhos padrões de comportamento e à esquiva experiencial.

OS VALORES SÃO UM PROCESSO, NÃO UM PRODUTO

Na ACT, os valores são considerados um processo contínuo. São orientações que não contêm pontos finais. São as rotas, não os destinos. Por exemplo, alguém pode valorizar "ser um pai amoroso". Sempre é possível ser mais amoroso – ou seja, nunca se chega a um fim concreto conhecido como "pai amoroso". O valor de "pai amoroso" não é alcançado ou obtido, ele se materializa como um processo comportamental contínuo. Na verdade, ser um pai amoroso significa comportar-se de maneira amorosa, mesmo na ausência de qualquer sentimento de amor. Em geral, é fácil se comportar de forma amorosa quando se está consumido pelo sentimento de amor, mas é mais desafiador quando esse sentimento está ausente e quando outras emoções estão presentes (p. ex., raiva). Uma vez que as emoções aumentam e diminuem, muito como o clima, é quase certo que o cenário emocional mude. Nossos valores, contudo, são estáveis e capazes de se adaptar às mudanças em nossa vida e nossas experiências. Portanto, o que conta é o nosso compromisso de nos comportarmos de maneira amorosa, independentemente de nossa experiência atual de amor.

Metas ou objetivos, em contraste com valores, são ações que contêm fins concretos. Podem incluir determinados comportamentos ou maneiras de ser ou fazer que incorporam os valores de uma pessoa. Por exemplo, um indivíduo que vive de acordo com o valor "pai amoroso" pode trabalhar para atingir objetivos, como ler uma história com seu filho todas as noites, sair mais cedo do trabalho para assistir ao evento desportivo do filho ou simplesmente passar um tempo não estruturado com o filho todos os dias. Os objetivos, assim como os valores, existem no âmbito do comportamento manifesto, mas, diferentemente dos valores, envolvem fins alcançáveis.

Valores e objetivos funcionam juntos. Os valores nos orientam, enquanto os objetivos fornecem *feedback* sobre o quanto estamos vivendo de acordo com eles. Os objetivos nos ajudam a operacionalizar nossos valores. Ao começarmos, é importante que terapeutas e clientes da ACT entendam a distinção entre valores e objetivos. Assim, dedique algum tempo ao exercício a seguir.

EXERCÍCIO. Discriminação entre objetivos e valores

Ao lado de cada item da lista abaixo, escreva "O" se for um objetivo e "V" se for um valor. Então compare suas respostas com as nossas.

1. Fazer exercícios três dias por semana. _____
2. Viver com satisfação dentro de minhas possibilidades. _____
3. Ser um cônjuge amoroso. _____
4. Frequentar a igreja semanalmente. _____
5. Cuidar do meu corpo física, mental e espiritualmente. _____
6. Praticar *mindfulness* 20 minutos por dia. _____
7. Viver cuidadosamente. _____
8. Ser compassivo com os outros. _____
9. Passar algum tempo envolvido em meus *hobbies* pelo menos uma vez por semana. _____
10. Enviar cartões nos aniversários de meus amigos. _____

Nossas respostas:

1. Trata-se de um objetivo, porque tem um fim alcançável. Esse objetivo pode estar vinculado a um valor, como "ser fisicamente saudável", mas não reflete inerentemente uma qualidade de fazer e ser mais do que um fim a ser alcançado.
2. Isso é um valor. Isso especifica uma qualidade de ação e uma direção, sem um fim concreto.
3. Isso também é um valor. Nunca se pode chegar a um "cônjuge amoroso". Sempre podemos ser mais amorosos e retornar ao comportamento amoroso repetidas vezes.
4. Isso é um objetivo. Uma pessoa vai ou não vai à igreja todas as semanas.
5. Isso é um valor. Uma direção é especificada.

6. Isso é um objetivo. Você sabe dizer por quê? _____
7. Isso é um valor. Você sabe dizer por quê? _____
8. Isso é um valor. Você sabe dizer por quê? _____
9. Isso é um objetivo. Você pode dizer por quê? _____
10. Isso é um objetivo. Você sabe dizer por quê? _____

DETERMINANDO SEUS VALORES

Agora que voltamos ao significado dos valores trabalhados na ACT, vamos reservar algum tempo para refletir sobre o que é mais importante para nós em nossa vida. Continuamos analisando perguntas desafiadoras, semelhantes às que fizemos no início deste módulo, e até mesmo antes, no exercício da homenagem imaginária. Esses exercícios indagam: "Como você quer se sentir ao relembrar sua vida?" e "Como você quer ser lembrado por aqueles que fazem parte de sua vida?". A tarefa de imagens a seguir o orienta por meio de perguntas sobre o que é mais importante para você em diferentes áreas de sua vida, com base em uma série de práticas experienciais e de definição de valores clássicas da ACT. Quando tiver concluído a experiência, você terá a oportunidade de criar seus valores de maneira clara e verbalmente construída, tornando-os mais explícitos em um exercício escrito.

✍ EXERCÍCIO. O que eu quero que minha vida represente?

Antes de começar, certifique-se de estar em um local confortável e com o mínimo de distrações. As instruções guiadas a seguir são para um exercício de imagens que enfoca as áreas de sua vida que são mais importantes para você. Depois de estabelecermos nossa prática por meio do centramento no momento presente, você será solicitado a trazer à mente diferentes áreas de sua vida e, em seguida, será guiado por uma série de perguntas sobre o que é mais importante para você em cada área. Use suas habilidades de imaginação, pensando no que você pode ouvir, ver e fazer em termos de seus valores a partir de sua perspectiva de primeira pessoa. Depois de cada pergunta, reserve algum tempo para analisar atentamente o que surgir. Da melhor maneira possível, veja se você consegue entrar em contato com sua experiência em cada momento da prática a seguir. Você pode baixar um arquivo de áudio dessa prática (em inglês) na página do livro em loja.grupoa.com.br ou gravar-se lendo as instruções e reproduzi-las.

> *Ao começar, permita que seus olhos se fechem. Agora, direcione suavemente sua atenção para a experiência da respiração. Permita que sua consciência descanse com sua respiração. Simplesmente observe o ritmo natural da respiração. Perceba cada inspiração e cada expiração. Se sua mente vagar por outros pensamentos ou sensações, observe suavemente essa experiência e volte sua atenção para a respiração.*

Depois de algumas respirações conscientes, na próxima inspiração natural, lembre-se do que e quem é mais importante para você em termos de família. Quando se trata de ser um membro da família, o que você quer representar? Que tipo de membro da família você seria? Permita-se passar alguns momentos considerando o que você deseja representar em cada um de seus papéis e relacionamentos em sua família. Quando estiver pronto, na próxima expiração, deixe de lado essas questões sobre a família e volte suavemente sua atenção para a respiração.

Quando estiver pronto, lembre-se de quem e o que pode ser importante para você quando se trata de relacionamentos românticos. O que você quer representar quando se trata de romance e intimidade? Que tipo de parceiro romântico ou íntimo você quer ser? Veja se você consegue entrar em contato com quais qualidades são mais importantes para você em termos de romance ou intimidade. Quando estiver pronto, na próxima expiração, deixe de lado essas perguntas e volte suavemente a atenção para a respiração.

Na próxima inspiração, lembre-se de quem e o que é importante para você em termos de amizades e vida social. O que você quer representar como amigo? Como você quer ser com seus amigos? Como você gosta de tratar as outras pessoas em sua vida? Perceba o que surge e passe alguns momentos entrando em contato com o que é mais importante para você em termos de amizades e relacionamentos sociais. Quando estiver pronto, na próxima expiração, deixe de lado essas questões e volte sua atenção para a respiração.

Depois de fixar sua atenção na respiração, na próxima inspiração, lembre-se de quem e o que é mais importante para você no que diz respeito ao trabalho. O que você quer representar no seu trabalho? Como você deseja trabalhar de maneira significativa? Permita-se considerar essas questões e o que você mais valoriza em termos de trabalho. E quando estiver pronto, na próxima expiração natural, deixe de lado essas questões e volte sua atenção para a respiração.

Na próxima inspiração, lembre-se de quem e o que é importante para você em termos de educação e aprendizagem. O que você deseja representar como aluno ou aprendiz? Como você quer ser quando o assunto é educação? Que abordagem de aprendizagem parece significativa para você? Simplesmente observe o que surge e passe alguns momentos entrando em contato com o que é mais importante para você em termos de educação. Quando estiver pronto, na próxima expiração, deixe de lado essas perguntas e volte sua consciência para inspirar e expirar conscientemente.

Na próxima inspiração, lembre-se da área de lazer em sua vida. Quem ou o que é mais importante para você em termos de diversão e lazer? Como você quer estar quando está se divertindo? Reserve algum tempo para considerar o que diversão, jogos ou lazer significam para você. E quando estiver pronto, na próxima expiração, solte e volte a se concentrar na respiração consciente.

Depois de algumas respirações conscientes, lembre-se de quem e o que é mais importante para você quando se trata de saúde e bem-estar. O que você deseja representar em termos de saúde e bem-estar? Como você quer ser e agir nessa área da sua vida? O que é uma participação significativa no bem-estar para você? Reserve algum tempo para entrar em contato com seus valores de saúde e bem-estar. Quando estiver pronto, na próxima expiração disponível, deixe de lado essas questões e volte sua atenção para a experiência de respirar.

Na próxima respiração, comece a expandir sua consciência para incluir o que você deseja representar em todas essas áreas da vida: família, romance, amizades, trabalho, aprendizagem, lazer, saúde e bem-estar. Depois de passar algum tempo fazendo isso e quando estiver pronto para formar a intenção de concluir essa prática, permita suavemente que sua atenção volte para a respiração. Perceba as sensações de sua respiração aqui e agora e, quando se sentir pronto, abra os olhos.

No próximo exercício, você terá a oportunidade de esclarecer e registrar seus valores nas áreas da vida que acabamos de explorar. Ao realizar a tarefa, tenha em mente as seguintes diretrizes:

- Mire alto! Essa é a sua vida e a de mais ninguém. Em um mundo onde não há barreiras, o que você gostaria que ela representasse? Em torno de que você gostaria de orientar sua vida?
- Formule sua declaração de valores de forma ampla para que ela tenha o potencial de capturar um grande padrão de atividade comportamental.
- Tente resumir o valor em uma frase ou em poucas palavras. Essa será sua "declaração de valores".
- Depois de escrever sua declaração de valores, pergunte a si mesmo: "Se ninguém soubesse que eu vivo dessa maneira, eu ainda gostaria de ser assim?". Você também pode achar útil usar pessoas específicas ao fazer essa pergunta a si mesmo (p. ex., "Se meus pais nunca soubessem..."). Pode ser útil fazer a si mesmo diferentes versões dessa pergunta (p. ex., "Se meus pais soubessem..."; "Se meus filhos soubessem..."; "Se ninguém soubesse..."). Idealmente, você gostaria de viver de uma forma que não fosse controlada pela maneira como os outros veem suas realizações.
- Pergunte a si mesmo sobre sua declaração de valores: "Se viver dessa maneira nunca me fez sentir bem, e talvez até me fez sentir mal em alguns aspectos, ainda estou satisfeito por ter vivido dessa maneira?". Embora viver de acordo com seus valores muitas vezes produza sentimentos de satisfação, isso não deve ser feito com esse propósito, porque essa não é uma métrica confiável, nem a razão para viver dessa forma.
- Eis alguns exemplos de declarações de valores:
  - Ser amoroso e compassivo com todos os seres vivos.
  - Envolver-se em um trabalho científico significativo.
  - Ter um impacto positivo sobre o sofrimento no mundo.
  - Fazer do autocuidado uma prioridade.
  - Ensinar meus filhos, por meio de minhas ações, como enfrentar a dor emocional.

EXERCÍCIO. Inventário de avaliação de valores

A seguir, você encontrará uma lista dos principais domínios da vida. Em cada domínio, escreva uma frase que sintetize o que você deseja representar em determinada área de sua vida. Forneça três classificações ao lado de cada domínio. A primeira classificação é o quanto esse domínio valorizado é importante para você (observe que não é necessário ordenar as classificações); a segunda é o quanto você acredita que foi eficaz em viver de acordo com esse valor durante a última semana; e a terceira classificação é o quanto você geralmente esteve presente ao viver de acordo com esse valor na semana anterior. Todas as classificações vão de 0 a 10, sendo 10 = o máximo que você poderia imaginar.

INVENTÁRIO E AVALIAÇÃO DE VALORES NOS DOMÍNIOS DA VIDA

Família

Importância: _____ **Eficácia:** _____ **Presença:** _____

O que é mais importante para mim: _____
_____

O que eu quero representar (declaração de valores): _____
_____

Romance e intimidade

Importância: _____ **Eficácia:** _____ **Presença:** _____

O que é mais importante para mim: _____
_____

O que eu quero representar (declaração de valores): _____
_____

Amizades

Importância: _____ **Eficácia:** _____ **Presença:** _____

O que é mais importante para mim: _____
_____

O que eu quero representar (declaração de valores): _____
_____

Carreira

Importância: _____ **Eficácia:** _____ **Presença:** _____

O que é mais importante para mim: _____
_____

O que eu quero representar (declaração de valores): _____
_____

Educação

Importância: _____ **Eficácia:** _____ **Presença:** _____

O que é mais importante para mim: _____
_____

O que eu quero representar (declaração de valores): _____
_____

Recreação e lazer

Importância: _____ **Eficácia:** _____ **Presença:** _____

O que é mais importante para mim: _____
_____

O que eu quero representar (declaração de valores): _____
_____

Saúde e bem-estar

Importância: _____ **Eficácia:** _____ **Presença:** _____

O que é mais importante para mim: _____
_____

O que eu quero representar (declaração de valores): _____
_____

Outro

Importância: _____ **Eficácia:** _____ **Presença:** _____

O que é mais importante para mim: _____
_____

O que eu quero representar (declaração de valores): _____
_____

De *Experimentando a terapia de aceitação e compromisso de dentro para fora: um manual de autoprática/autorreflexão para terapeutas*, de Dennis Tirch, Laura R. Silberstein-Tirch, R. Trent Codd III, Martin J. Brock e M. Joann Wright (Artmed, 2025). A permissão para reproduzir este formulário é concedida aos compradores deste livro apenas para uso pessoal. Aqueles que adquirirem este livro podem fazer o *download* de cópias adicionais deste material na página do livro em loja.grupoa.com.br.

💭 PERGUNTAS PARA AUTORREFLEXÃO

Como foi sua experiência de identificação de valores? Que pensamentos, emoções, lembranças e sensações corporais você percebeu?

_____
_____
_____
_____
_____
_____
_____
_____
_____
_____

Você achou que algumas das direções valorizadas que expressou estavam em "conflito" com outras – ou seja, pareceu-lhe que avançar em uma direção poderia interferir no seu avanço em outra direção importante? Em caso afirmativo, como você poderia usar os outros processos para superar isso?

_____
_____
_____
_____
_____
_____
_____
_____
_____
_____

As direções valorizadas não têm fundamentos – ou seja, não podem se basear em razões, embora razões possam estar presentes. Declarar direções valorizadas é o mesmo que cravar uma estaca no chão e simplesmente afirmar "Eu valorizo isso". Quando você articulou suas direções valorizadas, havia alguma razão presente? Em caso afirmativo, foi difícil se desembaraçar dela? O que aparece para você quando você pondera sobre suas direções valorizadas que não contêm fundamentos?

_____
_____
_____
_____
_____
_____
_____
_____
_____
_____

Se não estiver em seu comportamento, não está em sua vida. As experiências privadas – como pensamentos, emoções, lembranças e sensações corporais – são o escape de sua vida. Em contrapartida, seu comportamento, guiado por seus valores, é o motor. Em que aspectos essa noção se assemelha ou não a como você tem pensado sobre como viver sua vida? E como você tem ajudado seus clientes a viverem a vida deles?

_____
_____
_____
_____
_____
_____
_____
_____
_____

Você consegue articular pelo menos uma coisa que poderia fazer de maneira diferente com um cliente como resultado de sua experiência com definição de valores pessoais?

Módulo 11

Compromisso, parte I
Determinando objetivos e barreiras ao compromisso

A ação com compromisso envolve o cultivo de padrões comportamentais que sejam coerentes com valores livremente escolhidos (Hayes et al., 2012; Moran, Bach, & Batten, 2018). Agora que você teve a oportunidade de esclarecer e criar seus valores no módulo anterior, é hora de determinar suas ações valorizadas e abordar quaisquer barreiras a esses objetivos. Trabalhar por meio de objetivos, ações e barreiras é onde se concentra a maior parte do desenvolvimento de ação com compromisso na terapia de aceitação e compromisso (ACT).

Neste módulo, encontraremos uma maneira de medir até que ponto você tem sido eficaz em viver de acordo com o que é pessoalmente significativo, examinaremos se a sua maneira de viver muda ao longo do tempo e definiremos objetivos eficazes baseados em valores.

ATÉ QUE PONTO VOCÊ TEM VIVIDO BEM?

No exercício do inventário de avaliação de valores do módulo anterior, você foi solicitado a fornecer três classificações para cada declaração de valores: (1) a importância que cada domínio valorizado tem para você, (2) a eficácia com que você acha que viveu cada domínio durante a semana anterior e (3) a presença que você acha que teve ao viver cada domínio no mesmo período. As duas últimas classificações se baseiam em memória (ou seja, relembrar a semana anterior e fornecer uma classificação subjetiva). Esse é um ponto de partida útil para ter uma noção do quanto você está vivendo bem. No entanto, é mais útil registrar essas classificações em tempo real. Assim, além de suas classificações iniciais baseadas em recordação, gostaríamos que você monitorasse diariamente essas duas áreas valorizadas da vida por pelo menos uma semana antes de iniciar qualquer mudança. Nos próximos dias, ao final de cada dia, pense nas horas anteriores e, levando tudo em consideração, forneça as três classificações de vida valorizada para cada domínio. Para iniciar, recomendamos que você selecione apenas um domínio – um diretamente relacionado à questão com a qual você está trabalhando. Você poderá abordar outras áreas importantes da vida mais tarde. A escolha do domínio valorizado fica a seu critério, mas pode ser útil selecionar algum que você tenha classificado como de alta importância, mas de baixa eficácia e/ou presença. Depois de fazer sua seleção, registre a direção valorizada que você escolheu como alvo no espaço a seguir.

Ação(ões) baseada(s) em valores que estou monitorando:

EXERCÍCIO. Meu formulário de automonitoramento de ação valorizada

Identifique uma direção valorizada no qual focar e registre-a a seguir. Então, todas as noites, levando em consideração o dia inteiro, registre suas classificações de eficácia e presença em uma escala de 0 a 10, em que 10 = mais eficaz e mais presente. Para os seus propósitos, "eficácia" pode ser entendida como o quão eficaz você foi ao traduzir seus valores em ações com compromisso nesse aspecto de sua vida. "Presença" pode ser entendida como o quanto você conseguiu entrar em contato com o momento presente e estar atento às suas intenções e aos seus valores em sua vida. Você pode continuar essa prática por dias, semanas e até meses, e é uma boa ideia representar graficamente seus dados a cada semana. Nota: se estiver monitorando mais de uma direção valorizada, use um formulário para cada uma delas.

Direções valorizadas monitoradas semanalmente (registre aqui a declaração de ações valorizadas):

_____

_____

_____

_____

Semana: _____

Data: __/__/__   Classificação de eficácia (0–10): ____   Classificação de presença (0–10): ___

Data: __/__/__   Classificação de eficácia (0–10): ____   Classificação de presença (0–10): ___

Data: __/__/__   Classificação de eficácia (0–10): ____   Classificação de presença (0–10): ___

Data: __/__/__   Classificação de eficácia (0–10): ____   Classificação de presença (0–10): ___

Data: __/__/__   Classificação de eficácia (0–10): ____   Classificação de presença (0–10): ___

Data: __/__/__   Classificação de eficácia (0–10): ____   Classificação de presença (0–10): ___

Data: __/__/__   Classificação de eficácia (0–10): ____   Classificação de presença (0–10): ___

De *Experimentando a terapia de aceitação e compromisso de dentro para fora: um manual de autoprática/autorreflexão para terapeutas*, de Dennis Tirch, Laura R. Silberstein-Tirch, R. Trent Codd III, Martin J. Brock e M. Joann Wright (Artmed, 2025). A permissão para reproduzir este formulário é concedida aos compradores deste livro apenas para uso pessoal. Aqueles que adquirirem este livro podem fazer o *download* de cópias adicionais deste material na página do livro em loja.grupoa.com.br.

EXERCÍCIO. Meu gráfico de automonitoramento diário

Para aproveitar melhor as informações que você acompanha, recomendamos exibi-las visualmente em um gráfico. Também recomendamos que você continue coletando dados e deixando-os à mostra durante todo o seu envolvimento com este manual e programa.

Represente suas classificações médias diárias de eficácia e presença dos valores especificados usando os dois gráficos a seguir. Há espaço para até 10 semanas. E = eficácia (0–10), P = presença (0–10).

Direções valorizadas monitoradas semanalmente:

_____
_____
_____

Eficácia:

	Segunda	Terça	Quarta	Quinta	Sexta	Sábado	Domingo
E10							
9							
8							
7							
6							
5							
4							
3							
2							
E1							

Presença:

	Segunda	Terça	Quarta	Quinta	Sexta	Sábado	Domingo
P10							
9							
8							
7							
6							
5							
4							
3							
2							
P1							

Observações:

_____
_____

De *Experimentando a terapia de aceitação e compromisso de dentro para fora: um manual de autoprática/autorreflexão para terapeutas*, de Dennis Tirch, Laura R. Silberstein-Tirch, R. Trent Codd III, Martin J. Brock e M. Joann Wright (Artmed, 2025). A permissão para reproduzir este formulário é concedida aos compradores deste livro apenas para uso pessoal. Aqueles que adquirirem este livro podem fazer o *download* de cópias adicionais deste material na página do livro em loja.grupoa.com.br.

EXEMPLO: Formulário de automonitoramento de ações valorizadas de Dennis

Direções valorizadas monitoradas semanalmente (registre aqui a declaração de ações valorizadas):

Acordar entre 5h e 6h da manhã, praticar zazen e ter um período de escrita antes de passar para as tarefas administrativas. Envolver-me nessa atividade com atenção plena, contato com o momento presente e bondade comigo mesmo, tanto quanto possível.

Semana: *13 a 19 de agosto*

Data: *13/08/2018*   Classificação de eficácia (0–10): *≥7*   Classificação de presença (0–10): *5*

Data: *14/08/2018*   Classificação de eficácia (0–10): *5*   Classificação de presença (0–10): *8*

Data: *15/08/2018*   Classificação de eficácia (0–10): *9*   Classificação de presença (0–10): *9*

Data: *16/08/2018*   Classificação de eficácia (0–10): *3*   Classificação de presença (0–10): *6*

Data: *17/08/2018*   Classificação de eficácia (0–10): *8*   Classificação de presença (0–10): *9*

Data: *18/08/2018*   Classificação de eficácia (0–10): *10*   Classificação de presença (0–10): *9*

Data: *19/08/2018*   Classificação de eficácia (0–10): *6*   Classificação de presença (0–10): *6*

EXEMPLO: Gráfico de automonitoramento diário de Dennis

Direções valorizadas monitoradas semanalmente:

Acordar entre 5h e 6h da manhã, praticar zazen e ter um período de escrita antes de passar para as tarefas administrativas. Envolver-me nessa atividade com atenção plena, contato com o momento presente e bondade comigo mesmo, tanto quanto possível.

Eficácia:

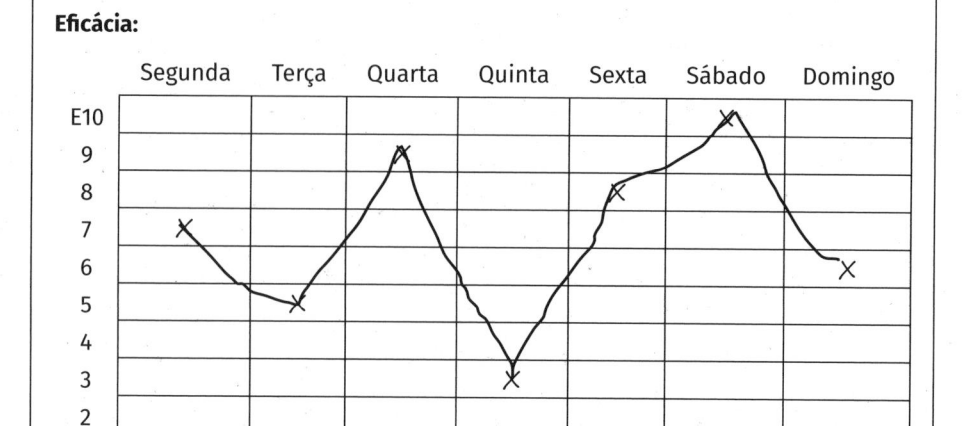

[Gráfico de Eficácia de E1 a E10 ao longo da semana: Segunda 7, Terça 5, Quarta 9, Quinta 3, Sexta 8, Sábado 10, Domingo 6]

Presença:

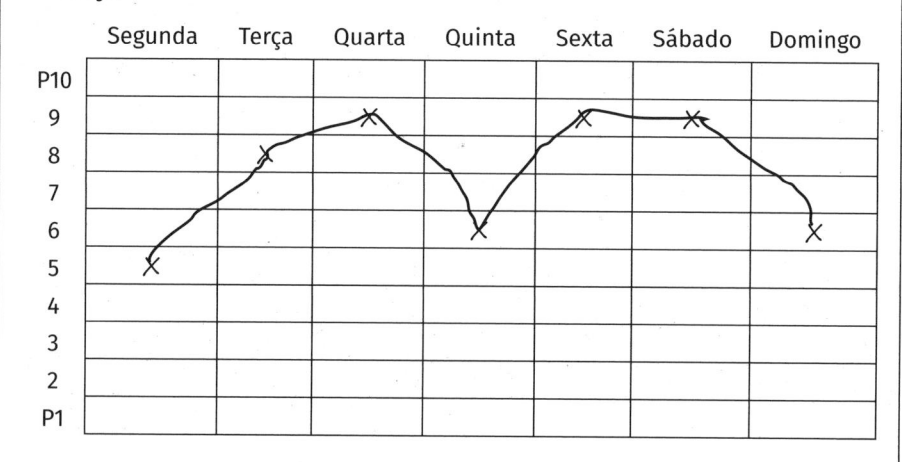

[Gráfico de Presença de P1 a P10 ao longo da semana: Segunda 5, Terça 8, Quarta 9, Quinta 6, Sexta 9, Sábado 9, Domingo 6]

Observações:

Havia uma relação clara entre minha capacidade de ser consistente em levantar-me da cama e me sentar para praticar meditação e minha capacidade de me sentir presente e envolvido com minhas tarefas diárias. Fiquei surpreso com o quanto o monitoramento da atividade ajudou em minha capacidade de me comprometer.

OBJETIVOS: TORNANDO SEUS VALORES AÇÕES CONCRETAS

Agora que você especificou suas direções valorizadas e identificou um ou dois domínios valorizados nos quais gostaria de se concentrar, é hora de articular alguns objetivos vinculados a esses valores. Em última análise, porém, viver de acordo com seus valores, repetidamente, é o objetivo que perseguimos na ACT. Isso porque, se ficarmos muito focados em objetivos, podemos rapidamente cair na armadilha de ter a sensação de que estamos bem somente quando estamos atingindo objetivos. Por esse motivo, é importante manter os objetivos com leveza e usá-los como ferramentas para valorizar a vida.

Ao articular objetivos, pode ser útil gerar objetivos SMART. SMART é um acrônimo, em inglês, que representa as palavras *specific* (específico), *measurable* (mensurável), *action oriented* (orientado à ação), *realistic* (realista) e *within a specified time frame* (dentro de um período especificado). Por exemplo, considere o objetivo de "fazer mais exercícios". O que significa "exercício"? Exercício cardiovascular ou musculação? O que significa "mais" e durante que período ocorrerá a atividade física? Na próxima semana? Cada semana? No próximo ano? Quanto tempo durará cada período de atividade física? Trinta minutos? Uma hora? Como você saberá se atingiu o objetivo de se exercitar mais? Por mais vaga que seja a formulação original de "fazer mais exercícios", ela ao menos é orientada à ação – ou seja, especifica o que será feito, não o que não será feito. Não se lê "ser menos sedentário". O objetivo será realista se tiver uma possibilidade razoável de ser atingido, considerando-se a condição inicial da pessoa. Por exemplo, se a pessoa nunca correu, não seria realista estabelecer um objetivo de correr 10 quilômetros por dia. No entanto, se a pessoa tem corrido em média 10 quilômetros por dia, isso seria mais realista, embora talvez não tão orientado ao crescimento quanto poderia ser. O uso do acrônimo SMART aumenta a probabilidade de você ter abordado essas dimensões importantes ao definir seus objetivos coerentes com valores.

Na sequência, vejamos um exemplo dos objetivos de Trent. Uma de suas declarações de valores é "buscar ativamente *hobbies* e atividades de lazer". Um dos objetivos vinculados aos valores de Trent é praticar a mágica *"close-up"* (truques avançados com moedas e cartas realizados a poucos metros do público) três vezes por semana, por pelo menos 30 minutos por ocasião durante o próximo ano. Esse objetivo é mensurável, orientado à ação e dentro de um período especificado. A prática de mágica pode incluir ensaiar rotinas, revisar truques ou ler novos materiais de mágica em periódicos e livros relacionados à mágica. Tudo isso está relacionado à dimensão específica na qual Trent mantém seu foco para essa prática. Isso é realista, considerando seus atuais compromissos de tempo e sua linha de base de um período de 30 minutos por semana, com a participação em reuniões do clube local em média a cada dois meses.

A seguir, fornecemos um exercício para ajudá-lo a formular seus objetivos em um formato SMART. É claro que você pode escolher objetivos relacionados à área que escolheu para seu trabalho de autoprática/autorreflexão (AP/AR) na ACT.

✍️ EXERCÍCIO. Minha ficha de trabalho de objetivos SMART

Direção valorizada escolhida (a direção valorizada à qual seus objetivos SMART devem estar relacionados):

_____
_____
_____

1. **Específico.** Articule seu objetivo com a máxima especificidade possível.

_____
_____
_____

2. **Mensurável.** Defina seu objetivo de forma que ele possa ser medido com eficácia. Decida também como você medirá seu progresso em direção ao objetivo. Especifique aqui seu objetivo em termos mensuráveis.

_____
_____
_____

3. **Ação.** Defina seus objetivos em termos de comportamento, ou seja, especifique o que você fará. Use esta pergunta como um guia útil: "O que as outras pessoas me veriam fazendo se eu estivesse atingindo meu objetivo?". Liste aqui os comportamentos específicos que elas observariam.

_____
_____
_____

4. **Relevante.** Reflita se seus objetivos estão diretamente relacionados às suas direções valorizadas. Se você atingisse esses objetivos, isso indicaria que você está vivendo de acordo com seus valores declarados?

_____
_____
_____

5. **Intervalo de tempo.** Quando você planeja atingir esse objetivo? Seja específico. Seria útil especificar objetivos de curto e longo prazos? Em que momento fará sentido fazer uma pausa e avaliar se os objetivos foram atingidos?

_____
_____
_____

> **Articulação final do objetivo.** Resuma aqui a formulação final de seu objetivo.
>
> _____
>
> _____
>
> _____

De *Experimentando a terapia de aceitação e compromisso de dentro para fora: um manual de autoprática/ autorreflexão para terapeutas*, de Dennis Tirch, Laura R. Silberstein-Tirch, R. Trent Codd III, Martin J. Brock e M. Joann Wright (Artmed, 2025). A permissão para reproduzir este formulário é concedida aos compradores deste livro apenas para uso pessoal. Aqueles que adquirirem este livro podem fazer o *download* de cópias adicionais deste material na página do livro em loja.grupoa.com.br.

Temos outra sugestão em relação ao estabelecimento de objetivos. Um segredo para construir padrões amplos e sustentáveis de comportamento orientado por valores é garantir que esses comportamentos sejam reforçadores. Ao desenvolver pela primeira vez padrões valorizados de ação com compromisso, é necessário que seu comportamento receba reforço com frequência. A melhor maneira de fazer isso é começar com pequenos passos. Pode até ser uma boa ideia iniciar na linha de base ou um pouco abaixo dela e depois aumentar gradualmente as exigências comportamentais. Por exemplo, se a linha de base de Trent é um período de 30 minutos de prática de mágica por semana, ele pode iniciar com um objetivo de 30 ou até de 25 minutos semanais (um pouco abaixo da linha de base) para garantir que seu comportamento receba reforço. Isso ajuda a criar impulso. É claro que o objetivo final é relacionar esses comportamentos específicos aos valores, para que entrem em contato consistentemente com essa forma de reforço intrínseco e, assim, construam um amplo padrão de vida eficaz.

EXEMPLO: Ficha de trabalho de objetivos SMART de Trent

> **Direção valorizada escolhida** (a direção valorizada à qual seus objetivos SMART devem estar relacionados):
> *Buscar ativamente hobbies e atividades de lazer. Ser um pai carinhoso e presente.*
>
> 1. **Específico.** Articule seu objetivo com a máxima especificidade possível.
> *Vou me dedicar ao meu hobby de realizar mágica close-up várias vezes por semana por meio da prática e participação em eventos de mágicos.*

2. **Mensurável.** Defina seu objetivo de forma que ele possa ser medido com eficácia. Decida também como você medirá seu progresso em direção ao objetivo. Especifique aqui seu objetivo em termos mensuráveis.

Em termos de prática, pretendo praticar pelo menos três vezes por semana, durante pelo menos 45 minutos em cada ocasião. As reuniões do clube de mágica local ocorrem uma vez por mês e têm duração de 2 horas. Posso medir isso registrando em um diário cada vez que pratico e participar de uma reunião de mágica. Farei um gráfico disso a cada mês.

3. **Ação.** Defina seus objetivos em termos de comportamento, ou seja, especifique o que você fará. Use esta pergunta como um guia útil: "O que as outras pessoas me veriam fazendo se eu estivesse atingindo meu objetivo?". Liste aqui os comportamentos específicos que elas observariam.

Lerei publicações sobre mágica e praticarei truques e rotinas completas de mágica. Participarei das reuniões mensais do clube de mágica e realizarei pelo menos um truque em cada reunião.

4. **Relevante.** Reflita se seus objetivos estão diretamente relacionadas às suas direções valorizadas. Se você atingisse esses objetivos, isso indicaria que você está vivendo de acordo com seus valores declarados?

Sim, isso é muito relevante. Atingir esses objetivos indicará que estou avançando em minhas direções valorizadas relacionadas aos meus filhos e também às minhas atividades de lazer.

5. **Intervalo de tempo.** Quando você planeja atingir esse objetivo? Seja específico. Seria útil especificar objetivos de curto e longo prazos? Em que momento fará sentido fazer uma pausa e avaliar se os objetivos foram atingidos?

Pretendo atingir os objetivos de prática nas próximas duas semanas – no entanto, essa é um objetivo semanal que pretendo manter a longo prazo. Faltam cerca de três semanas para a reunião mágica mensal, e pretendo participar pela primeira vez. Pretendo avaliar meu progresso em relação a ambos os objetivos daqui seis meses.

Articulação final do objetivo. Resuma aqui a formulação final de seu objetivo.

Praticarei mágica sozinho ou com meus filhos três vezes por semana por pelo menos 45 minutos em cada ocasião. A prática pode incluir a revisão de truques, rotinas ou a leitura de publicações sobre mágica. Também participarei das reuniões mensais do clube de mágica local durante toda a sua duração. Darei início ao progresso em direção a esses objetivos imediatamente e planejo ter o padrão inicial estabelecido em duas semanas. Avaliarei meu progresso em relação a esses objetivos daqui a seis meses.

IDENTIFICAÇÃO DE BARREIRAS

Até agora, você especificou direções valorizadas, escolheu uma direção na qual focar, tomou uma medida de referência de sua eficácia em viver de acordo com seus valores e definiu objetivos vinculados a esses valores. Temos uma etapa final neste módulo, que é identificar barreiras à sua ação com compromisso, o que é importante porque permite formular uma estratégia para superá-las. Essa vantagem é ampliada pela classificação das barreiras identificadas em duas categorias distintas, cada uma das quais exigindo uma estratégia diferente para uma transposição bem-sucedida.

O primeiro tipo de barreira é interno. Resumidamente, ocorre quando surgem certos eventos psicológicos que consideramos aversivos. Muitas vezes respondemos a eles como se fossem barreiras físicas literais; por consequência, nossa resposta é tentar evitar ou fugir desses eventos privados. O outro tipo de barreira envolve fatores externos, e há muitos exemplos, incluindo vários tipos de déficit de habilidades e circunstâncias da vida real, como a pobreza.

Imagine que você esteja em uma extremidade de um corredor e seu objetivo seja chegar à outra. Se houvesse uma escrivaninha grande, tão larga quanto o corredor, bloqueando seu caminho, você resolveria o problema de como contornar essa barreira física real. Isso seria lógico e eficaz. Em contrapartida, e se o seu objetivo de destino estivesse "bloqueado" pela ansiedade? A ansiedade não é um objeto físico que precisa ser fisicamente transposto, mas, mesmo assim, você pode se relacionar com essa ansiedade como se ela não fosse muito diferente da escrivaninha. Como você verá no próximo módulo, usaremos as barreiras que você identifica aqui, bem como suas diferentes classificações.

Examine os objetivos vinculados à direção valorizada que é seu foco atual e liste todas as barreiras à execução de seus objetivos que você puder identificar. Utilize o formulário a seguir para orientá-lo nesse processo. Para cada barreira identificada, especifique de que tipo se trata.

EXERCÍCIO. Identificação das minhas barreiras

Escreva a declaração de valores de interesse e o objetivo SMART associado a ela nos espaços fornecidos. A seguir, registre as barreiras relacionadas ao objetivo SMART, escrevendo-as nas categorias apropriadas de interna e externa.

Direção valorizada:

Objetivo SMART vinculado à direção valorizada:

Barreiras ligadas à execução do objetivo SMART:
Internas:

Externas:

Possíveis respostas às barreiras:

EXEMPLO: Identificação das barreiras de Dennis

Direção valorizada:
Equilibrar a conclusão de projetos de escrita com o tempo dedicado à família e aos entes queridos. Estabelecer um equilíbrio entre trabalho e vida pessoal e, ao mesmo tempo, concretizar a visão de realização profissional e contribuir para a discussão científica e para o desenvolvimento do conhecimento.

Objetivo SMART vinculado à direção valorizada:
Estabelecer um cronograma regular de escrita e gerenciamento de projetos de sábado a segunda-feira. Acordar antes das 6h e reservar tempo para meditar e escrever antes do início do fluxo do dia e das responsabilidades familiares.

Barreiras ligadas à execução do objetivo SMART:
Internas:
Sentir-me cansado e "sobrecarregado" depois de uma semana agitada de trabalho. Relutância em acordar cedo e começar quando estiver me sentindo sobrecarregado e cansado. Sentir-me confuso sobre por onde começar no fim de semana. Sentir-me "privado" e desejar envolvimento com entretenimento e "relaxamento", em vez de trabalhar numa manhã de fim de semana. Pensamentos ansiosos e autocríticos quando não estou envolvido no trabalho.

Externas:

Demandas de tempo de reuniões e responsabilidades familiares específicas. Limites do sono necessário. Necessidade de realizar tarefas específicas e afazeres domésticos. Tempo gasto trabalhando em workshops e treinamentos que entram em conflito com esse cronograma. Acúmulo de tarefas administrativas, de cobrança e de e-mail que atrapalham esse cronograma.

Possíveis respostas às barreiras:

Manter a higiene do sono-vigília durante a semana. Integrar a programação do fim de semana com uma programação maior para a semana a fim de evitar a interferência de outras tarefas. Priorizar o tempo de projeto no início da manhã em detrimento de outras tarefas que possam surgir. Mindfulness, autocompaixão e desfusão para responder a pensamentos autocríticos, ansiogênicos e permissivos, que podem distrair ou interromper o fluxo de trabalho e o aproveitamento do tempo com a família.

PERGUNTAS PARA AUTORREFLEXÃO

Que observações gerais você fez após concluir os exercícios deste módulo?

___

Você notou quaisquer pensamentos, emoções, lembranças, sensações corporais, impulsos ou outras experiências privadas que tenham sido particularmente difíceis para você se dispor a ter? Em caso afirmativo, alguma dessas experiências foi nova ou já o acompanhava há algum tempo?

___

Quais maneiras foram mais eficazes para você se abrir e se comportar diante de experiências privadas difíceis?

_____
_____
_____
_____
_____
_____
_____
_____
_____
_____
_____

Você consegue articular pelo menos uma coisa que poderia fazer de outra forma com um cliente como resultado de sua experiência com direções valorizadas e objetivos SMART?

_____
_____
_____
_____
_____
_____
_____
_____
_____
_____
_____

Módulo 12

Compromisso, parte II
Cultivando nossa capacidade de engajamento

No Módulo 10, você trabalhou para identificar direções de vida importantes. Depois de articular declarações de valores, você gerou objetivos SMART e identificou barreiras para sua execução no Módulo 11. Agora, no Módulo 12, você trabalhará para executar esses objetivos e superar as barreiras identificadas – ou seja, você trabalhará para realizar ações com compromisso.

A ação com compromisso é onde a vida acontece. Por analogia, imagine que você esteja interessado em aprender a jogar golfe, sem nunca ter pegado em um taco antes. Há muitas habilidades componentes diferentes que você precisa aprender e dominar, como as diferentes mecânicas corporais para girar um *driver* e bater com um *putter*.* Depois de adquirir esses repertórios componentes, você precisa recrutá-los para o comportamento composto que chamamos de "jogar golfe". Até então, você tem trabalhado na aquisição de vários repertórios componentes, como os que envolvem habilidades de desfusão e consciência do momento presente. Agora que você adquiriu essas proficiências, está em condições de recrutar esses componentes para o comportamento composto chamado "viver a vida".

Começaremos sua jornada com as ações com compromisso, ajudando-o a se familiarizar com disponibilidade.

SUPERANDO BARREIRAS INTERNAS: CONSTRUINDO SUA CAPACIDADE PARA A DISPONIBILIDADE

Como vimos juntos, a disponibilidade é uma habilidade importante a desenvolver para uma vida efetiva porque oferece a chave para superar conteúdos internos dolorosos. É uma capacidade difícil de descrever porque só pode ser plenamente conhecida por meio da prática experiencial. Por exemplo, você já praticou algum esporte ou

---

* N. de T. *Driver* e *putter* são diferentes tipos de tacos usados no golfe.

aprendeu a tocar um instrumento musical? A título de exemplo, continuemos com a nossa discussão sobre golfe. Novamente, imagine que você queira aprender a jogar golfe e que primeiro queira entender a mecânica corporal adequada para girar um taco. Você poderia consultar um instrutor de golfe, que descreveria a mecânica corporal com muitos detalhes; poderia observar a tacada desse instrutor e de outros jogadores de golfe; poderia ler bastante sobre a mecânica corporal envolvida. Todas essas atividades seriam úteis para você aprender a mecânica corporal adequada, mas elas conteriam um limite importante que você não poderia superar – ou seja, esses métodos permitiriam que você progredisse apenas até certo ponto. Por quê? Porque a atividade de usar os tacos de golfe envolve conhecimento não verbal e, portanto, só pode ser totalmente adquirida por meio de muitas experiências no uso de tacos. A disponibilidade é muito parecida com o ato de girar um taco de golfe, pois envolve conhecimento não verbal.

EXERCÍCIO. Desconforto intencional: encontrando a disponibilidade e tornando-a um estilo de vida

Esta é uma prática muito antiga, que envolve a construção da musculatura psíquica necessária para estabelecer e manter o compromisso com nossos objetivo e direções valorizadas. Há mais de um século, o místico e professor armênio George Gurdjieff descreveu esse processo como sofrimento intencional – um envolvimento deliberado e consciente com o desconforto em prol da realização de nossos valores (Lipsey, 2019). Não estamos interessados em contribuir para o sofrimento, mas estamos empenhados em desenvolver nossa capacidade de aceitar o desconforto e os desafios com uma intenção profunda e consciente. Assim, neste exercício de "desconforto intencional", construímos nossa habilidade de aceitar e expandir nossa consciência em torno de experiências que podem nos afastar da ação valorizada.

Para explorar a dinâmica do compromisso e do engajamento com o desconforto, vejamos o processo de fazer dieta de emagrecimento. Quando fazemos dieta, normalmente embarcamos em um período agudo de restrição calórica e aumento de exercícios. Esse padrão é mantido até que um peso ideal seja alcançado. Contudo, a pessoa que faz uma dieta bem-sucedida não retorna totalmente ao padrão anterior de consumo calórico e atividade. Em vez disso, ela adota um novo padrão de estilo de vida, cuja ausência certamente resultaria na recuperação do peso que ela se esforçou tanto para perder. O trabalho que estamos pedindo que você faça é muito parecido com fazer dieta. De início, você embarcará em um padrão agudo e intenso de mudança de comportamento e, para continuar vivendo a vida que deseja, você precisará fazer algumas mudanças permanentes no estilo de vida. Essas mudanças não precisam acontecer sequencialmente (ou seja, mudança de comportamento seguida de mudança de estilo de vida), – na verdade, elas podem ocorrer simultaneamente, enquanto você aprende a disponibilidade de forma experiencial.

Para este exercício, gostaríamos que você identificasse e listasse algumas coisas que considera irritantes, mas apenas moderadamente. A seguir, pedimos que você se aproxime física e psicologicamente dessas coisas e que permaneça na presença delas por um determinado período. Para que esse exercício seja útil, aproximar-se desses elementos deve provocar experiências privadas que você considere desconfortáveis. Um nível moderado de desconforto é ideal, porque um desconforto muito baixo não proporcionará uma oportunidade de prática útil. Em contrapartida, se a aflição for demasiado elevada, a experiência pode exceder suas capacidades atuais, frustrando a aprendizagem ideal. É importante ressaltar que não estamos sugerindo que você evite itens que produzam uma grande magnitude de aflição porque fazer isso é perigoso. Na verdade, esse exercício não é perigoso. Estamos apenas interessados nas condições de aprendizado.

Depois de identificar os itens que você considera moderadamente aflitivos, a próxima etapa é articular como você se aproximará deles em um formato de objetivo SMART. A seguir, você assumirá o compromisso de permanecer na presença deles por um período específico (p. ex., 30 segundos, 1 minuto, 10 minutos). É importante que você estipule o tempo que permanecerá com o elemento nocivo, antes de executar o exercício. Durante os períodos comprometidos, você deve praticar apenas a percepção e a permissão de que seus pensamentos, emoções, lembranças, sensações corporais e coisas do gênero venham e vão – isto é, você deve "apenas ficar" com o que aparece para você, sem nenhum tipo de bloqueio ou luta contra essas experiências. Você deve simplesmente deixar as experiências acontecerem.

Antes de o orientarmos neste exercício passo a passo, eis alguns exemplos de irritantes menores:

- Ouvir um tipo de música ou artista que você não gosta.
- Ouvir alguém cantarolando ou assobiando.
- Ficar na presença de um alimento que você gosta e abster-se de comê-lo.
- Ouvir sirenes de ambulância ou de bombeiros.
- Dirigir em trânsito intenso ou entre motoristas indelicados.
- Tomar um banho frio.
- Navegar em uma internet lenta.
- Ter uma conversa com alguém que "não para de falar".

Existem duas maneiras de abordar este exercício. A primeira é com experiências específicas que você pode planejar e iniciar – por exemplo, você pode controlar se ouve música irritante, desligando-a quando lhe for conveniente. A segunda abordagem envolve aproveitar essas experiências quando elas ocorrem naturalmente – por exemplo, se você acha irritante o assobio de determinada pessoa, como uma colega de trabalho, e sabe que estará na presença dela enquanto ela assobia, você pode se comprometer a ficar com ela por 5 minutos ou até que ela saia. Você não pode controlar quando e por quanto tempo sua colega aparece ou por quanto tempo ela assobia, mas pode controlar quanto tempo ficará na presença dela quando ela o fizer. Ambas as abordagens são úteis. É importante ressaltar que *não estamos sugerindo de forma alguma que você permaneça na presença de qualquer experiência ou situação que possa lhe causar dano ou lesão. Não defendemos o masoquismo, nem o risco. Portanto, segurar uma xícara de café quente ou caminhar por uma área de tráfego intenso estão definitivamente fora da lista. Este é um exercício para desenvolver a disponibilidade de permanecer com o desconforto, e não um exercício para punir-se ou assumir riscos.*

Primeiro, liste aqui irritações rotineiras menores que você pode produzir ou que provavelmente ocorrerão naturalmente.

Especifique como você vai abordá-las aqui. Lembre-se de usar o formato SMART, de se esforçar para fazer isso pelo menos uma vez por dia e de especificar quanto tempo você se comprometerá a permanecer na presença delas.

Lembre-se de aproveitar as irritações quando elas ocorrem naturalmente, além dessas práticas programadas. Depois de uma semana de prática diária de permanecer voluntariamente com experiências irritantes, registre aqui suas reflexões sobre o que aprendeu com este exercício.

Considere continuar este exercício por mais algumas semanas. Talvez você possa continuar fazendo isso diariamente ou queira experimentar alternar entre dias de abertura e dias de resistência e depois refletir sobre essa experiência. O importante é começar a desenvolver um estilo de vida caracterizado pela disponibilidade.

COMPROMISSO

Disponibilidade e compromisso andam de mãos dadas. A disponibilidade facilita o compromisso, e o compromisso ocasiona a necessidade de disponibilidade. É impossível viver a vida sem experimentar pensamentos, emoções, lembranças, sensações corporais e assim por diante, muitos dos quais são dolorosos. Viver a vida e passar por experiências privadas dolorosas não são coisas separáveis – são uma coisa só. Considere o esporte do boxe. Não existe a possibilidade de um boxeador não ser atingido. A única maneira de um boxeador não levar um soco é abster-se de boxear. De maneira um pouco análoga, a única forma de não passar por eventos privados dolorosos é não se envolver com a vida.

Existem outras qualidades importantes do compromisso. Primeiro, o compromisso é dicotômico. Ou a pessoa se compromete ou não se compromete. Não existe compromisso "pela metade". No exercício anterior, ou você se comprometeu a permanecer na presença de algo irritante por um período específico (p. ex., 20 segundos, 1 minuto) ou não o fez. Essa é uma qualidade importante e é a razão pela qual pedimos que você se comprometesse com uma duração específica antes de se aproximar do estímulo. Em segundo lugar, os compromissos podem ser regulados em várias dimensões de magnitude (p. ex., tempo, frequência). Você poderia ter se comprometido com um período mais longo ou mais curto e poderia ter selecionado um estímulo mais ou menos aflitivo para abordar. Entretanto, você não poderia ter escolhido alterar seu nível de comprometimento quando estivesse no meio da atividade. Você só poderia ter escolhido fugir do estímulo confrontado. Por fim, o compromisso não exige o fornecimento de um resultado garantido. Ninguém é capaz de atestar tal coisa. Em vez disso, assumir um compromisso significa que a pessoa está aberta a investir em um determinado comportamento e que, se for desviada do caminho, ela se reorientará continuamente para essa trajetória.

EXPOSIÇÃO BASEADA EM TERAPIA DE ACEITAÇÃO E COMPROMISSO

Se não estiver em seu comportamento, não está em sua vida. No final, o que importa é o que você faz. Mas quando você começa a fazer o que é importante para você, surgem barreiras emocionais inevitavelmente dolorosas. Portanto, você deve praticar o compromisso com um plano de ação que esteja vinculado aos seus valores e deve praticar como lidar com as experiências privadas que surgem como resultado. A maneira mais eficaz de desenvolver essa competência é expor-se aos contextos em que precisará do novo padrão de comportamento e praticar a emissão desse padrão. Pense em aprender a nadar. Você pode receber instruções verbais sobre natação e ler bastante sobre o assunto, e pode até passar um tempo circulando na parte rasa de uma piscina. Mas, a menos que tenha uma quantidade substancial de experiência em natação, nos lugares e da maneira em que precisará nadar no futuro, você não se tornará um bom nadador. O próximo exercício fornece um modelo para esse tipo de prática.

🖐 EXERCÍCIO. Exposição

Esse exercício de exposição envolve chegar ao cerne da autoprática/autorreflexão (AP/AR) na terapia de aceitação e compromisso (ACT). Ele vai ajudá-lo a abordar contextos de vida importantes e recrutar suas competências da ACT para esses contextos, a fim de que você comece a viver de forma mais eficaz. Você pode baixar um arquivo de áudio dessa prática (em inglês) na página do livro em loja.grupoa.com.br ou, como alternativa, pode gravar o seguinte roteiro, talvez em um aplicativo apropriado em seu *smartphone*, e depois ouvir a gravação para executar a tarefa. Ao participar do exercício, basta ouvir e seguir as instruções.

Feche suavemente os olhos enquanto se acomoda no lugar onde está sentado. Tudo o que você precisa fazer durante esse exercício é ouvir o som desta voz.

Primeiro, vamos nos tornar presentes. Comece observando sua respiração – ou seja, observe o caminho que o ar percorre enquanto você inspira e expira. Apenas observe como ele viaja pelo seu nariz, desce até os pulmões e entra e sai de sua barriga. Quando sua mente divagar, o que certamente acontecerá, simplesmente perceba que ela se distraiu e, de forma suave, traga-a de volta à observação da respiração. Na verdade, sua única responsabilidade nesse momento é observar sua respiração, aqui e agora, portanto, se ela divagar 100 vezes, sua tarefa é notar isso com cuidado e trazê-la de volta 100 vezes.

Quando você se sentir um pouco mais presente, lembre-se de um objetivo importante vinculado a uma de suas direções valorizadas. Talvez essa seja uma direção valorizada que esteja intimamente ligada à dificuldade que você escolheu para este manual. É importante lembrar-se de uma direção valorizada cuja execução seja um desafio para você. A ideia é trazer à mente algo que desperte experiências privadas difíceis. Leve o tempo que for necessário para que esse processo se desenvolva.

Depois de ter em mente uma direção importante, mas desafiadora, perceba tudo o que há para ser observado. Verifique cada um de seus sentidos. Veja o que há para ser visto. Ouça todos os sons que possam ser ouvidos. Entre em contato com essa experiência da maneira mais completa possível e faça isso como se estivesse lá agora, e não como se estivesse assistindo a isso em uma tela de vídeo. Observe a si mesmo se envolvendo com essa direção valorizada. Note para onde vai sua mente ao se ver lutando contra o desafio no passado. Imagine-se enfrentando os obstáculos para atingir esse objetivo no futuro. Permita que todos os eventos mentais que chegam com essa direção valorizada surjam e se movimentem em sua mente.

Siga onde quer que seu engajamento com essa direção valorizada o leve, tão profunda e intimamente quanto possível, momento a momento.

Tome seu tempo. Descanse na respiração e mantenha-se na presença desse exato momento. Entre em contato com essa experiência vividamente.

Quando a experiência estiver aqui e totalmente presente para você, fique quieto com a experiência. Não tente fugir dela ou afastá-la. Descanse na quietude, desacelerando seu corpo e sua mente, e permita que essa experiência ocorra plenamente e sem nenhuma defesa. Apenas observe.

Agora, volte suavemente sua atenção para seu corpo. Note todos os lugares em seu corpo onde essa experiência aparece. Apenas note. Não estamos fugindo nem lutando contra essas sensações corporais. Se você se pegar lutando com elas de alguma forma, perceba que está fazendo isso e abandone a luta o máximo que puder, voltando a simplesmente notar. Permita-se experimentar plenamente essas sensações corporais.

Experimente, tanto quanto puder, como é a experiência da disponibilidade para essas sensações corporais. Você consegue perceber isso? Se você tivesse que classificar, mentalmente, o quanto está aberto, nesse momento, para se permitir experimentar essas sensações corporais, de 0 a 10, como classificaria? Independentemente de como você classifica sua disponibilidade, veja se consegue ficar com isso por tempo suficiente para aumentar sua classificação em pelo menos 1 ponto. Se você já a classificou como 10, permaneça um pouco mais com essa experiência e observe como é se sentir disponível para suas emoções em um nível 10.

Quando você estiver mais aberto a permitir que essas sensações corporais estejam presentes, leve suavemente sua atenção de volta para a imagem original – aquela de você engajado na busca de sua direção valorizada. Volte a ter contato com tudo o que há para ser visto, ouvido e sentido. Novamente, faça isso como se você estivesse lá agora, não como se estivesse assistindo na televisão. Permita que essa experiência retorne totalmente.

Quando você estiver novamente presente por completo nessa experiência, migre suavemente sua atenção para as emoções que estiverem presentes. Permita-se vivenciar plenamente essas reações emocionais. Permita que sua atenção dê preferência à absorção das reações dolorosas, se houver alguma. Apenas permaneça e note essas reações emocionais. Trabalhe para abrir espaço a essas emoções e permitir-se vivenciá-las plenamente e sem defesas. Essas emoções fazem parte de sua história lembrada e você não precisa brigar com elas. Veja se consegue perceber como é se tornar cada vez mais disponível para as suas emoções. Qual é a sua classificação de disponibilidade agora? Veja se consegue continuar permanecer nesse espaço até que sua disponibilidade aumente em pelo menos 1 ponto. Se sua classificação já for 10, permaneça nessa experiência um pouco mais enquanto observa como é sentir-se disposto em um nível 10 com suas emoções.

Agora, mais uma vez, volte sua atenção para a imagem – novamente observando-a na primeira pessoa. Veja se consegue aproximar-se dela com ainda mais ousadia do que antes, com uma postura de disponibilidade.

Aproxime-se dela de braços abertos.

Quando estiver novamente em contato com essa experiência, permita que sua atenção se volte para seus pensamentos. Observe com naturalidade os pensamentos presentes. Observe todas as imagens. Observe todos os julgamentos ou avaliações. Ao perceber, simplesmente permita que o que você observa esteja presente de maneira plena e sem defesa. Tente não afastar nenhuma parte disso nem tentar se distrair. Apenas permaneça com isso. Veja se você consegue abordar os pensamentos que considera mais problemáticos e se pode fazê-lo com gentileza e compaixão. Qual é seu grau de disponibilidade agora? Você pode aumentar sua disponibilidade em 1 ponto? Se já estiver com um 10, veja se consegue perceber a qualidade de estar disponível a ficar com seus pensamentos em um nível 10.

Mais uma vez, retorne à imagem original. Tente vivenciá-la plenamente.

Quando essa experiência estiver de volta e presente para você, qual é sua classificação geral de disponibilidade?

Continue até estar aberto a ter essas sensações corporais, emoções e pensamentos em um nível 8 ou superior.

Continue até alcançar esse objetivo.

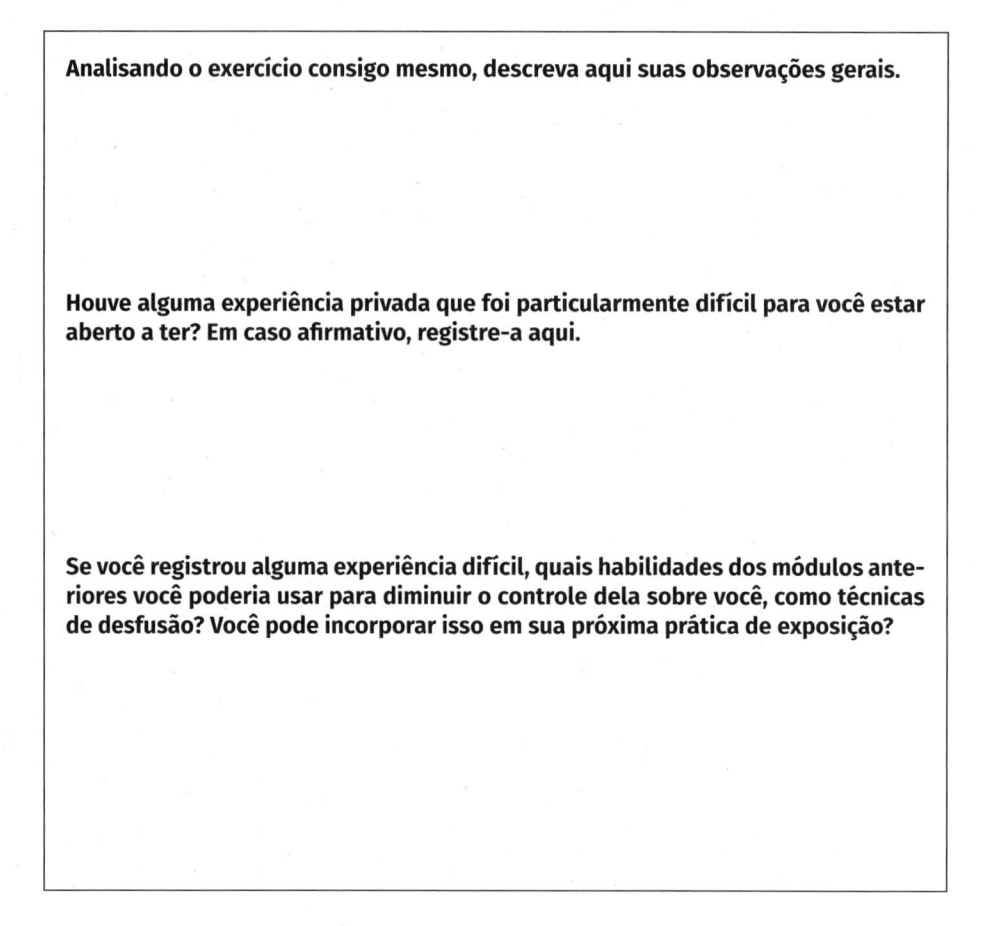

Analisando o exercício consigo mesmo, descreva aqui suas observações gerais.

Houve alguma experiência privada que foi particularmente difícil para você estar aberto a ter? Em caso afirmativo, registre-a aqui.

Se você registrou alguma experiência difícil, quais habilidades dos módulos anteriores você poderia usar para diminuir o controle dela sobre você, como técnicas de desfusão? Você pode incorporar isso em sua próxima prática de exposição?

Pratique este exercício diariamente durante pelo menos uma semana.

A "FÓRMULA ACT" PARA VIVER UMA VIDA ABERTA, CENTRADA E ENGAJADA

Existe um acrônimo útil que resume sucintamente nossa abordagem da ação com compromisso: "ACT" (agir). Os elementos do acrônimo são: A*ccept* (aceite) as experiências privadas que estiverem presentes aproximando-se delas voluntariamente; C*hoose* (escolha) uma direção valorizada para a qual se orientar nesse momento; e T*ake action* (aja), movendo-se nessa direção (Harris, 2009). Repita continuamente.

A seguir está um exercício de duas partes. Na parte I, você analisa retrospectivamente um momento em que se tornou inflexível e depois pratica a especificação de como poderia ter "agido" (ACT-*ed*) de maneira diferente naquela circunstância. Na parte II, você pratica "agir" (ACT-*ing*) de maneira prospectiva.

✍️ EXERCÍCIO. Aceite, escolha e aja

PARTE I

Situação
Pense em um momento específico, quanto mais recente melhor, em que você percebeu uma mudança no seu humor, foi fisgado por um pensamento ou se sentiu substancialmente menos vivo. De preferência, esse momento deve estar relacionado à questão que você escolheu para o nosso trabalho. Quando tiver um caso específico em mente, registre uma descrição básica dele aqui.

Aceite o que há para ser aceito
Agora, liste todos os eventos privados (pensamentos, emoções, sensações corporais, lembranças, etc.) que estavam presentes e eram difíceis de aceitar.

Liste maneiras em que você poderia ter aumentado sua disponibilidade de vivenciar essas experiências privadas.

Escolha uma direção
Registre uma direção valorizada e importante para a qual você poderia ter se orientado naquela circunstância específica.

Aja naquela direção
Descreva especificamente como você poderia ter se comportado naquela direção valorizada.

Você pode fazer isso em outras duas ou três situações para melhorar seu aprendizado.

PARTE II

Para cada um dos próximos sete dias, preencha este formulário em pelo menos uma circunstância em que você note uma mudança em seu humor, seja fisgado por um pensamento doloroso ou se sinta constrangido de outra forma.

Situação

Quando você notar uma mudança em seu humor, for fisgado por um pensamento ou se sentir substancialmente menos vivo, use isso como um sinal para realizar este exercício. Descreva brevemente a circunstância aqui.

Aceite o que há para ser aceito

Liste todos os eventos privados (pensamentos, emoções, sensações corporais, lembranças, etc.) que estão presentes e precisam de aceitação.

Você está aberto a ter essas experiências? Você pode abandonar a luta? Liste quais habilidades você usará para aumentar sua disponibilidade para ter essas experiências.

Use essas habilidades para aumentar sua disponibilidade, agora mesmo, nesse momento. E então...

Escolha uma direção

Registre uma direção valorizada e importante para a qual você possa se orientar agora. O que você quer ser nesse momento?

Aja nessa direção

Descreva especificamente como você se comportará nessa direção valorizada nesse momento.

Siga nessa direção agora!

PERGUNTAS PARA AUTORREFLEXÃO

Como foi sua experiência ao completar os exercícios deste módulo?

_____
_____
_____
_____
_____
_____
_____
_____
_____
_____

Você notou quaisquer pensamentos, emoções, lembranças, sensações corporais, impulsos ou outras experiências privadas que foram particularmente difíceis para você estar disponível a ter? Em caso afirmativo, alguma dessas experiências foi nova ou já o acompanha há algum tempo?

_____
_____
_____
_____
_____
_____
_____
_____
_____
_____

Quais maneiras foram mais eficazes para você se abrir e se comportar diante de experiências privadas difíceis?

Você consegue articular pelo menos uma coisa que poderia fazer de diferente com um cliente como resultado de sua experiência com ação com compromisso? Como isso funcionaria em sua vida pessoal? E em seu trabalho como profissional clínico?

O que seria essencial para o seu plano de manter um padrão duradouro de ação com compromisso como pessoa e como profissional clínico?

Seção E
COMPASSIVO

Módulo 13

Terapia de aceitação e compromisso e compaixão

Nos últimos anos, muitos praticantes da terapia de aceitação e compromisso (ACT) passaram a considerar a compaixão como um processo central no desenvolvimento de flexibilidade psicológica (Dahl et al., 2009; Hayes, 2008; Neff & Tirch, 2013; Tirch et al., 2014). Durante milhares de anos, entendia-se a compaixão como uma sensibilidade à presença de sofrimento nos outros e em nós mesmos, aliada a uma motivação e a um compromisso de prevenir e aliviar esse sofrimento (Gilbert, 2010). Ao longo da história, as tradições espirituais e contemplativas em todo o mundo prescreveram o treinamento da mente na compaixão como forma de lidar com respostas emocionais destrutivas. Hoje, pesquisas de neuroimagem (Weng et al., 2013), de resultados de psicoterapia (Desbordes & Negi, 2013; Jazaieri, Urry, & Gross, 2013; Leaviss & Uttley, 2015) e de processos psicológicos (Braehler et al., 2013; Gilbert, 2011; Gilbert et al., 2012; Weng et al., 2013) sugerem que trazer o foco na compaixão para a terapia pode aumentar nossa eficácia. Em vez de ser simplesmente uma ideia ou uma aspiração, podemos compreender a compaixão como um imperativo motivacional humano incorporado que surgiu da evolução dos repertórios de cuidados humanos (Gilbert, 2010). Como tal, a compaixão envolve nossa capacidade de nos estabilizarmos na presença do medo e de nos voltarmos para os desafios da vida com maiores flexibilidade e presença (Tirch et al., 2014). Dessa forma, podemos considerar a compaixão como uma variável de processo ativa em nosso trabalho de autoprática/autorreflexão (AP/AR) na ACT.

De acordo com Hayes (2008), a ação compassiva pode ser a única direção valorizada que surge intrinsecamente do modelo de flexibilidade psicológica. Hayes e colaboradores (2006) descrevem uma conceitualização da compaixão consistente com a ACT que envolve:

- Experienciar emoções difíceis voluntariamente.
- Observar atentamente nossos pensamentos de autoavaliação, angústia e vergonha, sem permitir que eles dominem nosso comportamento ou nossos estados mentais.

- Engajar-se mais plenamente nas buscas de nossa vida com autobondade e autovalidação.
- Mudar nossa perspectiva de maneira flexível para um senso de *self* mais amplo e transcendente.

Essa formulação destaca claramente a relação entre a compaixão e os elementos de flexibilidade psicológica que estamos cultivando.

Quando os seres humanos cultivam relações de apego seguras e experimentam motivações e afetos afiliativos, nossa mente é organizada de modo a nos permitir experienciar maior flexibilidade de resposta, segurança social e coragem diante dos desafios (Gilbert, 2010; Johnson, 2012). Por meio desse programa de AP/AR na ACT, pretendemos criar um contexto saudável que possa permitir e encorajar o crescimento de nossa compaixão por nós mesmos e pelos outros, colocando-nos em contato deliberado com uma das nossas maiores capacidades humanas. Por meio de elementos da terapia focada na compaixão (TFC) (Gilbert, 2010), uma escola de terapia "companheira de viagem" no universo da ciência comportamental contextual (CBS, do inglês *contextual behavioral science*), podemos ampliar nossa prática de AP/AR de *mindfulness* e aceitação na ACT, ativando conscientemente nossa mente compassiva (Kolts et al., 2018; Tirch et al., 2014).

MINDFULNESS, COMPAIXÃO E ACEITAÇÃO

No exercício a seguir, praticamos deliberadamente o *mindfulness*, a compaixão e a aceitação de emoções difíceis (MCA, do inglês *mindfulness, compassion, and acceptance*). Usamos respiração rítmica, imagens e autodireção para cultivar essas formas de ser e explorar as relações entre esses três elementos.

Durante séculos, o *mindfulness* e a compaixão foram vistos como estados mentais altamente relacionados no treinamento mental budista (Germer, 2009). O cofundador do programa *Mindful Self-Compassion* (MSC), Christopher Germer, chegou ao ponto de descrever o *mindfulness* e a compaixão como "duas asas de um pássaro". Na verdade, o programa MSC define "autocompaixão" como uma mistura de consciência plena, bondade consigo mesmo e um senso de nossa humanidade compartilhada (Neff & Germer, 2013). Desse ponto de vista, o próprio *mindfulness* constitui uma grande parte da experiência de autocompaixão. Na definição clássica de compaixão, que foi adaptada e usada por profissionais de TFC e por profissionais de ACT focados na compaixão, o primeiro passo para despertar a compaixão envolve uma sensibilidade focada no momento presente para a presença de sofrimento em si próprio e nos outros. O *mindfulness* pode ser visto como a porta de entrada para essa sensibilidade consciente.

De acordo com a teoria da TFC e a pesquisa de avaliação da compaixão, a aceitação e a tolerância ao sofrimento são atributos fundamentais de nossa mente compassiva (Gilbert et al., 2017). Uma mente organizada pela compaixão parece mais pronta a se voltar voluntariamente para o sofrimento e permanecer aberta a ele, a serviço da ação correta. Da mesma forma, a aceitação também é, em geral, considerada um aspecto central do *mindfulness*. Algumas definições de *mindfulness* colocam a aceitação no centro do conceito. Segundo Boorstein (2003, p. 8), "*Mindfulness* é a aceitação consciente e equilibrada do momento presente. Não é mais complicado do que isso. É a abertura para receber o momento presente, agradável ou desagradável, exatamente como ele é, sem se apegar a ele ou rejeitá-lo". Assim, quando praticamos essas três formas de ser, estamos ativando aspectos altamente inter-relacionados do nosso potencial humano que podem nos ajudar a responder aos desafios e às oportunidades da vida com maior flexibilidade psicológica.

Praticando a compaixão e a aceitação de emoções difíceis

A prática a seguir nos conduz por meio do desdobramento dos processos de MCA. Como as terapias baseadas em evidências adoram simplificar os nomes de nossas técnicas em suas iniciais, nossa equipe de AP/AR na ACT apelidou essa prática experiencial de *treinamento de MCA*. Alguns sugeriram que esse nome pretendia homenagear a memória de um proeminente praticante budista do século XX e defensor dos direitos humanos, o falecido Adam "MCA" Yauch, mas isso nunca foi confirmado.

Essa prática de MCA é particularmente adequada à autorreflexão e à discussão em grupo. Apesar do quanto a experiência de MCA possa parecer interligada, esse exercício pretende que encontremos diretamente cada uma dessas dimensões da mente desperta, à medida que elas se desdobram umas nas outras. Por exemplo, nossa capacidade de *mindfulness* pode nos permitir perceber o surgimento de uma emoção ou pensamento no momento presente. Quando somos capazes de nos manter gentis, com a mente organizada por nossos motivos evoluídos de cuidado, podemos experimentar estados corporais e emocionais que nos preparam melhor para enfrentar experiências difíceis. A partir desse lugar de compaixão consciente, estamos mais bem preparados para escolher a disponibilidade e a aceitação, em vez de cair na esquiva experiencial. Ao praticar a autorreflexão depois desse exercício, parte do nosso objetivo é discriminar a função e a qualidade da experiência desses três processos importantes. Nós o convidamos a enfatizar isso em suas perguntas e respostas de autorreflexão. Depois disso, você poderá descobrir que a discussão em grupo sobre essas distinções sutis pode ser muito útil para aprender a trabalhar com MCA com precisão e cuidado.

As instruções a seguir podem ser gravadas para que você possa praticar MCA como meditação guiada. Você pode baixar um arquivo de áudio dessa prática (em inglês) na página do livro em loja.grupoa.com.br ou, como alternativa, pode ler e memorizar o seguinte como diretrizes para a prática silenciosa.

Encontre um espaço onde você possa ficar sozinho, com relativo silêncio, por vários minutos. Nesse espaço, usando uma almofada ou cadeira de meditação, adote uma postura em que você se sinta apoiado, com as costas retas, e até mesmo ligeiramente côncavas. Permita que seus olhos se fechem e comece a concentrar sua atenção, centre-se e pratique respiração consciente.

Ao começar, respire três vezes com atenção e sinta a liberação da tensão a cada expiração. Preste especial atenção à plenitude de cada expiração. Na medida do possível, adote uma orientação aberta e curiosa para as sensações físicas que acompanham cada respiração.

Continue com a prática da respiração consciente pelo tempo que precisar, talvez permitindo-se alguns minutos de calma, permanecendo em um estado consciente. Sempre que sua mente se desviar do foco suave na respiração, permita-se um momento para perceber atentamente o que quer que aconteça – apenas abrindo espaço para o que quer que surja no momento.

Na próxima inspiração natural, preste plena atenção às sensações físicas que surgem por todo o corpo. Você pode até dizer a palavra notando *em sua mente. Agora, estamos trazendo a atenção plena para esse momento. Estamos nos abrindo para a presença da vida no corpo e lançando a luz da nossa atenção consciente para a presença de nossas emoções à medida que elas chegam à sensação física.*

Permita que sua mente se volte para o limite desafiador de sua experiência. Existem emoções difíceis que surgem nesse momento? Permita-as e observe-as. Existem pensamentos perturbadores e desafiadores que passam por sua mente? Permita-os e observe-os. Suavemente, gradualmente, o foco suave da nossa atenção plena muda da respiração para a nossa própria experiência. Estamos plenamente conscientes de tudo o que chega nesse momento – pensamentos, emoções e sensações físicas.

Aconteça o que acontecer, permita-se descansar na respiração, sentindo o movimento do abdome e da caixa torácica, trazendo atenção aberta e consciente às sensações no centro do coração. Repita a palavra notando *em sua mente. Nesse momento, trazendo atenção à qualidade de sua experiência. Deixando de lado o julgamento. Notando. Notando.*

Atento.

Atento.

Nesse momento, presente para tudo o que vier, traga compaixão à experiência física por meio da respiração. Com essa inspiração, podemos sentir a atenção compassiva indo em direção aos nossos pensamentos e emoções difíceis.

A cada expiração, libere a tensão desnecessária, trazendo compaixão a cada experiência de emoção por todo o corpo.

Seja qual for sua experiência emocional, permita-se senti-la plenamente como uma sensação física, ao mesmo tempo que traz muito cuidado e suavidade a cada respiração.

Lembre-se de uma ocasião em que você estava na presença de alguém de quem gostava profundamente. Lembre-se de olhar nos olhos dessa pessoa que você protegia e amava incondicionalmente. Se nenhuma pessoa lhe ocorrer, talvez você se lembre de um animal com o qual teve uma ligação especial. Se nenhum animal lhe ocorrer, talvez você possa até se lembrar de quando era criança.

Olhe para a inocência e a esperança por trás dos olhos do você que estava lá e naquele momento. Imagine que esse ser está sentindo emoções difíceis.

Ao se lembrar, olhe profundamente nos olhos da pessoa e conecte-se com o coração dela, imaginando como seria sentir o sofrimento dela. Lembre-se de como seria se sentir sensível ao sofrimento da pessoa e permita a experiência de ser motivado a fazer algo para ajudá-la.

Conecte-se e observe a sua compaixão emergente.

Convide atenção plena e compaixão para esse momento.

Repita as palavras em sua mente – atento e compassivo – notando e cuidando – atento e compassivo.

Respire suavemente sua atenção para os locais do corpo onde suas emoções difíceis chegaram. Convide seu corpo a amolecer e relaxar em torno dessas sensações. Crie voluntariamente espaço compassivo para suas emoções. Expanda a atenção compassiva à sua experiência física da emoção. Lembre-se de que não há problema em experimentar o que quer que surja em sua mente e seu corpo.

Atento e compassivo.

Não há problema em experimentar o que quer que surja em sua mente e seu corpo.

Nesse momento, sua atenção plena e compaixão são um convite para que seu corpo e sua mente amoleçam e aceitem sua experiência. Sua mente compassiva tem a sabedoria, a força e o comprometimento necessários para aceitar a plenitude de sua experiência. Aconteça o que acontecer, diga olá à sua experiência. Estando no portão de nossa consciência, convidamos a totalidade desse momento. Dizemos sim a esse momento e a tudo o que ele contém.

Atento, compassivo e receptivo – atento, compassivo e receptivo – atento, compassivo e receptivo.

Permaneça nesse processo de descanso em estado de atenção plena, compaixão e aceitação por alguns minutos. Nesse momento, trazendo carinho e atenção para sua vivência. Se desejar, coloque as mãos sobre o coração – sentindo o calor da mão contra o coração, trazendo bondade e força para sua experiência.

Reconheça e expanda qualquer aflição ou luta que surja nesse momento. Ao colocar a atenção plena, a compaixão e a aceitação em contato com nossa experiência desse momento, estamos nos expandindo em torno da vastidão de todo o nosso ser.

Inspirando, percebemos que estamos inspirando, e expirando, percebemos que estamos expirando.

Formando a intenção de abandonar essa prática, reconheça a conquista e o mérito de avançar em direção a um nível maior de atenção plena, compaixão e aceitação. Nesse momento, oferecemos qualquer mérito que obtivemos nessa prática para a liberação do sofrimento de todos os seres. Que todos os seres sejam libertados da luta e do sofrimento desnecessários. Que todos os seres conheçam o significado, o propósito e a vitalidade. Que todos nós conheçamos a atenção plena, a compaixão e a aceitação. Após algumas respirações conscientes, com uma longa expiração purificadora, deixe toda essa prática de lado.

O exercício experiencial pode ser usado de várias maneiras:

- Pode ser usado para apresentar e ilustrar como MCA pode fluir de um componente para outro.
- Pode ser usado para aprender experiencialmente como o *mindfulness* pode servir como um contexto para a compaixão e como a compaixão pode criar uma atmosfera de cuidado e segurança que facilita a aceitação.
- Pode ser usado como meditação diária para praticar e cultivar MCA.
- As etapas para passar do *mindfulness* à compaixão e aceitação podem ser adaptadas como uma ferramenta para estar sempre à mão e que pode nos ajudar a avançar em direção à flexibilidade psicológica no momento, à medida que enfrentamos os desafios da vida.
- De forma aplicada e *in vivo*, todo o exercício pode ser reduzido a algumas respirações conscientes, evocando MCA por meio de imagens, respiração e repetição interna de "atenção plena, compaixão e aceitação".

Um grupo de AP/AR na ACT pode determinar como gostaria de implementar essa prática ao longo do trabalho neste módulo e pode compartilhar suas observações por meio de reflexões pessoais ou de suas anotações de sua prática meditativa regular.

PERGUNTAS PARA AUTORREFLEXÃO

Como foi sua experiência ao realizar a prática de MCA? Que observações ocorreram durante e logo após o seu período de meditação? O que você aprendeu sobre MCA?

_____
_____
_____
_____
_____
_____
_____
_____
_____

O que você percebeu sobre como o *mindfulness*, a compaixão e a aceitação se relacionam? Em que medida esses conceitos se assemelham? Em que eles diferem? Como você entendeu a experiência de MCA?

_____
_____
_____
_____
_____
_____
_____
_____
_____

De acordo com sua experiência, como seria levar conscientemente MCA para o seu processo de aceitação durante uma sessão de psicoterapia? Em que outros momentos essas qualidades poderiam ser úteis em sua experiência?

_____
_____
_____
_____
_____
_____
_____
_____
_____
_____
_____

De acordo com sua experiência, como a flexibilidade psicológica se relaciona com a experiência de focar intencionalmente em MCA? Podemos aceitar e nos comprometer com ações valorizadas enquanto mantemos uma intenção compassiva de aliviar e prevenir o sofrimento? Podemos realmente aceitar nossas experiências difíceis e as experiências difíceis dos outros sem uma intenção compassiva?

_____
_____
_____
_____
_____
_____
_____
_____
_____
_____
_____

Módulo 14

Fadiga por compaixão e sofrimento empático

Como terapeuta da terapia de aceitação e compromisso (ACT), você está fazendo a escolha de estar aberto à experiência de sofrimento humano de seus clientes, a serviço de ajudá-los a levar uma vida com significado, propósito e vitalidade. Necessariamente, isso significa que você mesmo terá experiências frequentes de pensamentos e emoções angustiantes. Assim como é mais provável que um bombeiro sinta calor extremo, é mais provável que você enfrente emoções extremas em sua vida profissional diária. É compreensível que se expor à dor emocional pode levar a altos níveis de aflição e esgotamento (Craig & Sprang, 2010; Figley, 2002). Embora os terapeutas ACT não sejam mais propensos a experimentarem níveis problemáticos de esgotamento do que outros terapeutas, algumas pesquisas com *trainees* de ACT sugerem que podemos relatar níveis mais elevados de ansiedade e sofrimento emocional do que os terapeutas cognitivo-comportamentais que fazem um trabalho semelhante (Lappalainen et al., 2007). Dada a nossa ênfase à experiência plena de nossa vida emocional, não é surpreendente que entremos em contato consciente com estados emocionais desafiadores com frequência. É essencial que compreendamos a dinâmica de como a dor dos nossos clientes pode nos causar sofrimento, e como podemos responder à nossa própria aflição, no momento e de forma eficaz, a fim de aprimorar nossa própria flexibilidade psicológica e evitar erros clínicos comuns (Brock et al. al., 2015).

Nas discussões populares de psicologia, o termo *fadiga por compaixão* costuma ser usado para descrever como cuidadores e médicos podem acabar ficando exauridos e esgotados por seu trabalho. O termo sugere que recorremos a um reservatório esgotável de cuidados compassivos e que, em algum momento, esses recursos se esgotam. Pesquisas recentes dão a entender que esse não é o caso. Klimecki e Singer (2012) propõem que *a fadiga por sofrimento empático* seria uma descrição melhor do que ocorre quando os clínicos começam a se esgotar e a perder o acesso à resposta compassiva. Quando ouvimos profundamente e observamos o sofrimento dos outros, nosso corpo e cérebro respondem de maneira semelhante à pessoa que está sofrendo diante de nós. Por exemplo, pesquisas sugerem que um observador empático terá as mesmas regiões cerebrais estimuladas que aquelas ativas em uma pessoa que está compartilhando sua experiência de dor emocional (Singer, 2006; Singer & Frith, 2005; Singer, Kiebel, Winston, Dolan, & Frith, 2004; Singer, Seymour, et al., 2004). Os terapeutas ACT podem compreender isso por meio dos processos de tomada de perspectiva flexível e fusão cognitiva. Quando imagino e represento simbolicamente a sua dor, a minha própria dor é evocada e vivenciada. Com o tempo, a exposição repetida e desprotegida ao sofrimento empático pode ter efeitos deletérios sobre nós.

É importante ressaltar que o acúmulo gradual de estresse que ocorre pela excessiva exposição empática ao sofrimento não tem nada a ver com a diminuição dos nossos níveis de compaixão. Na verdade, nossa experiência incorporada de compaixão envolve nossa capacidade de permanecer na presença de sofrimento com atenção, ao mesmo tempo em que nos sentimos estabilizados e amparados. Longe de causar fadiga, ativar nossa experiência de autocompaixão enquanto estamos expostos ao sofrimento empático pode nos ajudar a lidar melhor com nossa própria dor emocional. Com o apoio de uma experiência consciente de autocompaixão, poderemos ser mais capazes de responder à fadiga por sofrimento empático. Isso significa que podemos ficar mais disponíveis para nossos pacientes e cuidar melhor de nós mesmos.

CIRCULAÇÃO DA COMPAIXÃO

O exercício a seguir envolve a prática de circular conscientemente uma intenção compassiva entre você e outra pessoa. Usamos respiração consciente, breves declarações sobre nós mesmos e imaginação para estabelecer um estado de espírito que possa ser mais propício para lidar com a fadiga por sofrimento empático quando ela surge. Na primeira semana de prática, esse exercício é mais bem aproveitado como uma prática típica de *mindfulness* em posição sentada. Reserve algum tempo em um lugar tranquilo, sozinho, para realizar essa tarefa por cerca de 5 a 10 minutos. Fornecemos um registro de prática em branco para que você possa anotar suas observações sobre a prática da compaixão circular durante seu período inicial de aplicação.

A meditação em si é uma forma modificada da visualização de Tonglen, que tradicionalmente envolve inspirar o sofrimento de todos os seres e imaginar a compaixão fluindo de você para todos os seres ao expirar (Sogyal, 2012). Nas meditações Vajrayana japonesas, os praticantes imaginam inspirar o hálito do Buda da compaixão e expirar sua própria intenção compassiva, que é recebida por um Buda cósmico e compassivo (Chodron, 2001; Tirch et al., 2015; Young, 2016). Na ACT (Tirch et al., 2014), na terapia focada na compaixão (TFC) (Gilbert, 2010) e no programa *Mindful Self-Compassion* (MSC) (Neff & Germer, 2013), focados na compaixão, práticas semelhantes são usadas para estimular uma experiência de fluxo de compaixão de nós mesmos para os outros e dos outros para nós. Em vez de evitar nossa experiência de sofrimento e processamento baseados em ameaças, nosso objetivo é evocar os benefícios de operar a partir de um modo mental compassivo e flexível, conforme nos envolvemos diretamente com o sofrimento.

Depois de praticar essa meditação por alguns dias ou semanas, você pode começar a lembrar silenciosamente as palavras do exercício durante a sua rotina clínica. Imagine-se diante de um cliente quando você começa a sentir um aumento de sua aflição. À medida que isso ocorre, você abre espaço conscientemente para as sensações físicas, emoções e pensamentos que surgem a cada momento. Em vez de se afastar da sua experiência, perder-se em distrações ou adotar um modo obsessivo de resolução de problemas, você pode optar por levar uma intenção compassiva ao seu trabalho, permanecendo empaticamente envolvido sem ativar de modo excessivo a sua resposta ao estresse no processo. Você pode baixar um arquivo de áudio dessa prática (em inglês) na página do livro em loja.grupoa.com.br ou gravar-se lendo as instruções e reproduzi-las.

EXERCÍCIO. Circulação da compaixão

Ao começar, encontre um lugar confortável para sentar e feche os olhos. Expirando, imagine-se liberando qualquer tensão ou defesa desnecessária.

Sentindo a experiência de liberação ao expirar, permita uma expiração completa.

Inspirando, observe as sensações da sua inspiração. Sinta o movimento do abdome, inspirando a atenção para o corpo.

Ao passar esse tempo sem olhar para o relógio, permita que cada respiração se alongue e se estenda. Praticando a consciência plena, permita que sua mente simplesmente descanse no momento presente. Na medida do possível, adotando uma atitude de consciência aberta e de aceitação, deixe surgir uma curiosidade gentil sobre o que está aqui, agora.

Sempre que a mente se afastar deste momento presente, simplesmente observe e abra espaço para essa experiência. Enquanto nota suavemente as divagações naturais da consciência, volte a concentrar-se neste preciso momento, percebendo as sensações físicas desta inspiração natural.

Inspirando, sabemos que estamos inspirando. Expirando, sabemos que estamos expirando. Permaneça com essa observação atenta do fluxo de sua respiração pelo tempo que for adequado para você, agora.

Quando parecer certo, com a próxima inspiração, imagine-se dizendo as palavras "Estou inspirando compaixão por mim mesmo". Permita-se ouvir essas palavras em sua mente e sinta um fluxo de consciência compassiva em seu corpo ao inspirar.

Na próxima expiração, imagine-se dizendo as palavras "Estou expirando compaixão por você". Ouça essas palavras em sua mente e sinta um fluxo físico de intenção compassiva ao expirar.

Você pode imaginar um cliente ou pessoa que você conhece que está sofrendo ao praticar este exercício sozinho. Se você estiver praticando isso silenciosamente durante uma sessão de psicoterapia, a pessoa sentada à sua frente se tornará o objeto de sua compaixão que flui para fora.

Ancore-se na experiência física de cordialidade, bondade e compaixão a cada respiração. Permaneça com essa prática, circulando a respiração da compaixão entre você e outra pessoa por alguns minutos, e quando estiver pronto para completar essa prática, volte a centrar sua atenção no fluxo de sua respiração e, gradualmente, permita que as palavras desapareçam. Quando chegar a hora certa, expire longamente, abra os olhos e volte a centrar sua atenção na sala e retorne à consciência ao seu dia.

Para levar a prática de circulação da compaixão de modo mais completo para sua rotina, você pode estabelecer horário e local regulares para a prática, mantendo um registro de sua experiência e de suas observações. Um exemplo de registro de treino semanal mantido por um de nós (Dennis) aparece a seguir.

EXEMPLO: Registro de circulação da compaixão de Dennis

Data e hora	Duração	Observações
Segunda, 17h30	15 minutos	Senti uma conexão profunda com minha respiração e sensações físicas que me lembraram de minha prática zen. Eu me senti menos focado no significado das frases de compaixão.
Terça, 19h20	10 minutos	Hoje, tive muita consciência da realidade do sofrimento dos meus clientes. Imaginar seu próprio sofrimento com compaixão, enquanto me mantinha com bondade, foi encorajador.
Quarta, 11h15	20 minutos	Hoje eu estava com pressa e fiz essa prática em meu consultório depois de ficar preso no trânsito. No início, me senti desconfortável na cadeira. Depois de algum tempo, senti uma forte tristeza por um cliente e uma profunda preocupação por nós dois, pois vamos lidar com um conteúdo traumático na sessão de hoje.
Quinta, 18h30	15 minutos	Isso parecia rotineiro hoje, e eu estava focado principalmente na respiração consciente o tempo todo.
Sexta, 20h30	15 minutos	Percebi a liberação da tensão em meu abdome e minha garganta na expiração durante esse período de prática, em particular.
Sábado	n/d	Acordei tarde e precisava sair para fazer uma série de tarefas. Não consegui voltar ao treino hoje. Estou empenhado em continuar.
Domingo, 9h10	10 minutos	A prática pareceu leve e quase revigorante esta manhã. A luz que entrava pela janela era linda após a conclusão da prática.

✍️ EXERCÍCIO. Meu registro de circulação da compaixão

Data e hora	Duração	Observações

De *Experimentando a terapia de aceitação e compromisso de dentro para fora: um manual de autoprática/autorreflexão para terapeutas*, de Dennis Tirch, Laura R. Silberstein-Tirch, R. Trent Codd III, Martin J. Brock e M. Joann Wright (Artmed, 2025). A permissão para reproduzir este formulário é concedida aos compradores deste livro apenas para uso pessoal. Aqueles que adquirirem este livro podem fazer o *download* de cópias adicionais deste material na página do livro em loja.grupoa.com.br.

PRÁTICA NA ALMOFADA E NO CONSULTÓRIO

Assim como muitas das práticas da ACT enraizadas em tradições contemplativas, a circulação da compaixão pode ser praticada como uma "meditação", mas o estado de espírito que é acessado por meio do exercício experiencial deve tornar-se parte da experiência cotidiana. Com o incentivo do grupo de autoprática/autorreflexão (AP/AR) na ACT, podemos começar a usar um processo de três etapas de divisão da atenção e ação valorizada para integrar a circulação de compaixão em nosso trabalho. As etapas são as seguintes:

1. Alicerçados na postura terapêutica da ACT, reparamos atentamente quando sentimos uma angústia considerável ao trabalhar com um cliente. Isso pode aparecer como uma sensação física intensa, uma distração ou uma experiência de estar "fisgado" ou "fundido" com o conteúdo que está sendo discutido.
2. Depois de percebermos atentamente esse momento de sofrimento, podemos levar atenção compassiva para a nossa própria experiência e para a experiência do nosso cliente. Começamos a conectar nossa inspiração com uma motivação consciente de sermos compassivos conosco neste momento. Começamos a conectar nossa expiração para direcionarmos atenção compassiva ao nosso cliente. Isso é feito da mesma forma que praticamos durante a meditação anterior e tem o objetivo de ser um pano de fundo para a nossa experiência, e não uma distração. Fazemos isso da mesma forma que um músico pode contar as batidas de uma peça musical, sem deixar de dar atenção total às notas que está tocando e à sua conexão com o público.
3. Alicerçados em nossa circulação da compaixão, voltamos atentamente nossa atenção a cada momento presente para a troca que ocorre entre nossos clientes e nós mesmos. Como a ACT é uma terapia experiencial, nossa prática de autocompaixão pode nos dar o espaço e a segurança interior de que necessitamos para acompanhar os processos de flexibilidade psicológica que precisam de atenção nas palavras e ações de nossos clientes. Da mesma forma, podemos ser mais capazes de ativar processos de *mindfulness*, aceitação e compromisso dentro de nós quando estamos operando a partir de um lugar de compaixão e estabilidade, em vez de fusão com percepções internalizadas baseadas em ameaças.

PERGUNTAS PARA AUTORREFLEXÃO

Como foi sua experiência ao realizar a prática da circulação da compaixão? Que observações foram mais vívidas para você naquele momento? O que você aprendeu?

_____
_____
_____
_____
_____
_____
_____
_____
_____
_____
_____
_____

O que você achou da prática da circulação da compaixão de maneira regular e estruturada? Como você conseguiu incorporar essa prática à sua rotina?

_____
_____
_____
_____
_____
_____
_____
_____
_____
_____
_____
_____

De acordo com sua experiência, como seria trazer à mente a circulação da compaixão no fluxo de uma sessão de psicoterapia? Quando pode ser útil fazer circular a compaixão como forma de criar espaço para a aceitação de experiências difíceis?

_____
_____
_____
_____
_____
_____
_____
_____
_____

De acordo com sua experiência, como você acha que a circulação da compaixão se relaciona com o modelo da ACT? Como você acha que a prática da autocompaixão e um fluxo de compaixão para fora pode ajudar a promover a flexibilidade psicológica?

_____
_____
_____
_____
_____
_____
_____
_____
_____

Módulo 15

Mantendo e aprimorando o cultivo da flexibilidade psicológica

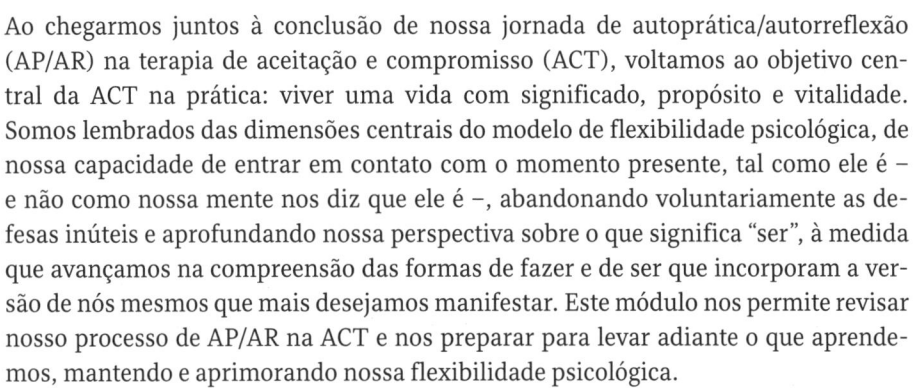

Ao chegarmos juntos à conclusão de nossa jornada de autoprática/autorreflexão (AP/AR) na terapia de aceitação e compromisso (ACT), voltamos ao objetivo central da ACT na prática: viver uma vida com significado, propósito e vitalidade. Somos lembrados das dimensões centrais do modelo de flexibilidade psicológica, de nossa capacidade de entrar em contato com o momento presente, tal como ele é – e não como nossa mente nos diz que ele é –, abandonando voluntariamente as defesas inúteis e aprofundando nossa perspectiva sobre o que significa "ser", à medida que avançamos na compreensão das formas de fazer e de ser que incorporam a versão de nós mesmos que mais desejamos manifestar. Este módulo nos permite revisar nosso processo de AP/AR na ACT e nos preparar para levar adiante o que aprendemos, mantendo e aprimorando nossa flexibilidade psicológica.

Neste manual, você escolheu uma questão específica que foi um desafio em sua vida. Pode ter sido uma dificuldade que estava aparecendo na sua vida profissional ou que estava afetando sua vida pessoal. Você aplicou sistematicamente os processos usados na ACT para entrar em contato com esse desafio, desenvolver uma nova relação com o próprio problema e construir direções valorizadas que o aproximarão da vida que deseja ter. Ao longo do trabalho, você abordou essa questão como parte do ato de viver uma vida significativa, e não como uma forma de se livrar de uma experiência angustiante.

Nossa jornada tem nos mostrado o que significa estar aberto, centrado e engajado. Praticamos o *mindfulness*, a compaixão e a aceitação de emoções difíceis (MCA). Nossa perspectiva sobre nossas experiências foi explorada, à medida que examinamos o que significa viver os nossos valores, nos comprometendo a regressar novamente com gentileza ao caminho que escolhemos, sempre que nos desviamos. Também praticamos a circulação da compaixão por nós mesmos e pelos outros, preparando nossa mente e nosso corpo para nos envolvermos com o sofrimento que podemos encontrar ao prosseguirmos em nosso trabalho como psicoterapeutas.

Você pode ter se envolvido com este manual sozinho, trabalhando com um colega ou supervisor, ou como parte de uma experiência em grupo de AP/AR na ACT. Se foi com um grupo, você pode ter compartilhado algumas de suas reflexões ao longo do caminho e discutido como é experimentar a ACT de dentro para fora, de forma sistemática e estruturada. Mesmo que tenha trabalhado sozinho, você foi guiado por uma série de perguntas de autorreflexão para que pudesse consolidar, integrar e aprofundar sua experiência com essa terapia. Ao iniciar este módulo final, você poderá retornar às questões de autorreflexão que já respondeu e revisar brevemente algumas das observações e reflexões que escreveu nas últimas semanas. Quando concluímos um ciclo de terapia, podemos optar por reservar algum tempo para refletir, manter um diário e construir um conjunto de hábitos e práticas que nos permitam promover nossa autorrealização. Da mesma forma, depois de um retiro meditativo prolongado, ou de um ciclo de estudos em uma tradição de sabedoria, pode ser útil refletir sobre o caminho percorrido até o momento e preparar nossa mente para o caminho que temos pela frente. Este módulo tem como objetivo lhe dar algum espaço para fazer exatamente isso.

Também o convidamos a refletir sobre seu desenvolvimento como terapeuta ACT ao concluir este manual. Reserve algum tempo para pensar sobre como tem sido experimentar as técnicas e os processos da ACT de dentro para fora. Qual é a diferença entre aplicar esses processos diretamente em sua própria vida e ajudar um cliente a desenvolver flexibilidade psicológica por meio da ACT? O que você notou sobre o modelo de flexibilidade psicológica por meio da AP/AR na ACT que não havia percebido antes? Existem maneiras pelas quais você ficou preso ou inflexível que você não havia observado? Existem novos pontos fortes, ou dimensões de sua capacitação, que você simplesmente não havia percebido que surgiram? Ao concluir seu trabalho junto com um colega ou sozinho, pode ser muito valioso considerar, refletir e aprofundar nossa compreensão da ACT dedicando tempo a essas perguntas.

EXERCÍCIO. Revisitando nossas medidas

Iniciamos nossos módulos usando algumas medidas de flexibilidade psicológica e outras experiências mentais, a fim de nos orientarmos para o problema que enfrentávamos e para o nosso trabalho de ACT. Tal como fez no início deste manual, complete o Acceptance and Action Questionnaire – II (AAQ-II) novamente e pontue cada medida a seguir.

AAQ-II: PÓS-AP/AR

A seguir, você encontrará uma lista de afirmações. Por favor, avalie quanto cada afirmação é verdadeira para você e circule o número correspondente. Use a escala abaixo para fazer sua escolha.

1	2	3	4	5	6	7
Nunca	Muito raramente	Raramente	Algumas vezes	Frequentemente	Quase sempre	Sempre

1. Minhas experiências e lembranças dolorosas dificultam que eu viva a vida que eu gostaria.	1 2 3 4 5 6 7
2. Tenho medo dos meus sentimentos.	1 2 3 4 5 6 7
3. Eu me preocupo em não conseguir controlar minhas preocupações e sentimentos.	1 2 3 4 5 6 7
4. Minhas lembranças dolorosas me impedem de ter uma vida plena.	1 2 3 4 5 6 7
5. Emoções causam problemas na minha vida.	1 2 3 4 5 6 7
6. Parece que a maioria das pessoas lida com sua vida melhor do que eu.	1 2 3 4 5 6 7
7. Preocupações atrapalham meu sucesso.	1 2 3 4 5 6 7

De Bond et al. (2011). Reproduzido, com permissão, de Frank W. Bond em *Experimentando a terapia de aceitação e compromisso de dentro para fora: um manual de autoprática/autorreflexão para terapeutas*, de Dennis Tirch, Laura R. Silberstein-Tirch, R. Trent Codd III, Martin J. Brock e M. Joann Wright (Artmed, 2025). Aqueles que adquirirem este livro podem fazer o *download* de cópias adicionais deste material na página do livro em loja.grupoa.com.br.

Essa é uma medida unifatorial de inflexibilidade psicológica, ou esquiva experiencial. Pontue a escala somando os sete itens. Pontuações mais altas equivalem a níveis maiores de inflexibilidade psicológica. A pontuação média em uma população clínica foi de 28,3 (DP = 9,9), enquanto em uma população não clínica foi de 18,51 (DP = 7,05). Pontuações > 24-28 sugerem provável sofrimento clínico atual e tornam mais provável o sofrimento futuro e o comprometimento funcional (Bond et al., 2011).

A seguir, preencha o Patient Health Questionnaire – 9 (PHQ-9) e a Generalized Anxiety Disorder 7-item Scale (GAD-7) e pontue-os e interprete-os usando as diretrizes que fornecemos adiante.

PHQ-9: PÓS-AP/AR

Durante as **últimas 2 semanas**, com que frequência você foi incomodado(a) por qualquer um dos problemas abaixo?	Nenhuma vez	Vários dias	Mais da metade dos dias	Quase todos os dias
1. Pouco interesse ou pouco prazer em fazer as coisas.	0	1	2	3
2. Sentir-se "para baixo", deprimido(a) ou sem perspectiva.	0	1	2	3
3. Dificuldade para pegar no sono ou permanecer dormindo, ou dormir mais do que de costume.	0	1	2	3
4. Sentir-se cansado(a) ou com pouca energia.	0	1	2	3
5. Falta de apetite ou comendo demais.	0	1	2	3
6. Sentir-se mal consigo mesmo(a) – ou achar que é um fracasso ou que decepcionou sua família ou você mesmo(a).	0	1	2	3
7. Dificuldade para se concentrar nas coisas, como ler o jornal ou ver televisão.	0	1	2	3
8. Lentidão para se movimentar ou falar, a ponto de as outras pessoas perceberem? Ou o oposto – estar tão agitado(a) ou irrequieto(a) que você fica andando de um lado para o outro muito mais do que de costume.	0	1	2	3
9. Pensar em se ferir de alguma maneira ou que seria melhor estar morto(a).	0	1	2	3

Copyright de Pfizer, Inc. Reproduzido em *Experimentando a terapia de aceitação e compromisso de dentro para fora: um manual de autoprática/autorreflexão para terapeutas*, de Dennis Tirch, Laura R. Silberstein-Tirch, R. Trent Codd III, Martin J. Brock e M. Joann Wright (Artmed, 2025). Aqueles que adquirirem este livro podem fazer o *download* de cópias adicionais deste material na página do livro em loja.grupoa.com.br.

Depois de concluir o preenchimento do questionário, basta somar sua pontuação. A tabela a seguir explica como sua pontuação se compara à de outras pessoas com diferentes níveis de depressão e sofrimento.

```
0–4:     Nenhuma indicação de depressão
5–9:     Indicativo de depressão leve
10–14:   Indicativo de depressão moderada
15–19:   Indicativo de depressão moderadamente grave
20–27:   Indicativo de depressão grave
         Minha pontuação: _____
```

GAD-7: PÓS-AP/AR

Durante as **últimas 2 semanas**, com que frequência você foi incomodado(a) pelos problemas abaixo?	Nenhuma vez	Vários dias	Mais da metade dos dias	Quase todos os dias
1. Sentir-se nervoso(a), ansioso(a) ou muito tenso(a).	0	1	2	3
2. Não ser capaz de impedir ou de controlar as preocupações.	0	1	2	3
3. Preocupar-se muito com diversas coisas.	0	1	2	3
4. Dificuldade para relaxar.	0	1	2	3
5. Ficar tão agitado(a) que se torna difícil permanecer sentado(a).	0	1	2	3
6. Ficar facilmente aborrecido(a) ou irritado(a).	0	1	2	3
7. Sentir medo como se algo horrível fosse acontecer.	0	1	2	3

Copyright de Pfizer, Inc. Reproduzida em *Experimentando a terapia de aceitação e compromisso de dentro para fora: um manual de autoprática/autorreflexão para terapeutas*, de Dennis Tirch, Laura R. Silberstein-Tirch, R. Trent Codd III, Martin J. Brock e M. Joann Wright (Artmed, 2025). Aqueles que adquirirem este livro podem fazer o *download* de cópias adicionais deste material na página do livro em loja.grupoa.com.br.

Assim como você fez na medida anterior, basta somar sua pontuação para os itens da GAD-7. A tabela a seguir mostra como sua pontuação se compara à de outras pessoas que completaram a essa mesma medida, com diferentes níveis de ansiedade presentes em sua vida.

> Pontuações de:
> 0–4: Nenhuma indicação de ansiedade
> 5–9: Indicativo de ansiedade leve
> 10–14: Indicativo de ansiedade moderada
> 15–21: Indicativo de ansiedade grave
> Minha pontuação: _____

Assim como fizemos no início deste manual, depois de completar essas medidas, sugerimos que você reflita sobre suas pontuações e o que elas podem significar para você. Se achar que está em uma faixa clinicamente relevante ou grave de depressão, ansiedade ou inflexibilidade psicológica, sugerimos que discuta isso com um profissional de confiança. Você pode optar por entrar em contato com um supervisor, terapeuta, mentor ou colega. Se estiver em terapia, compartilhe essas informações com seu terapeuta. Se não tiver apoio de saúde mental, sugerimos que exerça a autocompaixão e procure a ajuda de que necessita. Se você teve uma preocupação específica não avaliada por essas medidas e optou por usar outras, revise-as, preencha novamente e pontue-as também.

No início deste manual, sugerimos que você usasse periodicamente essas medidas de avaliação para ver o que mudou e cresceu durante o seu trabalho de AP/AR na ACT. Se você optou por fazer isso, pode explorar ou representar graficamente seu progresso ao longo deste programa. No mínimo, convidamos você a comparar suas pontuações no início e na conclusão do programa. Estamos particularmente interessados no desenvolvimento da flexibilidade psicológica medida pelo AAQ-II. Além das pontuações, reserve um tempo para analisar cada item individualmente e ver o que mudou. Existem maneiras diferentes de você se relacionar com sua experiência, agora que praticou a ACT de dentro para fora? Quais são suas áreas de crescimento? Que padrões de resposta e ação ainda o prendem, e como você pode projetar um caminho a seguir que lhe permita elaborar continuamente MCA e a ação com compromisso na vida?

EXERCÍCIO. Refletindo sobre minha questão desafiadora

Escreva a seguir a questão com o qual você trabalhou ao longo deste manual, conforme a formulou anteriormente no programa de AP/AR na ACT.

MINHA QUESTÃO DESAFIADORA

Agora, refletindo sobre sua experiência com o programa AP/AR na ACT, responda às seguintes perguntas.

Ao concluir seu trabalho de AP/AR na ACT, o que você percebe que mudou em sua resposta a essa questão desafiadora (ou outros desafios em sua vida)?

Houve dimensões de flexibilidade psicológica ou técnicas específicas que você considerou mais úteis ou poderosas ao longo deste manual? Em caso afirmativo, quais foram essas técnicas e o que você percebeu em relação a esses processos?

Como você apoiará, desenvolverá e fortalecerá sua flexibilidade psicológica ao longo de sua vida, daqui para a frente? Há práticas específicas que você pode adotar para fortalecer e manter sua flexibilidade psicológica?

Que eventos privados, como pensamentos e emoções indesejados, podem ser desafiadores à medida que você continua avançando em direção à realização de duas direções valorizadas?

Que comportamentos públicos, ações observáveis e eventos externos, como comportamentos baseados em esquiva e contextos ambientais difíceis, podem ser desafiadores à medida que você continua avançando no sentido de viver seus valores?

Além das mudanças que se relacionam diretamente com esse desafio ou problema, que outros efeitos de sua participação no programa de AP/AR na ACT você notou em sua vida?

> **EXERCÍCIO.** Refletindo sobre a flexibilidade psicológica na minha vida profissional

---

Como sua experiência de AP/AR na ACT de dentro para fora aprofundou ou mudou sua compreensão das experiências de seus clientes na ACT?

Refletindo sobre sua experiência no programa de AP/AR na ACT, o que você aprendeu que pode ser útil em seu trabalho com clientes ou em outros aspectos de sua vida profissional?

Como você pode levar as técnicas e processos de ACT que você experimentou neste manual diretamente para o trabalho que você faz com os clientes?

CONCLUSÃO

Todos nós gostaríamos de lhe agradecer por participar deste processo de AP/AR na ACT. De certa forma, todos nós participamos desse trabalho juntos, ainda que estejamos separados pelo espaço e pelo tempo. Estivemos em comunicação direta à medida que aprofundamos nossa prática juntos, experimentando a ACT de dentro para fora. Todos os exemplos que usamos foram extraídos de nossas experiências reais. Durante todo o processo de nosso próprio trabalho de AP/AR na ACT e na elaboração deste livro, todos nós nos envolvemos profundamente no processo de desenvolver a flexibilidade psicológica. Procuramos aprimorar o *mindfulness*, a aceitação e o compromisso, tanto quanto pudemos, nos anos em que desenvolvemos esse programa, à medida que passávamos pelos desafios da vida, incluindo a perda de familiares, o enfrentamento do câncer, a mudança de emprego, a mudança de residência e a chegada de uma nova vida ao mundo. Você tem seus próprios desafios e alegrias, e esperamos que o trabalho que compartilhamos possa ajudá-lo a enfrentar a luta e a se libertar do sofrimento desnecessário, tanto quanto possível.

A jornada da ACT é o trabalho de uma vida e não é nada mais do que uma forma de colocar compaixão, sabedoria e força em contato com o sofrimento inevitável que todos enfrentamos como parte de nossa família humana. Desejamos a todos os leitores força, apoio e gentileza à medida que avançam em direção a uma vida com significado, propósito e vitalidade. Nosso querido amigo e mentor Kelly Wilson disse que as pessoas que conseguem tolerar a ambivalência podem se aventurar em lugares em que outras nunca poderão ir. Para nós, isso significa que trabalhar em nós mesmos por meio da AP/AR na ACT pode nos ajudar a acessar a integralidade, a resiliência, a coragem e o amor, à medida que aprofundamos a experiência de nosso trabalho e de nós mesmos. A ACT e a ciência comportamental contextual (CBS) envolvem uma comunidade viva e, assim como desejamos força e graça em sua jornada, esperamos que nossa comunidade o apoie em seu caminho. Cuidem-se bem, amigos. Nos vemos na estrada.

PERGUNTAS PARA AUTORREFLEXÃO

Ao concluir esse trabalho de AP/AR na ACT, como você poderia resumir ou cristalizar a experiência em algumas frases? Se desejar, escreva uma "declaração de conclusão" ou mesmo um "poema de conclusão" a seguir.

Após refletir sobre seu trabalho de AP/AR na ACT como um todo, qual você considera a mensagem mais significativa sobre como você encara sua vida pessoal?

Após refletir sobre seu trabalho de AP/AR na ACT como um todo, qual você considera a mensagem mais significativa sobre como você encara sua vida profissional?

Você acha que seria consistente em termos de valores e/ou valeria a pena continuar usando uma abordagem de AP/AR na ACT no futuro? Como você pode usar a AP/AR na ACT consigo mesmo, com seus colegas, seus *trainees* ou até mesmo com seus clientes? Que obstáculos podem atrapalhar e como você pode trabalhar com eles?

Referências

Bach, P. A., & Moran, D. J. (2008). *ACT in practice: Case conceptualization in acceptance and commitment therapy*. Oakland, CA: New Harbinger.

Barnes-Holmes, D., Hayes, S. C., & Dymond, S. (2001). Self and self-directed rules. In S. C. Hayes, D. Barnes-Holmes, & B. Roche (Eds.), *Relational frame theory: A post-Skinnerian account of human language and cognition* (pp. 119–139). New York: Kluwer Academic/Plenum Press.

Batten, S. V. (2011). *Essentials of acceptance and commitment therapy*. London: SAGE.

Batten, S. V., & Santanello, A. P. (2009). A contextual behavioral approach to the role of emotion in psychotherapy supervision. *Training and Education in Professional Psychology, 3*(3), 148–156.

Beck, J. S. (2011). *Cognitive behavior therapy: Basics and beyond* (2nd ed.). New York: Guilford Press.

Bennett-Levy, J. (2019). Why therapists should walk the talk: The theoretical and empirical case for personal practice in therapist training and professional development. *Journal of Behavior Therapy and Experimental Psychiatry, 62*, 133–145.

Bennett-Levy, J., & Lee, N. K. (2014). Self-practice and self-reflection in cognitive behaviour therapy training: What factors influence trainees' engagement and experience of benefit? *Behavioural and Cognitive Psychotherapy, 42*(1), 48–64.

Bennett-Levy, J., Lee, N., Travers, K., Pohlman, S., & Hamernik, E. (2003). Cognitive therapy from the inside: Enhancing therapist skills through practising what we preach. *Behavioural and Cognitive Psychotherapy, 31*(2), 143–158.

Bennett-Levy, J., McManus, F., Westling, B. E., & Fennell, M. (2009). Acquiring and refining CBT skills and competencies: Which training methods are perceived to be most effective? *Behavioural and Cognitive Psychotherapy, 37*(5), 571–583.

Bennett-Levy, J., Thwaites, R., Haarhoff, B., & Perry, H. (2015). *Experiencing CBT from the inside out: A self-practice/self-reflection workbook for therapists*. New York: Guilford Press.

Bennett-Levy, J., Turner, F., Beaty, T., Smith, M., Paterson, B., & Farmer, S. (2001). The value of self-practice of cognitive therapy techniques and self-reflection in the training of cognitive therapists. *Behavioural and Cognitive Psychotherapy, 29*(2), 203–220.

Blackledge, J. T. (2007). Disrupting verbal processes: Cognitive defusion in acceptance and commitment therapy and other mindfulness-based psychotherapies. *The Psychological Record, 57,* 555–576.

Bonanno, G. A., Papa, A., Lalande, K., Westphal, M., & Coifman, K. (2004). The importance of being flexible: The ability to both enhance and suppress emotional expression predicts long-term adjustment. *Psychological Science, 15*(7), 482–487.

Bond, F. W., Hayes, S. C., Baer, R. A., Carpenter, K. M., Guenole, N., Orcutt, H. K., . . . Zettle, R. D. (2011). Preliminary psychometric properties of the Acceptance and Action Questionnaire–II: A revised measure of psychological inflexibility and experiential avoidance. *Behavior Therapy, 42*(4), 676–688.

Boorstein, S. (2011). *It's easier than you think: The Buddhist way to happiness.* New York: HarperCollins.

Braehler, C., Gumley, A., Harper, J., Wallace, S., Norrie, J., & Gilbert, P. (2013). Exploring change processes in compassion focused therapy in psychosis: Results of a feasibility randomized controlled trial. *British Journal of Clinical Psychology, 52*(2), 199–214.

Brock, M. J., Batten, S. V., Walser, R. D., & Robb, H. B. (2015). Recognizing common clinical mistakes in ACT: A quick analysis and call to awareness. *Journal of Contextual Behavioral Science, 4*(3), 139–143.

Chodron, T. (2001). *Buddhism for beginners.* Boston: Shambhala.

Craig, C. D., & Sprang, G. (2010). Compassion satisfaction, compassion fatigue, and burnout in a national sample of trauma treatment therapists. *Anxiety, Stress, and Coping, 23*(3), 319–339.

Dahl, J. C., Plumb, J. C., Stewart, I., & Lundgren, T. (2009). *The art and science of valuing in psychotherapy: Helping clients discover, explore, and commit to valued action using acceptance and commitment therapy.* Oakland, CA: New Harbinger.

Dalai Lama. (2004). *Dzogchen: The heart essence of the great perfection.* Boulder, CO: Snow Lion.

Davis, M. L., Thwaites, R., Freeston, M. H., & Bennett-Levy, J. (2015). A measurable impact of a self-practice/self-reflection programme on the therapeutic skills of experienced cognitive-behavioural therapists. *Clinical Psychology and Psychotherapy, 22*(2), 176–184.

Deacon, T. W. (2011). *Incomplete nature: How mind emerged from matter.* New York: Norton.

Deikman, A. (1982). *The observing self: Mysticism and psychotherapy.* Boston: Beacon Press.

Desbordes, G., & Negi, L. T. (2013). A new era for mind studies: Training investigators in both scientific and contemplative methods of inquiry. *Frontiers in Human Neuroscience, 7,* 741.

Ellis, A. (1979). Is rational-emotive therapy stoical, humanistic, or spiritual? *Journal of Humanistic Psychology, 19*(3), 89–92.

Ellis, A., & Robb, H. (1994). Acceptance in rational-emotive therapy. In S. C. Hayes, N. S. Jacobson, V. M. Follette, & M. J. Dougher (Eds.), *Acceptance and change: Content and context in psychotherapy* (pp. 91–102). Oakland, CA: Context Press.

Farrand, P., Perry, J., & Linsley, S. (2010). Enhancing self-practice/self-reflection (SP/SR) approach to cognitive behaviour training through the use of reflective blogs. *Behavioural and Cognitive Psychotherapy, 38*(4), 473–477.

Farrell, J. M., & Shaw, I. A. (2018). *Experiencing schema therapy from the inside out: A self-practice/self-reflection workbook for therapists.* New York: Guilford Press.

Figley, C. R. (Ed.). (2002). *Treating compassion fatigue.* Abingdon, UK: Routledge.

Foody, M., Barnes-Holmes, Y., & Barnes-Holmes, D. (2012). The role of self in acceptance and commitment therapy. In L. McHugh, I. Stewart, & M. Williams (Eds.), *The self and perspective taking: Contributions and applications from modern behavioral science* (pp. 125–142). Oakland, CA: New Harbinger.

Foody, M., Barnes-Holmes, Y., Barnes-Holmes, D., Törneke, N., Luciano, C., Stewart, I., & McEnteggart, C. (2014). RFT for clinical use: The example of metaphor. *Journal of Contextual Behavioral Science, 3*(4), 305–313.

Gale, C., & Schröder, T. (2014). Experiences of self-practice/self-reflection in cognitive behavioural therapy: A meta-synthesis of qualitative studies. *Psychology and Psychotherapy: Theory, Research and Practice, 87*(4), 373–392.

Georgescu, S., & Brock, M. (2016). A contextual cognitive-behavioral therapy approach to clinical professional training: Inside the classroom. In J. Block-Lerner & L. Cardaciotto (Eds.), *The mindfulness-informed educator* (pp. 73–92). Abingdon, UK: Routledge.

Germer, C. K. (2009). *The mindful path to self-compassion: Freeing yourself from destructive thoughts and emotions.* New York: Guilford Press.

Gilbert, P. (2010). *Compassion focused therapy: Distinctive features.* Abingdon, UK: Routledge.

Gilbert, P. (2011). Shame in psychotherapy and the role of compassion focused therapy. In R. L. Dearing & J. P. Tangney (Eds.), *Shame in the therapy hour* (pp. 325–354). Washington, DC: American Psychological Association.

Gilbert, P., Catarino, F., Duarte, C., Matos, M., Kolts, R., Stubbs, J., . . . Basran, J. (2017). The development of compassionate engagement and action scales for self and others. *Journal of Compassionate Healthcare, 4,* 4.

Gilbert, P., McEwan, K., Gibbons, L., Chotai, S., Duarte, J., & Matos, M. (2012). Fears of compassion and happiness in relation to alexithymia, mindfulness, and self-criticism. *Psychology and Psychotherapy: Theory, Research and Practice, 85*(4), 374-390.

Golemen, D., & Davidson, R. (2017). *Altered traits*. New York: Penguin.

Harris, R. (2006). Embracing your demons: An overview of acceptance and commitment therapy. *Psychotherapy in Australia, 12*(4), 70-76.

Harris, R. (2009). *ACT made simple: An easy-to-read primer on acceptance and commitment therapy*. Oakland, CA: New Harbinger.

Hayes, A. M., & Feldman, G. (2004). Clarifying the construct of mindfulness in the context of emotion regulation and the process of change in therapy. *Clinical Psychology: Science and Practice, 11*(3), 255-262.

Hayes, L. L., & Ciarrochi, J. V. (2015). *The thriving adolescent: Using acceptance and commitment therapy and positive psychology to help teens manage emotions, achieve goals, and build connection*. Oakland, CA: New Harbinger.

Hayes, S. C. (1993). Analytic goals and the varieties of scientific contextualism. In S. C. Hayes, L. J. Hayes, H. W. Reese, & T. R. Sarbin (Eds.), *Varieties of scientific contextualism* (pp. 11-27). Reno, NV: Context Press.

Hayes, S. C. (2004). Acceptance and commitment therapy, relational frame theory, and the third wave of behavioral and cognitive therapies. *Behavior Therapy, 35*(4), 639-665.

Hayes, S. C. (2005). *Get out of your mind and into your life: The new acceptance and commitment therapy*. Oakland, CA: New Harbinger.

Hayes, S. C. (2008). *The roots of compassion*. Keynote address presented at the fourth Acceptance and Commitment Therapy Summer Institute, Chicago, IL.

Hayes, S. C. (2016, March). *Psychological flexibility: How love turns pain into purpose* (TEDx University of Nevada). Recuperado de *www.youtube.com/watch?v=o79_gmO5ppg*.

Hayes, S. C., Barnes-Holmes, D., & Roche, B. (Eds.). (2001). *Relational frame theory: A postSkinnerian account of human language and cognition*. New York: Springer.

Hayes, S. C., & Lillis, J. (2012). *Acceptance and commitment therapy*. Washington, DC: American Psychological Association.

Hayes, S. C., & Long, D. (2013). Contextual behavioral science, evolution, and scientific epistemology. In B. Roche & S. Dymond (Eds.), *Advances in relational frame theory: Research and application* (pp. 5-26). Oakland, CA: New Harbinger/Context Press.

Hayes, S. C., Luoma, J. B., Bond, F. W., Masuda, A., & Lillis, J. (2006). Acceptance and commitment therapy: Model, processes and outcomes. *Behaviour Research and Therapy, 44*(1), 1-25.

Hayes, S. C., & Shenk, C. (2004). Operationalizing mindfulness without unnecessary attachments. *Clinical Psychology: Science and Practice, 11*(3), 249-254.

Hayes, S. C., Strosahl, K. D., & Wilson, K. G. (1999). *Acceptance and commitment therapy: An experiential approach to behavior change.* New York: Guilford Press.

Hayes, S. C., Strosahl, K. D., & Wilson, K. G. (2012). *Acceptance and commitment therapy: The process and practice of mindful change* (2nd ed.). New York: Guilford Press.

Hayes, S. C., Wilson, K. G., Gifford, E. V., Follette, V. M., & Strosahl, K. (1996). Experiential avoidance and behavioral disorders: A functional dimensional approach to diagnosis and treatment. *Journal of Consulting and Clinical Psychology, 64*(6), 1152–1168.

Hooper, N., & Larsson, A. (2015). *The research journey of acceptance and commitment therapy (ACT).* New York: Springer.

Hooper, N., Saunders, J., & McHugh, L. (2010). The derived generalization of thought suppression. *Learning and Behavior, 38*(2), 160–168.

Huppert, J. D., & Alley, A. C. (2004). The clinical application of emotion research in generalized anxiety disorder: Some proposed procedures. *Cognitive and Behavioral Practice, 11*(4), 387–392.

Jazaieri, H., Urry, H. L., & Gross, J. J. (2013). Affective disturbance and psychopathology: An emotion regulation perspective. *Journal of Experimental Psychopathology, 4*(5), 584–599.

Johnson, S. M. (2012). *The practice of emotionally focused couple therapy: Creating connection.* New York: Routledge.

Kabat-Zinn, J. (2013). *Full catastrophe living: How to cope with stress, pain and illness using mindfulness meditation* (rev. ed.). London: Hachette.

Kashdan, T. B., Barrios, V., Forsyth, J. P., & Steger, M. F. (2006). Experiential avoidance as a generalized psychological vulnerability: Comparisons with coping and emotion regulation strategies. *Behaviour Research and Therapy, 44*(9), 1301–1320.

Kashdan, T. B., & Rottenberg, J. (2010). Psychological flexibility as a fundamental aspect of health. *Clinical Psychology Review, 30*(7), 865–878.

Klimecki, O., & Singer, T. (2012). Empathic distress fatigue rather than compassion fatigue?: Integrating findings from empathy research in psychology and social neuroscience. In B. Oakley, A. Knafo, G. Madhavan, & D. S. Wilson (Eds.), *Pathological altruism* (pp. 368–383). New York: Oxford University Press.

Kolts, R. L., Bell, T., Bennett-Levy, J., & Irons, C. (2018). *Experiencing compassion-focused therapy from the inside out: A self-practice/self-reflection workbook for therapists.* New York: Guilford Press.

Kroenke, K., Spitzer, R. L., & Williams, J. B. (2001). The PHQ-9: Validity of a brief depression severity measure. *Journal of General Internal Medicine, 16*(9), 606–613.

Lappalainen, R., Lehtonen, T., Skarp, E., Taubert, E., Ojanen, M., & Hayes, S. C. (2007). The impact of CBT and ACT models using psychology trainee therapists: A preliminary controlled effectiveness trial. *Behavior Modification, 31*, 488–511.

Leahy, R. L. (2017). *Cognitive therapy techniques: A practitioner's guide* (2nd ed.). New York: Guilford Press.

Leaviss, J., & Uttley, L. (2015). Psychotherapeutic benefits of compassion-focused therapy: An early systematic review. *Psychological Medicine, 45*(5), 927–945.

Lipsey, R. (2019). *Gurdjieff reconsidered: The life, the teachings, the legacy.* Boulder, CO: Shambhala.

Luoma, J. B., Hayes, S. C., & Walser, R. D. (2007). *Learning ACT: An acceptance & commitment therapy skills-training manual for therapists.* Oakland, CA: New Harbinger.

Luoma, J. B., & Vilardaga, J. P. (2013). Improving therapist psychological flexibility while training acceptance and commitment therapy: A pilot study. *Cognitive Behaviour Therapy, 42*(1), 1–8.

Marcks, B. A., & Woods, D. W. (2005). A comparison of thought suppression to an acceptance-based technique in the management of personal intrusive thoughts: A controlled evaluation. *Behaviour Research and Therapy, 43*(4), 433–445.

Mathews, A. (1990). Why worry?: The cognitive function of anxiety. *Behaviour Research and Therapy, 28*(6), 455–468.

McHugh, L., Stewart, I., & Hooper, N. (2012) A contemporary functional analytic account of perspective taking. In L. McHugh, I. Stewart, & M. Williams (Eds.), *The self and perspective taking: Contributions and applications from modern behavioral science* (pp. 55–72). Oakland, CA: New Harbinger.

Moran, D. J., Bach, P., & Batten, S. (2018). *Committed action in practice.* Oakland, CA: New Harbinger.

Neff, K. D., & Germer, C. K. (2013). A pilot study and randomized controlled trial of the mindful self-compassion program. *Journal of Clinical Psychology, 69*(1), 28–44.

Neff, K., & Tirch, D. (2013). Self-compassion and ACT. In T. B. Kashdan & J. Ciarrochi (Eds.), *Mindfulness, acceptance, and positive psychology: The seven foundations of well-being* (pp. 78–106). Oakland, CA: Context Press/New Harbinger.

Norcross, J. C., & Lambert, M. J. (2011). Psychotherapy relationships that work II. *Psychotherapy, 48*(1), 4–8.

Pakenham, K. I. (2015). Effects of acceptance and commitment therapy (ACT) training on clinical psychology trainee stress, therapist skills and attributes, and ACT processes. *Clinical Psychology and Psychotherapy, 22*(6), 647–655.

Pakenham, K. I., & Stafford-Brown, J. (2012). Stress in clinical psychology trainees: Current research status and future directions. *Australian Psychologist, 47*(3), 147–155.

Polk, M. (2014). Achieving the promise of transdisciplinarity: A critical exploration of the relationship between transdisciplinary research and societal problem solving. *Sustainability Science, 9*(4), 439–451.

Polk, M. (2015). Transdisciplinary co-production: Designing and testing a transdisciplinary research framework for societal problem solving. *Futures, 65,* 110–122.

Powers, M. B., Zum Vorde Sive Vörding, M. B., & Emmelkamp, P. M. (2009). Acceptance and commitment therapy: A meta-analytic review. *Psychotherapy and Psychosomatics, 78*(2), 73–80.

Rogers, C. R. (1951). *Client-centered therapy: Its current practice, implications, and theory.* New York: Houghton Mifflin.

Rogers, C. R. (1957). The necessary and sufficient conditions of therapeutic personality change. *Journal of Consulting Psychology, 21*(2), 95–103.

Ruiz, F. J. (2010). A review of acceptance and commitment therapy (ACT) empirical evidence: Correlational, experimental psychopathology, component and outcome studies. *International Journal of Psychology and Psychological Therapy, 10*(1), 125–162.

Sanders, D., & Bennett-Levy, J. (2010). When therapists have problems: What can CBT do for us. In M. Mueller, H. Kennerley, F. McManus, & D. Westbrook (Eds.), *The Oxford guide to surviving as a CBT therapist* (pp. 457–480). Oxford, UK: Oxford University Press.

Schoendorff, B., Webster, M., & Polk, K. (2014). Under the hood: Basic processes underlying the matrix. In K. Polk & B. Schoendorff (Eds.), *The ACT matrix: A new approach to building psychological flexibility across settings and populations* (pp. 15–38). Oakland, CA: New Harbinger.

Schön, D. A. (1983). *The reflective practitioner: How professionals think in action.* New York: Basic Books.

Singer, T. (2006). The neuronal basis and ontogeny of empathy and mind reading: Review of literature and implications for future research. *Neuroscience and Biobehavioral Reviews, 30*(6), 855–863.

Singer, T., & Frith, C. (2005). The painful side of empathy. *Nature Neuroscience, 8*(7), 845–846.

Singer, T., Kiebel, S. J., Winston, J. S., Dolan, R. J., & Frith, C. D. (2004). Brain responses to the acquired moral status of faces. *Neuron, 41*(4), 653–662.

Singer, T., Seymour, B., O'Doherty, J., Kaube, H., Dolan, R. J., & Frith, C. D. (2004). Empathy for pain involves the affective but not sensory components of pain. *Science, 303,* 1157–1162.

Sogyal, R. (2012). *The Tibetan book of living and dying: A spiritual classic from one of the foremost interpreters of Tibetan Buddhism to the West.* New York: Random House.

Spendelow, J. S., & Butler, L. J. (2016). Reported positive and negative outcomes associated with a self-practice/self-reflection cognitive-behavioural therapy exercise for CBT trainees. *Psychotherapy Research, 26*(5), 602–611.

Spitzer, R. L., Kroenke, K., Williams, J. B., & Löwe, B. (2006). A brief measure for assessing generalized anxiety disorder: The GAD-7. *Archives of Internal Medicine, 166*(10), 1092–1097.

Stafford-Brown, J., & Pakenham, K. I. (2012). The effectiveness of an ACT informed intervention for managing stress and improving therapist qualities in clinical psychology trainees. *Journal of Clinical Psychology, 68*(6), 592–613.

Thwaites, R., Cairns, L., Bennett-Levy, J., Johnston, L., Lowrie, R., Robinson, A., & Perry, H. (2015). Developing metacompetence in low intensity cognitive-behavioural therapy (CBT) interventions: Evaluating a self-practice/self-reflection programme for experienced low intensity CBT practitioners. *Australian Psychologist, 50*(5), 311–321.

Tirch, D., Schoendorff, B., & Silberstein, L. R. (2014). *The ACT practitioner's guide to the science of compassion: Tools for fostering psychological flexibility*. Oakland, CA: New Harbinger.

Tirch, D., Silberstein, L. R., & Kolts, R. L. (2015). *Buddhist psychology and cognitive-behavioral therapy: A clinician's guide*. New York: Guilford Press.

Titchener, E. B. (1916). *A text-book of psychology*. New York: Macmillan.

Tsai, M., Kohlenberg, R. J., Kanter, J. W., Holman, G. I., & Loudon, M. P. (2012). *Functional analytic psychotherapy: Distinctive features*. Abingdon, UK: Routledge.

Villatte, M., Villatte, J. L., & Hayes, S. C. (2015). *Mastering the clinical conversation: Language as intervention*. New York: Guilford Press.

Waller, G. (2009). Evidence-based treatment and therapist drift. *Behaviour Research and Therapy, 47*(2), 119–127.

Waller, G., Stringer, H., & Meyer, C. (2012). What cognitive behavioral techniques do therapists report using when delivering cognitive behavioral therapy for the eating disorders? *Journal of Consulting and Clinical Psychology, 80*(1), 171–175.

Walser, R. D., Karlin, B. E., Trockel, M., Mazina, B., & Taylor, C. B. (2013). Training in and implementation of acceptance and commitment therapy for depression in the Veterans Health Administration: Therapist and patient outcomes. *Behaviour Research and Therapy, 51*(9), 555–563.

Wegner, D. M. (1994). Ironic processes of mental control. *Psychological Review, 101*(1), 34–52.

Wegner, D. M., & Gold, D. B. (1995). Fanning old flames: Emotional and cognitive effects of suppressing thoughts of a past relationship. *Journal of Personality and Social Psychology, 68*(5), 782–792.

Wegner, D. M., Schneider, D. J., Knutson, B., & McMahon, S. R. (1991). Polluting the stream of consciousness: The effect of thought suppression on the mind's environment. *Cognitive Therapy and Research, 15*(2), 141–152.

Weng, H. Y., Fox, A. S., Shackman, A. J., Stodola, D. E., Caldwell, J. Z., Olson, M. C., . . . Davidson, R. J. (2013). Compassion training alters altruism and neural responses to suffering. *Psychological Science, 24*(7), 1171–1180.

Wenzlaff, R. M., & Wegner, D. M. (2000). Thought suppression. *Annual Review of Psychology, 51*(1), 59–91.

Westrup, B. (2014). Family-centered developmentally supportive care. *NeoReviews, 15*(8), e325–e335.

Wetterneck, C. T., Lee, E. B., Smith, A. H., & Hart, J. M. (2013). Courage, self-compassion, and values in obsessive-compulsive disorder. *Journal of Contextual Behavioral Science, 2*(3–4), 68–73.

Wilson, K. G., & DuFrene, T. (2009). *Mindfulness for two: An acceptance and commitment therapy approach to mindfulness in psychotherapy*. Oakland, CA: New Harbinger.

Wilson, K. G., & DuFrene, T. (2012). *The wisdom to know the difference*. Oakland, CA: New Harbinger.

Wilson, K. G., & Murrell, A. (2004). Values work in acceptance and commitment therapy: Setting a course for behavioral treatment. In S. C. Hayes, V. M. Follette, & M. M. Linehan (Eds.), *Mindfulness and acceptance: Expanding the cognitive-behavioral tradition* (pp. 120–151). New York: Guilford Press.

Yadavaia, J. E., Hayes, S. C., & Vilardaga, R. (2014). Using acceptance and commitment therapy to increase self-compassion: A randomized controlled trial. *Journal of Contextual Behavioral Science, 3*(4), 248–257.

Young, S. (2016). *The science of enlightenment: How meditation works*. Boulder, CO: Sounds True.

Yu, L., Norton, S., & McCracken, L. M. (2017). Change in "self-as-context" ("perspective-taking") occurs in acceptance and commitment therapy for people with chronic pain and is associated with improved functioning. *Journal of Pain, 18*(6), 664–672.

Índice

Observação. Os números das páginas em itálico indicam uma figura.

A

AAQ-II. *Veja* Acceptance and Action Questionnaire–II
Ação com compromisso
    articulando objetivos, 210-215
    autoavaliação do quanto se está vivendo bem, 205-211
    conceito de, 98-100, 205-206
    engajamento na
        exercício Aceite, escolha e aja, 226-228
        exercício de desconforto intencional: encontrando a disponibilidade e tornando-a um estilo de vida, 220-223
        exercício de exposição, 223-226
        exposição baseada em ACT, 223-226
        fórmula da ACT, 225-228
        qualidades do compromisso, 222-224
        superação de barreiras internas, 219-223
        visão geral, 219
    exercício de autoprática, 99-101
    exercício Identificação das minhas barreiras, 215-217
    exercício Meu formulário de automonitoramento de ação valorizada, 206-207
    exercício Meu gráfico de automonitoramento diário, 206-211
    exercício Minha folha de trabalho de objetivos SMART, 211-215
    flexibilidade psicológica e, 85, *86*
    identificação de barreiras para, 214-217
    perguntas para autorreflexão, 217-218, 229-231
    reforço e, 212-213
Acceptance and Action Questionnaire–II (AAQ-II), 63-66, 252-254
Aceitação
    como disponibilidade para todas as experiências, 183-187
    conceito e definição de, 169-171
    desafios da esquiva experiencial, 169-178
    exercício de autoprática, 87-97
    exercício Não tenha esse pensamento e tenha qualquer pensamento, 171-173
    exercício O que estou fazendo quando estou evitando e o que isso tem me custado, 174-178

exercício Rastreando oportunidades para praticar disponibilidade e aceitação, 183-187
exercício Soltando a corda: deixando de lado o cabo de guerra com nossos eventos privados, 179-184
flexibilidade psicológica e, 85-88, 169
mindfulness, compaixão e aceitação, 236-241
passando da esquiva à aceitação e à ação, 179-184
perguntas para autorreflexão, 186-189
um antídoto para a esquiva experiencial, 86-88
Aceite, escolha e aja (exercício), 226-228
ACT. *Veja* Terapia de aceitação e compromisso
Adoção de perspectiva flexível
conceito 145-148
exercício Adotando a perspectiva do meu cliente mais difícil, 150-151
exercício Viagem no tempo, 147-150
perguntas para autorreflexão, 151-153
Adotando a perspectiva do meu cliente mais difícil (exercício), 150-151
AP/AR na ACT
adaptando-se para atender às necessidades dos participantes, 47-50
autoguiada, 34-35
criando requisitos do programa, 51-53
definida, 6-7
elementos centrais da ACT, 12-28. *Veja também* Terapia de aceitação e compromisso (ACT)
escolhendo quando fazer, 38-39
facilitadores do programa. *Veja* Facilitadores de AP/AR na ACT
gerenciamento e planejamento do tempo, 37-39
Matrix da ACT, 112-118
objetivo de estar aberto, centrado e engajado, 4-7
objetivo de flexibilidade psicológica, 64-65
orientações para os participantes
construindo capacidade reflexiva, 40-44
escolhendo um contexto para a AP/AR na ACT, 34-37
maximizando o engajamento e colhendo os benefícios, 37-41
visão geral, 33
origem e antecedentes de, 3-5, 7-9
perguntas para autorreflexão na conclusão da, 259-260
postura terapêutica da ACT e, 29-32
prática individual ou ambiente de grupo, 6-7
prospecto do programa e reunião pré-programa, 50-52
revisão final e conclusão, 251-259
trabalhando com outras pessoas, 35-37
Armadilhas internas, na Matrix da ACT, 107, 110-111
Association for Contextual Behavioral Science, 34-35
Atenção. *Veja* Entrar em contato com o momento presente
Atividade prazerosa consciente (exercício), 130-132
Autocompaixão, 42-43
Autocrítica, 139-140
Autoestima, 139-140
Autorreflexão. *Veja também* Reflexão; Treinamento de autoprática e autorreflexão (AP/AR)

construindo capacidade reflexiva, 40-44

B

Barreiras à ação com compromisso
  identificando, 214-217
  superando, 219-223
Base do ser, 139-140
"*Beautiful Boy (Darling Boy)*" (Lennon), 125
Bloqueios, à autorreflexão, 40-42

C

CBS. *Veja* Ciência comportamental contextual
Ciência comportamental contextual (CBS)
  ACT e, 12-14, 22-24
  contextualismo funcional, 13-18
  teoria das molduras relacionais, 18-23
Circulação de compaixão
  conceito de, 244-246
  exercício Meu registro de circulação da compaixão, 245-247
  integração na terapia de ACT, 248-249
  perguntas para autorreflexão, 248-250
Circulação de compaixão (exercício), 245-247
Colegas, trabalhando em AP/AR na ACT com, 35-36
Compaixão
  fadiga por sofrimento empático e, 243-250
  flexibilidade psicológica e, 235-237
  mindfulness, compaixão e aceitação, 236-241
Comportamento(s)
  a Matrix da ACT e escolha de comportamentos valorizados, *107*, 111-113
  definido na ACT, 12-13

Comportamentos de controle, a questão desafiadora e, 77-79
Comportamentos observáveis, na Matrix da ACT, 106-107, *107*
Confidencialidade, grupos de AP/AR na ACT e, 38-40
Consciência do momento presente, 126-127
Contexto. *Veja também* Self-como-contexto
  da questão desafiadora, 76-77
  escolhendo o contexto para AP/AR na ACT, 34-37
Contextualismo funcional
  perguntas para autorreflexão, 15-18
  visão geral e descrição do, 13-16
Coragem, a postura terapêutica da ACT e, 30-31
Crenças, 89-90

D

D.O.T.S., 174-175
Declaração do desafio, 79-81
Declarações de valores, 198-202, 205-206
Definição de valores
  a dança entre valores e sofrimento, 194-196
  conceito de, 96-97, 193-194
  determinando os próprios valores, 196-202
  exercício de autoprática, 96-98
  exercício Discriminação entre objetivos e valores, 195-197
  exercício Inventário de avaliação de valores, 199-202
  exercício O que eu quero que minha vida represente?, 197-199
  flexibilidade psicológica e, 85, *86*
  importância dos valores, 193-195
  na Matrix da ACT, 109-110
  perguntas para autorreflexão, 201-204

valores como um processo contínuo, 195-197
Desconforto intencional: encontrando a disponibilidade e tornando-a um estilo de vida (exercício), 220-223
Desenvolvimento de grupo PROSOCIAL, 22-23
Desfusão
   conceito de, 88-90, 157-159
   exercício de autoprática, 89-91
   exercício Exteriorizando o pensamento, 163-164
   exercício Mergulhando, 159-163
   flexibilidade psicológica e, 85, *86*
   fusão e, 88-90, 158-163
   perguntas para autorreflexão, 164-167
   separando pensamentos do pensador, 162-164
   técnicas comuns na, 163-165
Desfusão cognitiva. *Veja* Desfusão
Discriminação entre objetivos e valores (exercício), 195-197
Disponibilidade
   aceitação como disponibilidade para toda experiência, 183-187
   compromisso e, 222-223
   conceito de, 170-171
   construindo a capacidade para, 219-223
   desafios de esquiva experiencial, 169-171
   exercício Desconforto intencional: encontrando a disponibilidade e tornando-a um estilo de vida, 220-223
   exercício Rastreando oportunidades para praticar disponibilidade e aceitação, 183-187
   flexibilidade psicológica e, 169
   perguntas para autorreflexão, 186-189
Dor, sofrimento e, 173-175

E

Enquadramento/emolduramento dêitico, 145
Entrando em contato com a experiência do momento presente na AP/AR na ACT (exercício), 126-129
Entrar em contato com o momento presente
   conceito de, 91-92, 125-127
   exercícios de autoprática, 91-93, 129-133
   flexibilidade psicológica e, 77-78, 85, *86*
   mindfulness e a experiência humana, 128-130
   perguntas para autorreflexão, 134-136
   treinamento de AP/AR na ACT, 126-129
Epiteto, 157-158
Escrita autorreflexiva, 43-44
Esquiva. *Veja também* Esquiva experiencial
   a questão desafiadora e, 77-79
   como bloqueio para lembrar, 42-43
   na Matrix da ACT, *107*, 110-112
Esquiva experiencial
   aceitação e, 86-89, 169-178
   ACT e, 27-30
   como processo patológico, 86
   comportamentos de esquiva na Matrix da ACT, *107*, 110-112
   comportamentos e consequências da, 170-178
   definida, 14-15
   esquiva do terapeuta e postura terapêutica ACT, 30-31
   exercício Não tenha esse pensamento e tenha qualquer pensamento, 171-173
   exercício O que estou fazendo quando estou evitando e o que isso tem me custado, 174-178

exercício Soltando a corda:
  deixando de lado o cabo de guerra
    com nossos eventos privados,
    179-184
  passando para a aceitação e a ação,
    179-184
  transformando dor em sofrimento,
    173-175
Estímulo
  definido, 24-25
  transferência das funções do
    estímulo, 25-28
  transformação das funções do
    estímulo, 18-19, 25-28, 89-90
Estratégia de apoio pessoal, 39-40,
  53-56
"Eu sou..." (exercício), 138
Eventos públicos, na Matrix da ACT,
  106-107, *107*
Exercícios de autoprática
  com ação com compromisso,
    99-101
  com aceitação, 87-89
  com contato com o momento
    presente, 91-93
  com definição de valores, 96-98
  com desfusão, 89-91
  com *self*-como-contexto, 93-95
Exercícios de centramento, 41-43
Experiência sensorial *versus* experiência
  mental, 108-110
Experiências
  armadilhas internos e a Matrix da
    ACT, *107*, 110-111
  discriminando experiências de
    aproximação e de afastamento,
    109-110
  discriminando experiências
    públicas e privadas, 108-110
Experiências mentais
  na Matrix da ACT, 106-107, *107*
  versus experiências sensoriais,
    108-110

Experiências privadas
  da questão desafiadora, 76-77
  diferenciadas de experiências
    públicas, 108-110
  na Matrix ACT, 106-107, *107*
Exposição (exercício), 223-226
Exposição baseada em ACT, 223-226
Exteriorizando o pensamento
  (exercício), 163-164

F

Facilitadores de AP/AR na ACT
  abordando seu próprio papel no
    grupo, 53-54
  adaptando o programa de AP/AR na
    ACT para atender às necessidades
    dos participantes, 47-50
  criando um processo de grupo
    enriquecedor, 55-56
  cuidando dos participantes
    individualmente, 55-57
  funções e responsabilidades de,
    45-48
  introdução aos, 45-46
  preparação para AP/AR na ACT
    criando requisitos do programa,
      51-53
    criando uma sensação
      de segurança para os
      participantes, 52-54
    visão geral, 50-51
  prospecto do programa e reunião
    pré-programa, 50-52
Fadiga por compaixão, 243
Fadiga por sofrimento empático
  circulação de compaixão e, 244-250
  conceito de, 243-245
Filosofia da ciência, ACT e, 13-18
Flexibilidade psicológica
  aceitação e, 169
  como objetivo da AP/AR na ACT,
    64-65
  compaixão e, 235-237

consciência do momento presente e, 126-127
definição de valores e, 195-196
definição e conceito de, 5-7, 85
descrição de Kelly Wilson de, 112-113
entrando em contato com o momento presente, 77-78, 85, *86*
fusão e, 76-77
manter e aprimorar o cultivo de, 251-260
postura terapêutica da ACT e, 29-31
tomada de perspectiva flexível, 77-78, 145
transcendendo o apego a histórias pessoais, 68
Fórmula da ACT, 225-228
Formulação do desafio de AP/AR na ACT
desenvolvendo uma declaração do desafio, 79-81
formulação em cinco partes da questão desafiadora, 76-80. *Veja também* Questão desafiadora
Meu exercício de formulação do desafio de AP/AR na ACT, 79-80
perguntas para autorreflexão, 81-83
usando a formulação do desafio, 75
Full Catastrophe Living (Kabat-Zinn), 3-4
Fusão
como bloqueio para lembrar, 42-43
conceito de, 158-159
desfusão e, 88-90, 158-163
exercício Mergulhando, 158-163
flexibilidade psicológica e, 76-77
valores pessoais e, 161-162
Fusão cognitiva. *Veja* Fusão

G

Generalized Anxiety Disorder 7-item Scale (GAD-7), 63-67, 254-255
Gerenciamento e planejamento do tempo, 37-39
Grupo de mídia social de AP/AR na ACT, 34-35
Grupos de AP/AR na ACT
confidencialidade e, 38-40
escolher trabalhar com, 35-37
funções e responsabilidades dos facilitadores, 45-48. *Veja também* Facilitadores de AP/AR na ACT
segurança dos participantes nos, 52-54

H

Homenagem imaginária (exercício), 96-99

I

Identificação das minhas barreiras (exercício), 215-217
Imagens, usadas para ajudar na lembrança, 42-43
Implicação
combinatória, 18-19
mútua, 18-19
Intenções valorizadas, o problema desafiador e, 77-78
Inventário de avaliação de valores (exercício), 199-202, 205-206

L

"Leite, leite, leite" (exercício), 89-91
Lembrar, estratégias para ajudar a, 42-44

M

Manual diagnóstico e estatístico de transtornos mentais (DSM), 14-15
Matrix da ACT
exercício Minha Matrix de AP/AR na ACT, 117
na AP/AR na ACT, 112-118
perguntas para autorreflexão, 118-121
processos na, 108-113
visão geral e descrição da, 105-107
MCA. *Veja Mindfulness*, compaixão e aceitação (MCA)

Measures for Clinical Practice and Research (Corcoran & Fisher), 68
Medidas de linha de base
    exercício Revisitando nossas medidas, 252-256
    medidas iniciais do estado emocional, 63-68
Mergulhando (exercício), 158-163
Meu formulário de automonitoramento de ação valorizada (exercício), 206-207
Meu gráfico de automonitoramento diário (exercício), 206-211
Mindfulness
    a experiência humana e, 128-130
    exercício Entrando em contato com a experiência do momento presente na AP/AR na ACT, 126-129
    mindfulness, compaixão e aceitação, 236-241
Mindfulness, compaixão e aceitação (MCA)
    conceito de, 236-237
    perguntas para autorreflexão, 239-241
    praticando, 236-240
Minha declaração do desafio (exercício), 81
Minha ficha de trabalho de objetivos SMART (exercício), 211-215
Minha formulação do desafio de AP/AR na ACT (exercício), 79-80
Minha Matrix de AP/AR na ACT (exercício), 117
Modelo de flexibilidade psicológica
    ação com compromisso, 98-101
    aceitação, 86-89
    definição de valores, 96-99
    desfusão, 88-91
    entrando em contato com o momento presente, 91-93
    perguntas para autorreflexão, 100-103
    self-como-contexto, 92-95
    visão geral do modelo Hexaflex, 85-86
Modelo DNA-V, 22-23
Modelo Hexaflex de flexibilidade psicológica, 85-101. *Veja também* Modelo de flexibilidade psicológica

N

Não tenha esse pensamento e tenha qualquer pensamento (exercício), 171-173

O

O oceano do ser (exercício), 139-142
O que estou fazendo quando estou evitando e o que isso tem me custado (exercício), 174-178
O que eu quero que minha vida represente? (exercício), 197-199
Objetivos
    articulação de, 210-215
    reforço e, 212-213
    versus valores, 96-97, 195-197
Objetivos SMART
    conceito, 210-212
    exercício Identificação de minhas barreiras, 215-217
    exercício Minha ficha de trabalho de objetivos SMART, 211-215
Onde me sinto travado? Minha questão desafiadora para o programa de AP/AR (exercício), 68-70

P

Pares, trabalhando em AP/AR na ACT com, 35-36
Passado/futuro imaginado, o problema desafiador e, 76-78
Patient Health Questionnaire-9 (PHQ-9), 63-67, 253-255
Pensamentos
    armadilhas internas e a Matrix da ACT, *107*, 110-111

separando pensamentos do pensador, 162-164
Perguntas para autorreflexão
   para a conclusão do processo de AP/AR na ACT, 259-260
   para a formulação do desafio de AP/AR na ACT, 81-83
   para a Matrix da ACT, 118-121
   para a teoria das molduras relacionais, 21-23
   para ação com compromisso, 217-218, 229-231
   para aceitação e disponibilidade, 186-189
   para circulação de compaixão, 248-250
   para contextualismo funcional, 15-18
   para definição de valores, 201-204
   para desfusão, 164-167
   para entrar em contato com o momento presente, 134-136
   para flexibilidade psicológica, 100-103
   para identificar a questão desafiadora, 72-73
   para *mindfulness*, compaixão e aceitação, 239-241
   para *self*-como-contexto, 142-144
   para tomada de perspectiva flexível, 151-153
   usando como guia para recordação, 43-44
PHQ-9. *Veja* Patient Health Questionnaire-9
Postura terapêutica da ACT
   AP/AR na ACT e, 29-32
   descrição de, 29-32
   problema da aquisição de habilidades do terapeuta, 31-32
Pressupostos filosóficos, 13-14
Prospecto do programa, 50-51

Psicoterapia
   desenvolvimento e crescimento da abordagem de AP/AR, 7-8
   tomada de perspectiva e, 146-147
Psicoterapia analítica funcional, 22-23

Q
Questão desafiadora
   exercício Onde me sinto travado? Minha questão desafiadora para o programa de AP/AR, 68-70
   exercício Refletindo sobre minha questão desafiadora, 255-259
   exercício Revisitando nossas medidas, 252-256
   formulação do desafio de AP/AR na ACT, 75-83
   medidas iniciais do estado emocional, 63-68
   perguntas para autorreflexão para identificar, 72-73

R
Rastreando a prática intencional: entrando em contato com o momento presente (exercício), 133
Rastreando comportamentos, 30-32
Rastreando oportunidades para praticar disponibilidade e aceitação (exercício), 183-187
Refletindo sobre minha questão desafiadora (exercício), 255-259
Reflexão
   diferenças individuais nas capacidades e motivações para, 40-41
   engajar-se no processo de, 41-44
   postura terapêutica da ACT e "reflexão-na-ação", 30-32
   preparando-se para, 40-42
   pública focada na função, 52-54
Reforço, 212-213
Requisitos do programa, criando, 51-53
Resistência, à autorreflexão, 40-42

Resposta relacional derivada, 24-28
Reunião pré-programa, 50-54
Revisitando nossas medidas (exercício), 252-256
RFT. *Veja* Teoria das molduras relacionais

S

Segurança, dos participantes do programa de AP/AR na ACT, 52-54
Self. *Veja também Self* observador
    self conceitualizado, 137-142
    sentido transcendente do, 92-93
    sentidos do, 93-94
    separando os pensamentos do pensador, 162-164
Self como consciência momento a momento, 93-94
Self-como-conteúdo, 137-142
Self-como-contexto
    conceito de, 92-94, 137
    exercício de autoprática, 93-95
    exercício "Eu sou...", 138
    exercício O oceano do ser, 139-142
    flexibilidade psicológica e, 85, 86
    perguntas para autorreflexão, 142-144
    self-como-conteúdo e, 137-142
Self-como-processo, 93-94
Self conceitualizado, 93-94, 137-142
Self narrativo, 138. *Veja também Self*-como-conteúdo
Self observador
    a Matrix ACT e, 108
    modo de ser do *self*-como-processo e, 93-94
    na ACT, 139-140
Self transcendente, 92-93
Sofrimento
    a dança entre valores e sofrimento, 194-196
    esquiva experiencial e, 173-175

Soltando a corda: deixando de lado o cabo de guerra com nosso eventos privados (exercício), 179-184
Supervisores, trabalhando em AP/AR na ACT com, 36-37

T

TCC. *Veja* Terapia cognitivo-comportamental
Teoria das molduras relacionais (RFT)
    clínica, 22-23
    conceitos-chave como componentes clínicos fundamentais, 24-28
    emolduramento dêitico, 145
    implicações clínicas 18-20
    importância para a ACT, 23-24, 27-28
    perguntas para autorreflexão, 21-23
    visão geral e descrição da, 18-19
Terapia cognitivo-comportamental (TCC), AP/AR e, 7-8, 23-24
Terapia de aceitação e compromisso (ACT)
    compaixão e, 235-241
    conceito de *self* conceituado, 138-140
    definição do termo "comportamento" na, 12-13
    desenvolvimento da AP/AR na ACT, 7-9. *Veja também* AP/AR na ACT
    elementos centrais
        ciência comportamental contextual, 12-14, 22-24
        postura filosófica contextualista funcional, 13-18
        teoria das molduras relacionais, 18-28
        visão geral, 11-13
    o problema da esquiva experiencial, 27-30
    objetivo de estar aberto, centrado e engajado, 4-6
    postura terapêutica da ACT, 29-32

problema da aquisição de habilidades do terapeuta, 31-32
sentidos do *self* na, 93-94
terapeutas, compaixão e fadiga por sofrimento empático, 243-250
tomada de perspectiva flexível da, 145
visão geral, 3-4
Terapia do esquema, 23-24
Terapia focada na compaixão (TFC), 22-24, 236-237
TFC. *Veja* Terapia focada na compaixão
Tomada de perspectiva, 145-148
Transferência das funções do estímulo, 25-28
Transformação das funções do estímulo, 18-19, 25-28, 89-90
Treinamento de autoprática e autorreflexão (AP/AR). *Veja também* AP/AR na ACT
    aplicação em outras psicoterapias, 22-24
    construção de capacidade reflexiva, 40-44
    desenvolvimento e crescimento de, 7-9
    visão geral, 3-4

V

Valores
    a Matrix da ACT e escolha de comportamentos valorizados, *107*, 111-113
    autoavaliação do quanto se está vivendo bem, 205-211
    como um processo contínuo, 195-197
    definidos, 96-97
    determinando, 196-202
    discriminando entre experiências valorizadas, 109-110
    fusão e, 161-162
    importância de, 193-195
    natureza dinâmica dos, 194-196
    tornar valores acionáveis por meio do estabelecimento de objetivos, 210-215
    versus objetivos, 96-97, 195-197
Vergonha, 139-140
Viagem no tempo (exercício), 147-150
Visualização de Tonglen, 244-245